I0042885

L'APPRÉCIATION DU PERSONNEL

DU PERSONNEL

mirage ou oasis ?

Éditions d'Organisation
1, rue Thénard
75240 Paris Cedex 05
Consultez notre site
www.editions-organisation.com

DANGER

LE PHOTOCOPILLAGE TUE LE LIVRE

Le code de la propriété intellectuelle du 1ᵉʳ juillet 1992 interdit en effet expressément la photocopie à usage collectif sans autorisation des ayants droit. Or, cette pratique s'est généralisée notamment dans l'enseignement, provoquant une baisse brutale des achats de livres, au point que la possibilité même pour les auteurs de créer des œuvres nouvelles et de les faire éditer correctement est aujourd'hui menacée.

En application de la loi du 11 mars 1957, il est interdit de reproduire intégralement ou partiellement le présent ouvrage, sur quelque support que ce soit, sans autorisation de l'Éditeur ou du Centre Français d'Exploitation du Droit de copie, 20, rue des Grands-Augustins, 75006 Paris.

© Éditions d'Organisation, 2002
ISBN : 2-7081-2632-6

Georges Trépo
Nathalie Estellat
Avec la collaboration d'Ewan Oiry

L'APPRÉCIATION
DU PERSONNEL
mirage ou oasis ?

Préface de Yann LAROCHE

Directeur du Personnel et des Relations Sociales,
EDF-Gaz de France

Troisième tirage 2005

Éditions
d'Organisation

Collection de l'Institut MANPOWER
L'Institut MANPOWER de Recherches Prospectives en Ressources Humaines

Acteur et observateur central du monde de l'emploi, Manpower a créé en 1994 un Institut de recherches prospectives en ressources humaines afin de mutualiser son expertise dans le domaine.

L'objectif de l'Institut Manpower est double : explorer d'une part les évolutions à moyen terme en matière de GRH ; apporter d'autre part aux entreprises et aux dirigeants des outils d'aide à la décision leur permettant de se préparer dès aujourd'hui aux implications de ces mutations à venir.

La collection de livres édités aux Éditions d'Organisation s'inscrit dans cette double perspective et complète les autres actions de l'Institut Manpower : publication de cahiers de recherche thématiques, réalisation de guides sur les enjeux de la GRH, remise du Prix de l'ouvrage en ressources humaines…

Cette collection est dirigée par Jean-Pierre LEMONNIER, Denis PENNEL (MANPOWER) et Jean-Pierre RICHARD (PLUS CONSULTANT), avec la collaboration de Jacques PERRIN, directeur de l'Enseignement Supérieur et du Développement des Pôles de Compétences Technologiques CCINGA et Georges TRÉPO, professeur au Groupe HEC, ex-président de l'association Francophone de GRH (AGRH), « Program Chair de la division Management Consulting, Academy of Management, USA ».

TITRE PARUS

Jean-Paul ANTONA, *La rupture du contrat de travail : Guide juridique et pratique*, 1998.

Victor ERNOULT, *Recruter sans se tromper*, 2002, 2ᵉ édition 2004.

Guillaume FRANCK et Rafaël RAMIREZ, *Les meilleures pratiques des multinationales : Structures – Contrôle – Management – Culture*, 2003.

Hubert LANDIER et Daniel LABBÉ – *Le management du risque social*, 2005.

Bernard MERCK et coll., *Équipes RH acteurs de la str@tégie – L'e-RH : mode ou révolution*, 2002.

Thierry C. PAUCHANT et coll., *La quête du sens*, 1997.

Jean-Marie PERETTI, *Les clés de l'équité dans l'entreprise*, 2004.

Guy-Patrice QUÉTANT et Michel PIERCHON, *L'embauche : Guide juridique et pratique*, 1998.

Stéphanie SAVEL, Jean-Pierre GAUTHIER et Michel BUSSIERES, *Déléguer – Voyage au cœur de la délégation*, 2000.

Maurice THÉVENET, *Le plaisir de travailler – Favoriser l'implication des personnes*, 2000, 2ᵉ édition 2004.

Maurice THÉVENET, *Quand les petits chefs deviendront grands*, 2004.

Georges TRÉPO, Nathalie ESTRELLAT, Ewan OIRY, *L'appréciation du personnel*, 2002.

Jean-Louis VIARGUES, *Le guide du manager d'équipe – Les clés pour gérer vos ressources humaines*, 3ᵉ édition 2004.

Philippe VILLEMUS, *Motivez vos équipes*, 2ᵉ édition 2004.

Table des matières

Chapitre 1

L'appréciation du personnel
Discours et méthodes

© Éditions d'Organisation

© Éditions d'Organisation

Chapitre 2

De nombreuses insatisfactions mais un attachement quasi indéfectible...

© Éditions d'Organisation

© Éditions d'Organisation

Chapitre 3

Comprendre le fonctionnement et les difficultés de l'AP : l'apport du management paradoxal

© Éditions d'Organisation

Chapitre 4

Préconisations 209

1. La mise en expression des tensions et contradictions organisationnelles 211

2. Les pistes d'amélioration concernant la faisabilité de l'AP 215

© Éditions d'Organisation

© Éditions d'Organisation

© Éditions d'Organisation

Préface

Pour relever de nouveaux défis (concurrence exacerbée, impératifs de productivité croissants...), une gestion des ressources humaines performante constitue un atout majeur.

L'appréciation du personnel qui vise tout à la fois l'efficacité des salariés (qualité du travail...) et l'efficacité du processus de gestion (diminution des coûts, recrutement et affectation de la bonne personne au bon endroit...) est la pierre angulaire d'une GRH stratégique et intégrée.

On peut d'ailleurs observer que cette pratique se renforce dans les entreprises : pratique de plus en plus régulière, contractualisée ; appréciateurs et appréciés de mieux en mieux formés ; liens renforcés entre performance individuelle et performance collective via le contrôle de gestion.

Pourtant, si cette démarche est souvent bien instrumentalisée, en particulier grâce à des supports d'entretiens formalisés, elle n'est pas facile à mettre en œuvre. D'ailleurs, les fonctionnels de ressources humaines sont souvent nuancés sur ses effets et les managers perplexes quant à son utilité.

Le présent ouvrage, très documenté et écrit dans un langage simple, met en évidence les dysfonctionnements et les incohérences que l'appréciation du personnel vient réveiller et révéler : objectifs difficiles à fixer, mal connus, dialogue insuffisant, management paradoxal.

Aussi, il aidera sans nul doute les responsables de ressources humaines et les managers dans leurs pratiques. Il pourra également leur servir de base de dialogue pour lever un certain

© Éditions d'Organisation

nombre de tabous comme les paradoxes organisationnels, la difficulté à manager.

Il me paraît donc servir la double exigence qu'il s'est fixée : enrichir la réflexion et servir l'action.

Yann LAROCHE
Directeur du Personnel et des Relations Sociales,
EDF - Gaz de France.

© Éditions d'Organisation

Dépassons les solutions toutes faites

Quel auteur ou quel consultant ne nous a pas promis la lune, l'élixir miracle, l'outil universel censé répondre à toutes nos questions, à tous nos problèmes, à toutes nos incertitudes ?

En tant que praticiens et chercheurs, nous avons tous été, un jour ou l'autre, déçus et frustrés de terminer un ouvrage de management en nous disant : « *Et maintenant ?* »

Après des développement parfois brillants ou des explications alambiquées, les auteurs nous proposent, au choix, des remarques générales qui doivent plus au bon sens qu'à la réflexion préalablement présentée ou des recettes de cuisine aussi précises que difficiles à appliquer au cas spécifique de chacune des entreprises où nous travaillons.

Notre objectif est ici de redonner du sens. Redonner du sens au management, aux outils que nous utilisons, aux choix stratégiques que nous effectuons.

Dans le cas de l'appréciation individuelle du personnel (AP), celle qui nous préoccupe ici, ce qui manque le plus, c'est un sens partagé. Pourquoi utilise-t-on cet outil, comment le faire accepter par les salariés, comment l'améliorer ? A ces questions, on ne peut répondre en délivrant des recettes toutes faites. Pour y répondre, il faut décrypter le sens de cet outil.

Pour comprendre pourquoi l'appréciation du personnel est une opération délicate, il faut d'abord comprendre que l'entreprise est un monde pétri de *paradoxes*. Ce n'est qu'à partir du moment où l'on conçoit clairement que toute décision de gestion est, toujours, positive et négative qu'on peut comprendre

© Éditions d'Organisation

comment fonctionne l'AP et comment on peut améliorer son fonctionnement.

C'est à ce voyage du sens auquel nous vous invitons.

Vous y découvrirez que redonner du sens à notre action est la clé qui permet de comprendre les entreprises dans lesquelles nous travaillons et de dégager les facteurs clés de succès de demain...

Genèse du livre

A l'origine de ce livre, l'on trouve mes interrogations sur le processus d'évaluation du personnel dans les années 1985 et 1986, quand il a commencé à se diffuser en France, basé sur le modèle américain (direction par objectifs et renforcement du lien avec la rémunération et son individualisation) et les enquêtes que j'ai réalisées à cette époque (plus de trente entretiens dans chaque entreprise) chez IBM, PHILIPS, HP, Merck, ...

Puis, en tant que responsable du développement des ressources humaines chez France Telecom entre 1989 et 1993, j'ai participé à la généralisation de ce processus.

En 1996, alors professeur à HEC, j'ai obtenu, avec Jean-Paul Dumond, étudiant en doctorat, un financement de la fondation HEC pour approfondir ce thème. Anne-Claire Brochier, consultante et formatrice indépendante, s'est jointe à nous. François Grima, alors étudiant doctoral à l'université d'Évry, m'a aidé à réaliser les revues de littérature américaine et française. Jean-Paul Dumond a participé à la collecte des données chez ALORA et MEGAPACK et rédigé les rapports de synthèse. J'ai réalisé l'enquête par questionnaire postal en collaboration avec l'ANDCP représentée par Patrick Bezier, son secrétaire général

© Éditions d'Organisation

de l'époque. Pour des raisons de priorités personnelles, Jean-Paul Dumond et Anne-Claire Brochier n'ont pas continué à collaborer à ce projet.

A partir de l'automne 1997, Nathalie Estellat, chef de projets en management et ressources humaines à EDF-GDF (notamment en charge de la conception et de la mise en œuvre d'un dispositif d'appréciation du personnel) et doctorante sous la direction de Pierre Louart, m'a rejoint sur le projet et nous avons entamé le travail de conception et de rédaction de l'ouvrage.

Nous remercions tous les salariés d'EDF-GDF qui ont contribué, directement ou indirectement, à cet ouvrage.

Enfin, au printemps 1999, Ewan Oiry, alors doctorant (et maintenant maître de conférences) s'est joint à nous.

Au-delà de la rédaction, ils ont tous deux réalisé les monographies PUBLISERV et PETRO.

Que toutes ces personnes, ainsi que Pierre Louart, soient chaleureusement remerciées.

Georges Trépo.

© Éditions d'Organisation

« Jadis, une nuit, je fus un papillon voltigeant et joyeux.
Puis, je m'éveillai et je fus Lao Tseu. Qui suis-je donc ?
Lao Tseu qui rêve qu'il est un papillon ou un papillon
qui rêve qu'il est Lao Tseu ? »

Lao Tseu, Ve siècle avant J.-C.

Introduction

L'appréciation du personnel (AP) est présentée comme un outil permettant d'élaborer une gestion des ressources humaines (GRH) à la fois *dynamique*, c'est-à-dire qui puisse sans cesse s'adapter à un environnement externe et interne changeant, et *intégrée*, c'est-à-dire qui maximise les interactions positives entre ses différents processus (formation, rémunération, mobilité, recrutement et stratégie de l'organisation). En fournissant aux DRH et aux managers des informations sur le travail et les compétences des salariés, elle faciliterait l'atteinte des objectifs organisationnels et motivationnels.

De plus en plus de DRH sont convaincus du bien-fondé de cette conception puisque l'AP est un phénomène qui se répand de plus en plus. Dès 1988, 90 % des entreprises américaines y ont recours [1]. L'enquête HEC-ANDCP [2] réalisée par Georges Trépo à l'occasion de la rédaction de cet ouvrage donne le chiffre de 96 % pour la France. Plus largement, de nombreuses administrations, collectivités locales et territoriales, la fonction publique et hospitalière, initient la mise en œuvre de ce type de dispositif.

Pourtant, même si, depuis les années cinquante, l'AP bénéficie de nombreux enrichissements successifs apportés par les différents courants (relations humaines, direction par objectifs – DPO –, qualité totale), elle se cherche encore : elle poursuit des objectifs qui, bien qu'inscrits dans le champ de la

---

1. LOCKER A., TEEL K., « Appraisal Trends » in *Personnel*, September 1988, p. 139-145.
2. L'Association Nationale des Directeurs et Cadres du Personnel (ANDCP) regroupe 4000 membres en France (voir annexe 1).

© Éditions d'Organisation

nouvelle fonction ressources humaines (atteinte des objectifs fixés par la direction et défense des salariés) [1], peuvent apparaître paradoxaux et qui, dans tous les cas, soulèvent de nombreuses controverses :

— les directions regrettent souvent l'absence d'effet positif de ce processus (résultats sous-exploités...), voire même ses effets contre-productifs (démotivation des moins bien notés, développement des stratégies individualistes...) ;

— les appréciateurs se mobilisent contre un outil qui vient encore, selon eux, complexifier leurs pratiques managériales et les met dans des positions difficiles envers les salariés appréciés (être à la fois juge et coach...) ;

— enfin, les appréciés mettent en évidence l'écart entre le dispositif qu'on leur présente (objectif, transparence, qualité du dialogue...) et les pratiques qu'ils « subissent » (discours managérial en « langue de bois », objectifs implicites de réduction de la masse salariale ou de justification de décision de licenciement...).

Aussi, de plus en plus d'entreprises s'interrogent sur la pertinence, l'efficacité de leur mode d'appréciation du personnel notamment en raison des contradictions apparentes liées à cet outil : appréciation individuelle alors que l'on cherche une performance collective ; dialogue appréciateur/apprécié en vue d'accroître le professionnalisme de ce dernier alors que l'entretien est souvent sanctionné par une décision hiérarchique en matière d'augmentation de la rémunération ; individualisation des objectifs sans vraie relation avec les objectifs plus globaux du groupe...). Une enquête américaine montre d'ailleurs que

---

1. Ce positionnement de la nouvelle fonction RH a plus particulièrement été identifié par G. GUÉRIN et B. SIRE (1998) et D. ULRICH (*Human Resource champions : The next agenda for adding value and delivering results*, Harvard Business School Press, 1996). Ce positionnement se décompose en quatre axes principaux :
. devenir un partenaire stratégique de la direction en aidant à la mise en œuvre de la stratégie ;
. devenir un agent de changement ;
. être le champion des employés ;
. optimiser la gestion administrative des RH.

© Éditions d'Organisation

75 % des entreprises interrogées veulent changer leur système ou l'ont changé dans les deux dernières années[1].

Cet ouvrage a pour but de mieux circonscrire ce Janus aux deux visages présent à tous les niveaux de l'organisation (direction, fonctionnels RH, opérationnels) :

– un attachement quasi indéfectible à cette pratique ;

– des critiques persistantes de la part des principaux utilisateurs.

Sur ce paradoxe, il existe de nombreux travaux académiques anglo-saxons et quelques ouvrages en français. Mais la plupart apparaissent peu utiles pour les praticiens. Ils sont majoritairement normatifs (ils décrivent plus ce qui devrait être que ce qui est effectivement). Cette littérature conduit donc le plus souvent à un décalage très fort entre des écrits très positifs et des pratiques difficiles[2]. Notre ambition est d'articuler ces deux sphères : théorie et pratique.

La mise en évidence des contradictions et des difficultés rencontrées dans l'application de l'AP permettra ensuite de définir des pistes de progrès concrètes pour l'amélioration de ces outils.

Pour y parvenir, nous fondons notre réflexion sur l'analyse des pratiques réelles des entreprises. Nous n'avons pas testé un modèle théorique et normatif.

---

1. Chris LEE dans « Performance appraisal : can we manage away the curse », *Training*, May 1996, cite deux études réalisées par des consultants aux USA (Mercer en 1995 auprès de 218 entreprises et DDI en 1993 auprès de 1150 managers). Nous pourrions également citer DALEY qui montre les faibles effets de l'introduction des systèmes d'évaluation dans le secteur public. « Performance appraisal as an aid in personnel decision linkages between techniques and purposes in North Carolina Municipalities », *American Review of Public Administration*, vol. 23, n° 3, 1993).
2. BRETZ R., MILKOVICH G., « The current state of performance appraisal research and practice : concerns directions and implications », *Journal of Management*, vol. 18, n° 2, 1992.

Concrètement :

– à partir d'une revue de la littérature [1], d'une enquête explo-ratoire [2] auprès de trois entreprises et d'une enquête quanti-tative (questionnaire envoyé aux DRH des 700 plus grosses entreprises françaises), nous avons élaboré un cadre d'ana-lyse du fonctionnement de l'AP ;

– ensuite, nous avons testé ce cadre d'analyse sur deux études de cas approfondies [3]. Cette nouvelle approche a permis de mieux appréhender les dysfonctionnements de l'AP. Pour l'une des entreprises, elle a même permis d'améliorer le fonctionnement de ce processus.

Ce faisant, notre propos se situera à l'articulation de deux sphè-res, la théorie et la pratique. Nous souhaitons en effet nous ins-crire dans un courant de GRH réflexive, courant de recherche peu exploité en France, mais également produire une formalisation utile à l'action. Nous souhaitons donc travailler sur le « savoir en action » [4] mais aussi produire un savoir pour l'action.

Par ailleurs, l'attrait théorique de notre recherche se situe dans la tentative de dévoilement du contenu exact de la remise en cause des systèmes d'appréciation. En effet, si la critique des systèmes d'appréciation apparaît particulièrement nette dans de nombreux articles et ouvrages, si elle est perceptible dans nombre d'entre-prises françaises, le contenu exact de sa remise en question n'est pas pour autant précis (ni dans sa nature ni dans son ampleur).

Les considérations qui précèdent structurent le plan que nous adop-terons. Nous ferons tout d'abord un état des lieux de l'appréciation du personnel (partie I). Nous tenterons ensuite de mettre en évi-

---

1. Nous avons procédé à une revue de littérature exhaustive de 1980 à 1999 dans laquelle nous avons sélectionné 6 ouvrages et 123 articles de recherche anglo-saxons, 20 articles de recherche, 10 livres et 4 thèses français.
2. 26 entretiens semi-directifs avec des DRH et consultants.
3. Notre investigation dans les deux terrains a été double :
   enquête qualitative par voie d'entretiens semi-directifs (90) réalisés auprès de fonctionnels RH et d'opérationnels (cas Publiserv et Pétro).
   participation au projet AP en tant que Chef de projet au sein des deux entreprises.
4. Concept développé par le CRG : Centre de Recherche en Gestion de l'Ecole Poly-technique. *Cf.* CHARUE-DUBOC F., *Les savoirs en action*, Paris, L'Harmattan, 1995.

© Éditions d'Organisation

dence les difficultés de l'AP et les raisons qui incitent les organisations à continuer sa mise en œuvre (partie II). Puis nous tracerons un cadre interprétatif théorique pour rendre compte des causes de l'aspect complexe et contrasté de cette pratique (partie III). Enfin, au regard de ce qui précède, nous définirons des axes de progrès concrets adaptés aux besoins des praticiens (partie IV).

Afin de faciliter une approche rapide de notre ouvrage au lecteur pressé, nous lui proposons le guide suivant :

GUIDE DU LECTEUR

Vous êtes DRH et vous souhaitez créer un outil d'appréciation du personnel (AP) dans votre entreprise :

– *Vous êtes (trop) pressé*
Passez directement à la 4e partie. Vous y trouverez nos préconisations et nos conseils.

– *Vous pensez que l'action passe par la réflexion*
Nous vous invitons à prendre connaissance de la grille d'analyse de l'AP que nous vous proposons dans la 3e partie. Elle vous permettra de comprendre le fonctionnement de l'AP, d'utiliser les préconisations que nous avons formulées en 4e partie et, plus important, de les dépasser pour les adapter à votre cas particulier.

Vous êtes DRH et voulez modifier un outil d'AP déjà existant :

– *Vous voulez le modifier « à la marge »*
Utiliser la grille d'analyse de la 3e partie comme une grille d'auto-diagnostic du fonctionnement de l'AP dans votre entreprise. Utilisez, adaptez et transformez nos préconisations pour qu'elles répondent aux problèmes que vous avez identifiés.

– *Vous voulez en comprendre le fonctionnement en profondeur*
Nous vous invitons à aller directement à la page suivante. Vous y trouverez un historique des évolutions de l'AP. En utilisant les leçons des autres entreprises et des nombreuses études réalisées sur le sujet, vous découvrirez les ressorts de l'AP et de son application réussie.

Vous êtes appréciateur et/ou apprécié :

– *Lisez ce livre, vous comprendrez comment déjouer les pièges et surmonter les difficultés de l'AP, cet entretien si important et si difficile à réaliser.*

© Éditions d'Organisation

L'appréciation du personnel
Discours et méthodes

1

© Éditions d'Organisation

1 Un discours abondant mais globalement homogène

Une revue de littérature nous enseigne que l'appréciation du personnel constitue un mélange de discours managérial unifié et d'outils variés. Cependant, malgré ces principes fédérateurs et les nombreux outils proposés, l'appréciation du personnel génère une satisfaction pour le moins contrastée de la part de ses utilisateurs. Ces enseignements « académiques » sont confirmés par des enquêtes de terrain.

1.1 L'appréciation du personnel : de l'histoire ancienne...

La littérature française et anglo-saxonne nous montre que l'appréciation du personnel (AP) fait l'objet d'un certain consensus. D'un point de vue théorique normatif, courant de pensée managérial dominant, on sait ce qu'elle est et pourquoi elle est utilisée.

Les premières méthodes d'appréciation remontent au moyen-âge durant lequel les corporations de compagnons avaient mis en place des procédures pour évaluer un ouvrier tout au long de son apprentissage jusqu'à ce qu'il parvienne à l'état de maître et soit en mesure de réaliser un chef-d'œuvre.

L'APPRÉCIATION DU PERSONNEL GÉNÈRE UNE SATISFACTION CONTRASTÉE DE LA PART DE SES UTILISATEURS.

Au-delà, les dispositifs actuels d'appréciation du personnel sont le produit d'une histoire managériale où se mêlent les enseignements de différents courants managériaux qui se sont succédé depuis l'industrialisation.

De nombreuses mutations depuis l'industrialisation

La révolution industrielle marque un tournant : on passe à une utilisation systématique de l'appréciation et on diversifie les procédures.

© Éditions d'Organisation

Le premier système d'appréciation peut être attribué à Robert Owen. En 1800, en Écosse, ce dernier mit au point dans ses fabriques de coton de New Larnark une technique fondée sur l'utilisation de livres et de cubes attribués à chaque ouvrier. Les livres étaient destinés à recevoir les rapports quotidiens élaborés par chaque salarié. Quant aux cubes, dont chaque face était colorée de manière différente, ils visaient à représenter les niveaux de performance et étaient placés sur le poste de travail de chaque salarié. Le premier système d'appréciation annuelle formalisé remonte quant à lui à 1912 à New York dans les grands magasins américains *Lord & Taylor*.

DE L'APPRÉCIATION DU COMPORTEMENT PROFESSIONNEL À L'APPRÉCIATION DES RÉSULTATS.

Durant le dernier quart du XIXe siècle, autrement appelé ère de la deuxième révolution industrielle[1], et le début du XXe siècle, une nouvelle organisation du travail, l'organisation scientifique du travail initiée par Taylor et Ford, vient systématiser la pratique de l'appréciation.

D'abord, le taylorisme

L'appréciation correspondant à l'adaptation de l'homme à un poste de travail défini, il s'agissait alors d'apprécier rationnellement si les travailleurs avaient la capacité à occuper un poste particulier, à effectuer leur travail selon le *one best way*[2] : il s'agissait donc essentiellement d'une appréciation du comportement professionnel.

Ensuite, le mouvement des relations humaines (1939-1970)[3]

a montré que l'ordonnancement rigoureux du taylorisme devait tenir compte de la force des phénomènes de groupe, de la complexité de la reconnaissance individuelle et sociale et de l'importance du rôle de soutien que les supérieurs jouent

---

1. En raison de la production de nouvelles technologies comme la métallurgie, la chimie ou l'électricité.
2. TAYLOR F.W., « *La direction scientifique des entreprises* », Paris, Dunod, 1957.
3. ROETHLISBERGER F.J. et DICKSON W.J., « *Management and the worker* », Harvard, Cambridge, 1939.

© Éditions d'Organisation

auprès de certains salariés. A partir de ce courant de pensée, un second type d'entretien est apparu au milieu du siècle : celui visant à aider et à « développer » le subordonné. Avec le courant des relations humaines, l'accent est mis sur la communication entre le salarié et son supérieur hiérarchique. Partant, l'entretien devient la « clé de voûte » du système d'appréciation.

Enfin, dans les années cinquante, la Direction par objectifs (DPO), initiée par Peter Drucker, fait son entrée en scène recentrant les rapports hiérarchiques, non sur les connaissances, les attitudes et autres qualités personnelles, mais sur les objectifs et résultats à atteindre [1]. Redéfinissant le management à partir de la négociation et de la réalisation d'objectifs, la DPO a conduit à simplifier les dispositifs d'appréciation en les centrant sur la fixation et l'appréciation des objectifs. [2]

Plus fondamentalement, l'idée directrice de ce management d'après-guerre (Management by Objectives – MBO) est que le manager doit *faire faire* [3] et non *faire* lui-même. Pour cela, le manager doit fixer des objectifs, donner des moyens, fixer des politiques de règles, des méthodes de travail et contrôler les résultats *a posteriori*. Désormais, le collaborateur n'est plus jugé que sur ses résultats. Il s'agit donc d'une véritable révolution potentielle en termes de contractualisation, délégations et marges de manœuvre pour le salarié en comparaison de l'ancien œil du maître ou de la soumission totale au mode opératoire ou à la procédure auparavant en vigueur.

---

1. Dans ce domaine, la France était même en avance puisque la notation administrative annuelle (sans entretien obligatoire) a été introduite dans la fonction publique en 1945 par le ministre communiste Jacques Duclos.
2. PIVETEAU J., *L'entretien d'appréciation du personnel*, Toulouse, Érès, 1981.
   LEMAITRE P., *L'appréciation du personnel et entretien de bilan*, Paris, Les Éditions d'organisation, 1983.
   BONEU F. et VIENNEY J., *Réussir un entretien d'appréciation*, Paris, Nathan, 1992.
3. « Get things done through other people. »

© Éditions d'Organisation

Passant d'une appréciation du comportement professionnel à une appréciation de résultat, ce management dit « moderne » est alors réputé davantage objectif. Ces idées ont été popularisées dans l'hexagone par Octave Gelinier dans le milieu des années soixante. Mai 1968 leur a aussi donné un coup d'accélérateur considérable car ce mode de management correspondait au besoin d'autonomie des cadres et à leur refus de l'autoritarisme.

La DPO devient alors la DPPO : la Direction participative par objectifs. La différence entre les deux se situant au niveau de la mise en œuvre sous un mode communicationnel : explicitation, dialogue, transparence.

L'appréciation *explicite* et *formalisée* telle qu'importée des États-Unis à partir des années soixante-dix représente une rupture complète avec les pratiques antérieures :

- L'annonce discrétionnaire par le dirigeant ou la hiérarchie d'une augmentation salariale/évolution professionnelle sans explicitation préalable des critères d'évaluation, sans une « confrontation » dans un entretien, sans formalisation de procédure de recours ;

- La notation de la fonction publique où l'agent reçoit un jour par un courrier interne sa notation sans aucun dialogue ou explicitation de son supérieur.

Avec un solide optimisme, on peut penser que la décision était juste dans 70 à 80 % des cas (chiffres généralement considérés comme raisonnables dans la littérature et selon notre expérience). Mais ces pratiques précédentes violaient un besoin/principe fondamental dans les démocraties occidentales : *l'équité procédurale* (le *due process of law* des anglo-saxons).

Chacun a le droit de se défendre, de donner son point de vue, d'être entendu :

© Éditions d'Organisation

- Les règles du jeu, ce qui est permis, récompensé ou interdit doit être clairement annoncé ;

- Il est possible de se faire assister dans sa « défense » et de « faire appel » d'une première décision.

Mais, nous dira-t-on, l'entreprise n'est pas une démocratie et, depuis la loi de 1898 qui pose la présomption de responsabilité de l'employeur en cas d'accident du travail, la contrepartie est en droit le lien de subordination du salarié à l'employeur. Il n'empêche que l'injustice et l'iniquité perçues en fonction des lois et des conventions collectives, mais aussi des valeurs de la société, de groupes sociaux et de *chaque individu* pèsent d'un poids essentiel sur l'implication (ou le rejet) du salarié dans l'organisation [1]. Or ces perceptions de justice (ou d'injustice) dépendent autant de jugements portés sur les décisions que sur le *processus* par lequel ils ont été élaborés (et plus souvent sur le processus que sur le résultat [2]). Les entretiens annuels d'appréciation ont été étudiés par Taylor *et al.* [3] Leurs expériences en laboratoire sur un groupe de contrôle et un groupe apprécié avec une forte justice procédurale montre que ce dernier groupe, bien qu'ayant reçu des appréciations plus défavorables, a un vécu plus positif que le groupe de contrôle.

On perçoit immédiatement l'enjeu. Certes, l'employeur peut, en respectant les lois et réglementations, imposer unilatéralement ses décisions (y compris celles de licenciements ou de rétrogra-

1. FOLGER R. and KONOVSKY M., « Effects of procedural and distributive justice on reactions to pay raise decisions », *Academy of Management Journal*, 1989, n° 32, p. 115-130 ; SWEENEY P.D., and MCFARLIN D.B., « Workers' evaluations of the "ends" and the "means" : An examination of four models of distributive and procedural justice », *Organizational Behavior and human Decision Processes*, 1993, n° 55, p. 23 ; MARTIN C.L., and BENETT N., « The role of justice judgments in explaining the relationship between job satisfaction and organizational commitment », *Group & Organization Management*, 1996, n° 21 (1), p. 84-104.
2. THIBAULT J., and WALKER J., *Procedural justice : A psychological analysis*, Hillsdale (New Jersey), Erlbaum, 1975 ; GREENBERG J., « A taxonomy of organizational justice theories », *Academy of Management Review*, 1987, 12, 1, p. 9-22 ; GREENBERG J., « Using socially fair treatment to promote acceptance of a work site smoking ban », *Journal of Applied Psychology*, 1994, 79, p. 288-297.
3. TAYLOR S., TRACY K.B., HARRISON J.K., CAROLL S.J., « Due process in performance appraisal : a quasi-experiment in procedural justice », *Administrative Science Quaterly*, September 1995, p. 495-523.

© Éditions d'Organisation

dations) mais ceci doit se faire dans un « vécu » collectif et individuel, une représentation sociale de *justice procédurale*.

Ceci n'était pas possible dans les anciens systèmes. Le nouveau système importé des États-Unis depuis les années soixante-dix le permet potentiellement.

Des tendances actuelles contrastées

Les pratiques françaises actuelles s'organisent autour de deux orientations :

* un approfondissement des orientations précédentes basé essentiellement sur deux axes : donner une apparence scientifique au dispositif, parfois de façon caricaturale eu égard à son irréductible subjectivité intrinsèque [1] et renforcer l'analyse des attitudes comportementales [2] ;

* une recherche de nouvelles orientations : démul-tiplication des outils d'appréciation à toutes les étapes de la gestion des ressources humaines [3], appréciation collective [4], appréciation 360° [5], conception des supports d'appréciation par le groupe utilisateur [6]...

Dans tous les cas, la pratique de l'apprécia-tion tend à se généraliser en France. Ainsi, dans les années quatre-vingt, l'AP ne concer-nait que les cadres, voire la haute maîtrise. Aujourd'hui, elle s'étend progressivement à tous les niveaux hiérarchiques notamment en raison du fait qu'elle permet davantage de « gestion individuelle » (en particulier dans le

L'AP : UNE PRATIQUE QUI S'ÉTEND PROGRES-SIVEMENT À TOUS LES NIVEAUX HIÉRARCHIQUES.

---

1. FOURGOUS J.M. et LAMBERT H.P., « *Évaluer les hommes* », Paris, Éditions Liaisons, 1991.
2. WATLING B., « *The appraisal checklist* » , London, Pitman, 1995.
3. MORHMAN A.M., RESNICK-WEST S.M., LAWLER E.E., « *Designing performance appraisal systems* », San-Francisco, Jossey-Bass, 1989.
4. MORHMAN A.M., MORHMAN S.A. et LAWLER E.E., « The performance manage-ment of teams », in *Performance, Measurement, Evaluation and Incentives*, Boston, Jossey-Harvard Business School Press, 1992.
5. HANDY L., DEVINE M. et HEATH L., *Le 360 °, un outil pour développer les mana-gers*, Insep Éditions, 1999.
6. LABOREY J.M., *L'entretien annuel d'appréciation et de carrière*, Paris, ESF, 1993.

© Éditions d'Organisation

domaine de la rémunération et de la gestion des évolutions de carrière) que de « gestion collective »[1], ce qui est l'objectif actuel de la plupart des entreprises.

Le management étant aussi affaire de symbolique, il est indispensable de définir la notion d'appréciation. Il ne s'agit pas là d'une simple question de vocabulaire, la sémantique ayant différents effets politiques, idéologiques et sociaux. Quels sont donc « les mots pour le dire » ?

1.2 L'appréciation, des définitions multiples

En GRH, les mots « appréciation » et « évaluation » sont souvent indistinctement employés[2]. Pourtant, l'emploi de l'un ou l'autre d'entre eux n'est pas neutre : leur connotation diffère car l'un et l'autre mettent plus ou moins l'accent sur certaines dimensions-facettes du concept. En conséquence, le choix de l'un des deux termes a des conséquences sur la pratique de l'appréciation elle-même. Finalement, les nuances qui existent dans les définitions générales du dictionnaire se retrouvent au cœur des pratiques gestionnaires.

En France, seuls Gilbert et Thionville (1990) ont conduit une analyse sémantique qui permet de différencier les deux termes. Ces deux auteurs positionnent *l'évaluation* comme un outil de mesure plus ou moins objectif, appelant des comparaisons entre individus ou d'un individu avec une norme. Quant au terme *appréciation*, il revêt selon eux une dimension plus large intégrant, d'une part, une appréciation du salarié et, d'autre part, des systèmes de définition d'objectifs individuels ou de bilan d'activité. Comme le précise Thévenet[3], l'appréciation signifie la totalité du processus alors que l'évaluation ne signifie que l'outil de

---

1. La gestion « collective » correspond à un mode de gestion « égalitaire » comme c'était le cas dans le passé.
2. PERRETI J.M., *Ressources humaines*, Paris, Vuibert, 1998.
   WARNOTTE G., « Ressources humaines : l'évaluation ligotée », in *Revue Française de Gestion*, septembre-octobre 1979.
3. THEVENET M., « L'appréciation du personnel », in *Encyclopédie du management*, Paris, Vuibert, 1992, t. I, p. 1-20.

© Éditions d'Organisation

mesure utilisé. De plus, l'appréciation induit que davantage d'attention est portée à l'humain[1] et mentionne davantage la subjectivité incontournable de celui qui émet le jugement.

L'emploi de ce terme axe donc le système sur un dialogue hiérarchique/collaborateur. Dans cet état d'esprit, de nouvelles techniques sont apparues mettant l'accent sur les caractéristiques personnelles des salariés et sur leur potentiel ; on parle alors davantage d'*appréciation du personnel* que d'*appréciation*.

Aussi le terme appréciation a-t-il peu à peu été réservé au domaine du personnel. « L'appréciation » n'a donc qu'un objet, le personnel, alors que « l'évaluation » peut en avoir plusieurs : les investissements, les projets, etc.

La littérature anglo-saxonne opère elle aussi une distinction, essentiellement historique, entre les deux termes *appraisal* et *evaluation*. Le terme *evaluation* est en effet le terme le plus ancien ; il fait davantage référence à l'aspect mesure ou notation attaché aux premiers systèmes d'appréciation dont l'aspect très subjectif a conduit les responsables à développer de nouvelles techniques. C'est ainsi que le terme *appraisal* est né dans les années soixante en vue de renforcer le caractère positif de ces systèmes fondés sur la communication et non plus sur une appréciation unilatérale.

Qu'il s'agisse donc de littérature française ou anglo-saxonne, on peut noter que si le terme appréciation manifeste la prise de conscience de la subjectivité du système et la recherche de davantage de participation de la part des salariés, son utilisation va au contraire vers la reconnaissance de la nécessaire subjectivité et refuse l'idée d'un instrument objectivant la pratique. Notons encore que, contrairement à l'évaluation, l'appréciation confère à l'appréciateur un rôle de conseil[2].

L'APPRÉCIATION EST UN PROCESSUS DE JUGEMENT DU PERSONNEL, SYSTÉMATISÉ DANS UNE PROCÉDURE QUI EN FIXE LES RÈGLES ET LES CONDITIONS.

---

1. Rappelons que le terme *appréciation* est né du courant des relations humaines.

© Éditions d'Organisation

Les diverses réflexions qui précèdent nous conduisent à circonscrire l'objet de notre étude : il s'agira pour nous d'étudier l'appréciation annuelle du personnel en vertu de la définition retenue par M. Thévenet (1992) :

« *L'appréciation est un processus de jugement du personnel systématisé dans une procédure qui en fixe les règles et les conditions. En tant que* **processus** *de jugement, elle imposera des choix et des questions sur l'appréciation proprement dite. En tant que système, elle nécessite l'établissement d'une* **procédure**. »

Toute notre réflexion devra donc lier les deux aspects de cette définition :

- analyse de procédures[1] : celles-ci, comme dans tout système de contrôle[2], élaborent, dans un premier temps, des standards de performance ; ensuite, elles évaluent les niveaux de performance par rapport à ces standards et déterminent, si besoin est, des actions correctrices ;

- analyse du processus : « *un processus est l'enchaînement d'un ensemble de phénomènes logiquement et chronologiquement liés* ». « *La notion de processus permet de comprendre le fonctionnement de l'organisation à travers l'analyse d'un ensemble de séquences caractérisant l'activité de ses acteurs* »[3]. Le choix du système et les décisions prises au regard des informations recensées lors de l'appréciation devront donc être au cœur de notre questionnement. Il est d'ailleurs intéressant de noter que si le premier champ de notre investigation (analyse des procédures) est déjà investi par quelques auteurs, plus particulièrement anglo-saxons, le second ne l'est quasiment pas.

---

2. MEYER H., KAY E. et FRENCH.. R.P., « Split roles in performance appraisal », *Harvard Business Review*, January-February 1965.
1. « *Une procédure est une définition de l'enchaînement des tâches à effectuer pour traiter une situation* » (H. Bouquin, 1986).
2. Par exemple, le contrôle de l'investissement.
3. LOUART P., « Pragmatique de la communication : l'au-delà de la raison, la confiance et l'authenticité », *Cahier de recherche 90/10*, IAE, Lille.

© Éditions d'Organisation

1.3 L'appréciation, un carrefour d'objectifs

De fait, l'appréciation poursuit de multiples objectifs [1]. Bien que, dans la pratique, ces objectifs soient le plus souvent combinés, nous opérerons une catégorisation en fonction des acteurs de l'organisation.

POUR LA DIRECTION, L'APPRÉCIATION A POUR OBJECTIF LA RÉGULATION ET LA PERFORMANCE.

Les objectifs annoncés par la direction

Pour la direction, l'AP vise essentiellement à :

- décliner les axes stratégiques en plans d'actions opérationnels ;
- *objectiver* le système d'appréciation et de reconnaissance des salariés, pour mieux justifier les décisions de rémunération, de carrière, etc. ;
- favoriser l'adhésion des salariés aux défis de l'entreprise ;
- favoriser la motivation des salariés par un meilleur dialogue salarié/hiérarchie ;
- clarifier les objectifs des salariés et donc favoriser leur responsabilisation ;
- développer leurs compétences et capacités d'évolution.

Les objectifs poursuivis par les fonctionnels des ressources humaines

La visée des fonctionnels RH se situe aux confluents des rôles qu'ils jouent plus globalement dans l'entreprise en temps que prestataires de services pour leurs clients internes (la direction, les opérationnels appréciateurs, les opérationnels appréciés) :

---

1. LATHAM G.P. et WESLEY K.N., « Increasing productivity through performance appraisal », *Reading*, MA : Addison-Wesley, 1981.
LANDY F., (1983), Preface, in Landy F., ZEDECK S. et CLEVELAND J., « *Performance measurement and theory* », Hillsdale, NJ, Lawrence Eribaum, xi-xii
LEVINSON H., « Appraisal of what performance? », *Harvard Business Review*, July-August 1976, p. 30-46.

© Éditions d'Organisation

⇨ au service de la direction : faciliter l'atteinte des objectifs de l'organisation.

- avoir un retour d'informations terrain pour mettre en œuvre une GRH *intégrée* (qui mette en lien et en cohérence les différents processus RH-formation, recrutement, mobilité, rémunération) et *dynamique* (qui s'adapte en permanence aux évolutions externes et internes) ;

- à partir des appréciations individuelles, faire un point des compétences collectives en particulier pour quatre types d'emplois :

POUR LES FONCTION-
NELS DES RH,
L'AP A UN OBJECTIF DE
SOUTIEN DU
MANAGEMENT ET DE
CONSEIL ET DÉFENSE
DES SALARIÉS.

  – les emplois porteurs – le plus souvent les emplois des domaines commercial et clientèle,

  – les emplois stratégiques à moyen et long terme,

  – les emplois utiles (emplois dont l'échéance de vacance est prévisible à court ou moyen terme),

  – les emplois devant disparaître ;

  ⇨ au service des appréciateurs : un soutien au management.

- élaborer un processus d'appréciation qui facilite l'appréciation (en particulier, création de supports d'appréciation précis, faciles à utiliser...) ;

- mettre en œuvre le processus d'appréciation en accompagnant les managers (formation à l'entretien d'appréciation, coaching individuel sur les pratiques de face à face, développement personnel dans l'esprit de mieux se connaître pour manager) ;

- accompagner les managers dans la définition des objectifs, tableaux de bord de pilotage de l'activité (déclinaison des objectifs gestionnaires du groupe en plan d'action individuel pour chaque membre du groupe...) et des référentiels (résultats, compétences...) ;

  ⇨ Au service des appréciés : assurer leur défense.

© Éditions d'Organisation

- assurer une GRH qui permette aux salariés d'évoluer professionnellement (mobilité géographique et fonctionnelle) et de se développer (formation à l'emploi actuel, à l'emploi futur, développement personnel) ;

- être garant de la mise en œuvre du processus AP tel qu'initialement défini (dans le respect de principes d'équité de traitement des salariés et de parole donnée aux salariés).

Les objectifs envisageables pour les opérationnels Bien que nombre de salariés d'entreprise (en particulier les cadres et la haute maîtrise) soient conduits à tenir un double rôle (appréciateurs et appréciés), on peut néanmoins identifier les attentes spécifiques à chacun de ces rôles. Volontairement, considérant l'AP avant tout comme un outil au service des managers, nous mettrons plus particulièrement l'accent sur les objectifs de l'AP pour ces derniers.

Pour les managers

Les objectifs de management concernent la relation de l'appréciateur à l'apprécié. Ces objectifs recouvrent cinq dimensions principales :

- *L'échange d'information : un moment de dialogue privilégié*

L'entretien d'appréciation, parce qu'il conduit à un face-à-face entre deux individus, l'appréciateur et l'apprécié, constitue un facteur déterminant de recueil d'information et de clarification des rôles [1]. A cet égard, l'entretien d'appréciation peut constituer un moment de dialogue privilégié pour s'assurer que l'apprécié a bien compris la mission, les objectifs qui lui sont assignés pour repérer les dysfonctionnements et initier des actions de progrès.

---

1. ROGER A., « Le suivi et l'appréciation du personnel dans les PME de services », IAE, Aix-en-Provence, Avril. 1990.
THEVENET M. , « L'appréciation du personnel », *Encyclopédie du management*, Paris, Vuibert, 1992, t. I.

© Éditions d'Organisation

• *La motivation et la responsabilisation des individus*

L'entretien d'appréciation, identifie le salarié en tant qu'individu auquel on donne la possibilité de s'exprimer. Il constitue ainsi un outil de valorisation du salarié dans la mesure où celui-ci est impliqué et joue un rôle plus ou moins actif dans le face-à-face. Il permet de faire participer le salarié et de lui faire un retour sur sa performance. Il permet aussi de mesurer le degré de satisfaction du salarié sur son activité.

• *L'appréciation et la fixation d'objectifs*

L'entretien d'appréciation doit permettre l'appréciation des résultats de l'année N et le fixation des objectifs de l'année N+1.

Élément de la direction participative par objectif, l'entretien est souvent mis en place afin d'accompagner cette pratique. Il offre en effet un cadre favorable à l'explication des objectifs aux appréciés et à la discussion sur les moyens de les atteindre en fonction des ressources allouées. Cet aspect de l'entretien d'appréciation est d'autant plus important si les ressources, matérielles ou humaines, sont en train de décroître. [1]

• *L'amélioration de la performance*

L'appréciation des résultats s'organise en principe en deux temps :

– le repérage et l'analyse des dysfonctionnements ;
– la recherche et l'initiation de pistes d'amélioration.

Ces pistes d'action peuvent suivre 3 axes :

– le D.A.P. (Developmental Action Program) : actions de développement des pratiques existantes ;
– Le M.A.P. (Maintenance Action Program) : actions de maintien des pratiques existantes ;
– le R.A.P : Remedial Action Program : actions nouvelles pour remédier aux problèmes.

Ainsi considérée, l'appréciation doit permettre de maintenir et développer la performance.

---

1. L'allocation de ressources s'effectue en effet dans le cadre de politiques globales de réduction des coûts.

© Éditions d'Organisation

• *La prise de décision*

La prise de décision des appréciateurs contribue à l'élaboration des dispositifs suivants :

- niveau individuel : plan de professionnalisation, rémunération, orientation professionnelle (mobilité fonctionnelle et/ou géographique),

- niveau collectif : gestion prévisionnelle des emplois et des compétences ; définition de nouveaux cursus de professionnalisation. plans de gestion individualisés ; échanger avec le salarié sur le bilan de l'année écoulée, l'organisation du travail, sa carrière ; fixer de nouveaux objectifs ; établir un plan d'action de professionnalisation ; orienter le développement professionnel ; reconnaître les salariés (valorisation symbolique et financière).

Pour les managés

• dialoguer avec sa hiérarchie sur les résultats, l'organisation du travail, les moyens alloués, ses « ressentis » ;

• échanger avec son responsable sur ses résultats, ses compétences ;

• parler de son travail, de ses succès, des difficultés rencontrées ;

• identifier ses points forts et ses points à améliorer ;

• obtenir des précisions sur les principaux objectifs de l'année à venir ;

• faire des propositions sur la manière d'atteindre les objectifs, sur l'organisation du travail ;

• être conseillé sur son avenir professionnel : formation, orientation professionnelle, mobilité fonctionnelle et géographique ;

POUR LES « APPRÉCIÉS », L'AP A POUR OBJECTIF LE DIALOGUE ET LA RECONNAISSANCE.

• exprimer ses aspirations personnelles et attentes professionnelles.

Au regard de cet inventaire « à la Prévert », on peut opérer la catégorisation qui suit :

© Éditions d'Organisation

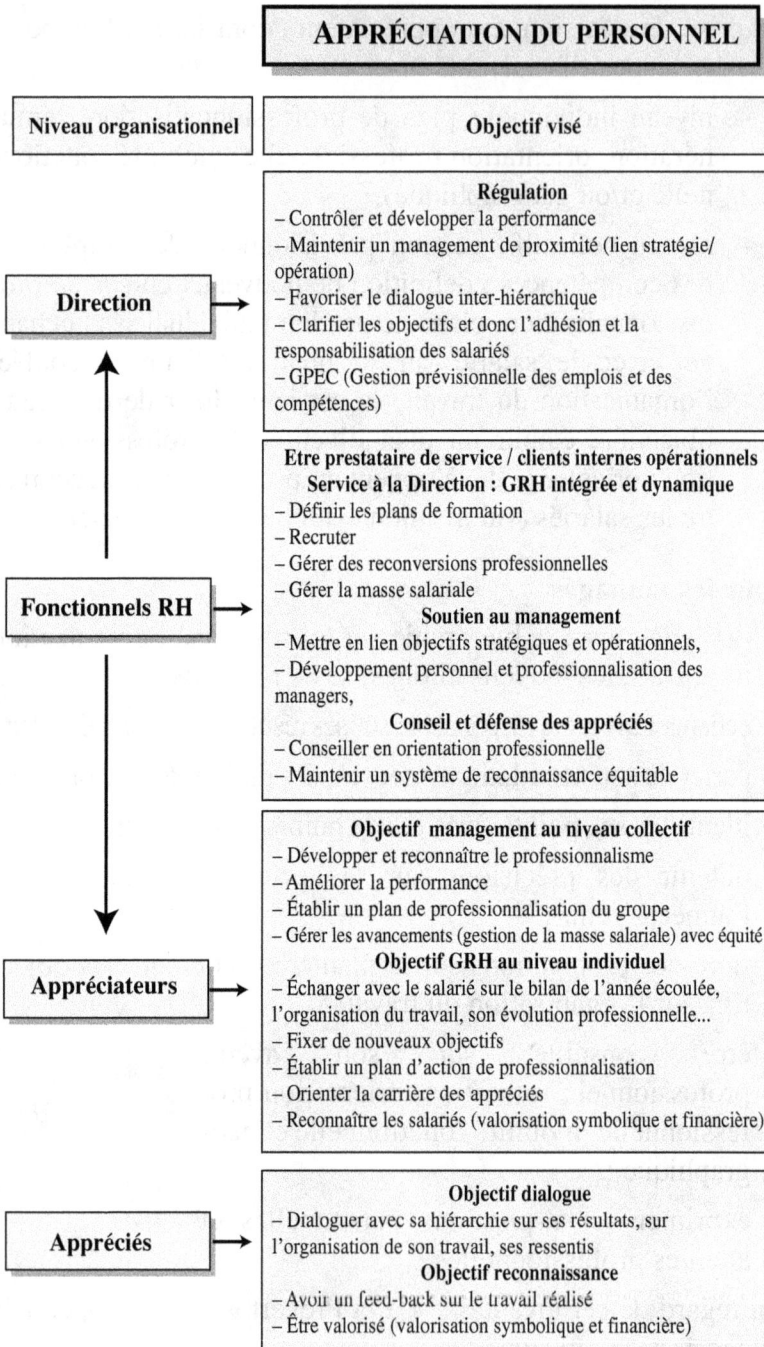

APPRÉCIATION DU PERSONNEL

Niveau organisationnel	Objectif visé
Direction	**Régulation** – Contrôler et développer la performance – Maintenir un management de proximité (lien stratégie/opération) – Favoriser le dialogue inter-hiérarchique – Clarifier les objectifs et donc l'adhésion et la responsabilisation des salariés – GPEC (Gestion prévisionnelle des emplois et des compétences)
Fonctionnels RH	**Etre prestataire de service / clients internes opérationnels** **Service à la Direction : GRH intégrée et dynamique** – Définir les plans de formation – Recruter – Gérer des reconversions professionnelles – Gérer la masse salariale **Soutien au management** – Mettre en lien objectifs stratégiques et opérationnels, – Développement personnel et professionnalisation des managers, **Conseil et défense des appréciés** – Conseiller en orientation professionnelle – Maintenir un système de reconnaissance équitable
Appréciateurs	**Objectif management au niveau collectif** – Développer et reconnaître le professionnalisme – Améliorer la performance – Établir un plan de professionnalisation du groupe – Gérer les avancements (gestion de la masse salariale) avec équité **Objectif GRH au niveau individuel** – Échanger avec le salarié sur le bilan de l'année écoulée, l'organisation du travail, son évolution professionnelle... – Fixer de nouveaux objectifs – Établir un plan d'action de professionnalisation – Orienter la carrière des appréciés – Reconnaître les salariés (valorisation symbolique et financière)
Appréciés	**Objectif dialogue** – Dialoguer avec sa hiérarchie sur ses résultats, sur l'organisation de son travail, ses ressentis **Objectif reconnaissance** – Avoir un feed-back sur le travail réalisé – Être valorisé (valorisation symbolique et financière)

© Éditions d'Organisation

Les termes utilisés pour désigner les buts de l'appréciation peuvent varier. On peut ajouter ou retirer certains objectifs... Mais, dans la réalité, l'appréciation du personnel est utilisée sur tous les fronts. Depuis la communication[1] jusqu'à la stratégie[2] en passant par la rétribution individuelle et collective[3].

Avec l'appréciation, nous sommes donc face à un processus ancien, qui s'est généralisé et dont on connaît le vaste champ d'investigation. Pour réaliser cette ambition pour l'instant théorique, quels sont les outils, les procédures dont les praticiens disposent ?

2 L'appréciation : des mises en œuvre multiples

2.1 Des procédures variées

Nous disposons, aujourd'hui, de nombreuses approches d'appréciation façonnées par différents soubassements théoriques qu'il convient de différencier à partir de leurs caractéristiques. Ces différentes caractéristiques et les alternatives de leurs utilisations possibles sont présentées dans le tableau ci-après puis discutées.

---

1. Puisqu'elle est chargée de développer la transparence.
2. Puisqu'elle définit la place de chacun dans la réussite de la stratégie globale de l'entreprise et fait adhérer chacun à cette dernière.
3. C'est, en effet, sur la base des informations qu'elle est chargée de recueillir sur les activités de chacun que la direction peut articuler les politiques RH que sont les formations, les rémunérations, les carrières et le recrutement.

© Éditions d'Organisation

Les caractéristiques de l'appréciation	Les différents choix possibles
Apprécier quoi ?	• les résultats / la performance • les compétences (savoir, savoir-faire, savoir-être) • le comportement professionnel • le potentiel
Apprécier qui ?	• un individu • un groupe d'individus : l'équipe • Les extrêmes (les très bons et les « non acceptables »)
Apprécier par qui ?	• le supérieur hiérarchique N+1 : appréciation hiérarchique • les pairs : appréciation par les pairs • le salarié lui-même : auto-appréciation • le supérieur hiérarchique, les pairs, les subordonnés et les clients internes : appréciation 360° • le supérieur hiérarchique, l'apprécié lui-même, les pairs, les subordonnés et les externes : appréciation 540°
Apprécier comment ?	• indicateurs globaux ou indicateurs spécifiques au domaine d'activité, à l'ancienneté dans l'activité • un ou plusieurs indicateurs
Apprécier à partir de quel type de référentiel ?	• les référentiels « objectifs » • les référentiels « compétences » • les référentiels « comportement »

Apprécier quoi ?

Les auteurs s'accordent sur le fait que la mesure de la performance individuelle se fait sur trois niveaux :

- les *caractéristiques personnelles* du salarié : traits de personnalité, qualités personnelles, aptitudes[1], compétences ;

- ce qu'il fait : activités, comportement, efforts[2] ;

- ce qu'il produit : les résultats de son action.

---

1. MILKOVICH G.T. et BOUDREAU J.W., *Human ressource management*, 6e édition, Homewood (Illinois), Irwin. 1991.
2. LEMAITRE P., *L'appréciation du personnel et entretien de bilan*, Paris, Éditions d'Organisation, 1983.

© Éditions d'Organisation

Lors de l'initialisation d'une démarche d'AP, le choix de l'objet à apprécier est crucial. En effet, les avantages respectifs d'une appréciation portant sur les qualités individuelles et d'une appréciation centrée sur les objectifs sont différents et doivent être adaptés au mieux aux besoins spécifique de l'organisation. La première met l'accent sur les moyens, des normes de comportement, la seconde sur des résultats. La première est pertinente dans des métiers où dominent la relation à la clientèle, le professionnalisme, la qualité du travail ; la seconde dans les activités où des projets et des objectifs peuvent être clairement identifiés et appréciés (vente, production, traitements administratifs de masse, etc.).

Ainsi, l'AP porte classiquement sur trois niveaux :

⇨ L'appréciation des résultats et de la performance.

L'appréciation des résultats constate les écarts entre ce qui est attendu d'un poste ou d'un emploi et les résultats effectivement obtenus par le salarié pendant la période de référence. Concrètement, l'appréciation peut alors porter sur les indices directs ou le programme de travail. L'appréciation centrée sur les résultats peut s'appuyer sur une liste d'objectifs préalablement définis, en général proposés par l'appréciateur ou le responsable hiérarchique et acceptés par l'apprécié ; les objectifs sont quantitatifs (chiffre d'affaire, prix de revente, coûts, etc.) ou des projets ou actions à mener (dates de réalisation...). Notons que, pour l'appréciation des résultats, les objectifs peuvent être individuels (déclinaison d'un contrat individuel) ou contributifs (déclinaison d'un contrat d'objectif de groupe en objectifs contributifs individuels).

Au-delà des résultats obtenus, l'appréciation de la performance apprécie également la manière dont ils ont été atteints. Elle adjoint donc une dimension qualitative à la simple appréciation des résultats. On limite ainsi les perspectives à trop court terme, la détérioration d'autres aspects non appréciés, le non respect des règles et procédures, les comportements opportunistes...

© Éditions d'Organisation

⇨ L'appréciation des compétences couvre trois champs différents : le savoir, le savoir-faire et le savoir-être. Nous inspirant de Sire[1], nous pouvons préciser les contenus précis de l'appréciation des compétences :

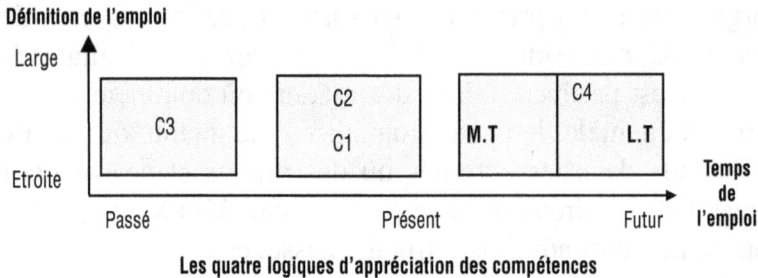

Définition de l'emploi

Large

C3

C2
C1

C4

M.T

L.T

Etroite

Passé   Présent   Futur

Temps de l'emploi

Les quatre logiques d'appréciation des compétences

Les logiques d'appréciation sont repérées autour de deux axes, l'un relatif à la période de référence et l'autre à la définition de l'emploi retenu.

C1, « *le modèle de l'emploi occupé* » correspond aux outils dont l'objectif est de valider les compétences exercées par l'individu pendant la période retenue pour l'appréciation.

LA COMPÉTENCE : UN SAVOIR-FAIRE OPÉRATIONNEL VALIDÉ.

C2, « *le modèle de la situation professionnelle ou du métier* » valide aussi les compétences exercées actuellement par l'individu, mais il les évalue « *par rapport au référentiel métier dans lequel se situe l'individu* ».

C3, « *le modèle du parcours professionnel* » valide, en plus des compétences actuelles, les compétences préalablement exercées dans la vie professionnelle.

C4, « *le modèle du potentiel* » se situe très largement sur un autre plan puisqu'il s'efforce d'évaluer des compétences potentielles[2]. A cet égard, on peut distinguer la détection des

---

1. SIRE B., « Clarifier l'appréciation des compétences, établir un cadre », *Personnel*, ANDCP n° 371, juillet 1996, p. 18-21.
2. De nombreuses entreprises comme Axa, Philips, utilisent ce type d'appréciation tous les ans sur la base d'une notation alphanumérique.

© Éditions d'Organisation

hauts potentiels [1], et l'encouragement à la mobilité l'employabilité (dans la perspective d'une gestion prévisionnelle des emplois et des compétences) [2].

Notons au sujet de l'appréciation des compétences, qu'aujourd'hui, une grande majorité de théoriciens comme de praticiens ont adopté une acception commune de la compétence : c'est un « savoir-faire opérationnel validé » [3].

⇨ Appréciation du comportement professionnel

L'appréciation du comportement professionnel correspond en fait à l'appréciation de compétences « savoir-être » en situation professionnelle. Partant, cette appréciation s'opère à partir de compétences comportementales doubles :

- celles inhérentes à l'ensemble de l'organisation, par exemple à partir des valeurs de cette dernière (exemplarité, sens du client, esprit d'équipe, solidarité...) ;

---

1. Concernant la détection des hauts potentiels, dans nombre d'entreprises, des postes clés sont définis pour lesquels des viviers de candidats sont organisés. L'entrée dans ces viviers dépend de l'appréciation de la hiérarchie. Chez PUBLI-SERV par exemple, deux niveaux de postes clés (et deux viviers) sont définis : Direction générale et Unités.
2. Afin de favoriser la mobilité fonctionnelle et l'employabilité, nombre d'entreprises donnent une appréciation alphanumérique annuelle aux salariés, ce qui incite fortement ces derniers à ne pas s'enfermer dans un poste.
3. Nous considérons ici volontairement une définition proche des plus anciennes – elle date de 1990 (accord ACAP 2000) – afin de montrer que cette définition a été établie dès l'origine de la réflexion et de la pratique en matière d'appréciation des compétences.
PENSO - LATOUCHE, « Identifier et décrire les compétences professionnelles », *Journées Internationales de la formation de Deauville*, Cahier n° 4, Paris, Éditions CNPF, 1999.
WITTE (de) S., « La compétence professionnelle, enjeu stratégique », *Journées Internationales de la formation de Deauville*, Cahier n° 1, Paris, Éditions CNPF, 1999.
ZARIFIAN PH, « Les effets de la mise en œuvre des compétences professionnelles », *Journées Internationales de la formation de Deauville*, Cahier n° 8, Paris, Éditions CNPF, 1999.
PARLIER M., « La compétence au service d'objectifs de gestion », in MINET F., PARLER M., et WITTE (de) S., *La compétence : Mythe, construction ou réalité ?* Paris, L'Harmattan, 1994.
THIERRY D. et SAURET C., *La gestion prévisionnelle et préventive des emplois et des compétences,* Paris, L'Harmattan, 1993.

© Éditions d'Organisation

- celles spécifiques à un type d'emploi, par exemple dans les filières techniques : respect des règles de sécurité...

Si l'on peut théoriquement différencier ces trois formes d'appréciation, en pratique, les formules sont mixtes (par exemple, quelques objectifs sont complétés par des critères de comportement ou de compétences).

Ainsi, se distinguent deux principaux groupes d'outils d'appréciation : l'appréciation des qualités des individus appréciés ou l'appréciation des résultats.

Après avoir décidé quoi apprécier, une seconde question se pose : apprécier qui ?

Apprécier qui ? Usuellement, l'apprécié est l'individu, cadre, employé, technicien, agent de maîtrise, ouvrier.

Quelle que soit la population appréciée, l'appréciation individuelle pose de nombreux problèmes : difficultés de mesure, comportement individualiste favorisé, contradiction avec la coopération... D'où une tendance actuelle à minimiser l'appréciation individuelle pour valoriser l'appréciation des équipes de travail ou des unités de travail.

QUEL CHOIX OPÉRER ? APPRÉCIER UN INDIVIDU ? UN GROUPE ? LES « BONS » ? LES « MAUVAIS » ?

L'apprécié peut également être quelqu'un se situant aux « extrêmes », c'est-à-dire parmi les « très bons » et les « inacceptables ». Partant de la constatation que l'appréciation de la grande majorité des salariés ne conduit à aucun résultat (pas d'incitations, pas de sanctions particulières), W. Fox [1] (1998) propose de la réserver aux deux extrêmes, pour valoriser les uns et mettre en avant leurs savoir-faire et pour réorienter les autres en interne ou en externe.

---

1. FOX W., « Improving Performance Appraisal Systems », in *National Productivity Review*, 1987-1988.

© Éditions d'Organisation

Apprécier par qui ?

• *L'appréciation hiérarchique*

L'appréciateur est en général le responsable hiérarchique direct. Cependant, ce dernier connaît rarement toutes les dimensions du travail de ses collaborateurs, les clients, d'autres supérieurs ou collègues qui peuvent appréhender ce travail d'une manière complémentaire.

De plus, laisser le jugement à une seule personne, qui dans ce cas est juge (appréciation) et partie (fixation des objectifs), peut conduire à des abus certains connus des praticiens et dont la littérature sur l'appréciation fourmille.

QUEL CHOIX OPÉRER ? APPRÉCIATION HIÉRARCHIQUE (N+1, N+2) ? AUTO-APPRÉCIATION ? OU AUTRE ?

D'où la proposition d'ajouter une appréciation par l'intéressé lui-même (auto-appréciation) ou une appréciation conjointe par le supérieur, les pairs et les clients.

• *L'auto-appréciation*

L'appréciateur peut également être l'apprécié lui-même. L'auto-appréciation a été définie par Mc Gregor en 1960. Son intérêt est de :

• dépasser l'état de passivité ou de soumission de la plupart des appréciés, qui subissent l'appréciation ;

• rendre plus acceptables les critiques à partir du moment où celles-ci sont entrevues et amorcées par les appréciés ;

• mieux connaître les attentes des appréciés.

L'auto-appréciation est de plus en plus utilisée, souvent en amorce ou en préparation de l'entretien. Elle est rendue plus difficile voire impossible quand le résultat alphanumérique de l'appréciation faite par le N+1 et le N+2[1] est annoncée au

---

1. N+1 : supérieur hiérarchique direct ; N+2 : hiérarchique au-delà du hiérarchique direct.

© Éditions d'Organisation

début de l'entretien comme c'est le cas dans quelques entreprises. Toutefois, l'auto-appréciation suppose au préalable une certaine authenticité et la volonté de l'apprécié de « jouer le jeu » d'une auto-appréciation sincère. Autrement dit, elle suppose, pour être correctement remplie que préexistent des relations de confiance entre niveaux hiérarchiques. A défaut de confiance, l'apprécié s'auto-apprécie, non en fonction de ce qu'il pense réellement mais selon les normes et les attentes des appréciateurs, voire en se sur valorisant [1], afin de plaire et d'être apprécié.

Aussi, si l'auto-appréciation apparaît comme une technique aisée, sa qualité et sa justesse sont, quant à elles, très contestées. Toutefois, le fait que l'avis du salarié soit validé par une autre personne (cas du 360°) diminue ce risque de survalorisation de la performance. Ces constatations conduisent plusieurs études à conseiller l'usage de ce type de méthode à des fins de développement d'outils nouveaux et non d'appréciation liée à des décisions de GRH.

- *Le feed-back à 360° ou à 540° [2]*

Si cette appréciation multidirectionnelle se fait intra-entreprise, il s'agit d'un 360°. Ce dernier peut être complet (tous les pairs) ou partiel (3 ou 4 collègues choisis par l'apprécié).

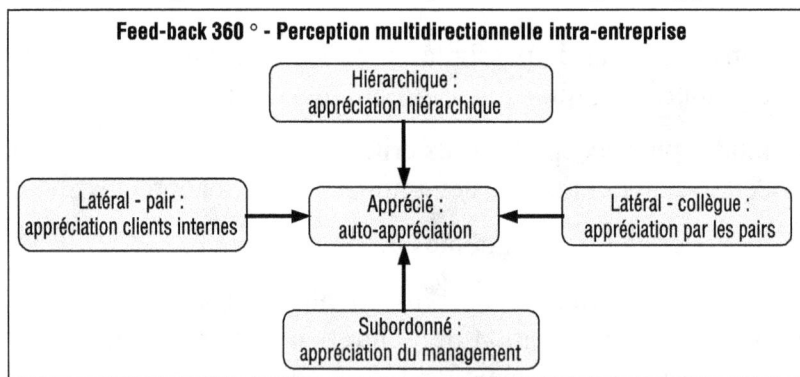

Feed-back 360 ° - Perception multidirectionnelle intra-entreprise

	Hiérarchique : appréciation hiérarchique	
Latéral - pair : appréciation clients internes	Apprécié : auto-appréciation	Latéral - collègue : appréciation par les pairs
	Subordonné : appréciation du management	

---

1. THORTON G.C., « Psychometric properties of self-appraisals of job performance », *Personnel Psychology*, vol. 33, n° 2, 1980, p. 263-271.
2. Les deux schémas (360° et 540°) sont inspirés de HANDY L., DEVINE M. et HEATH L., *Le 360°, un outil pour développer les managers*, Insep Éditions, 1999.

© Éditions d'Organisation

Si elle se fait inter-entreprise (avec les clients externes), il s'agit alors d'un 540°.

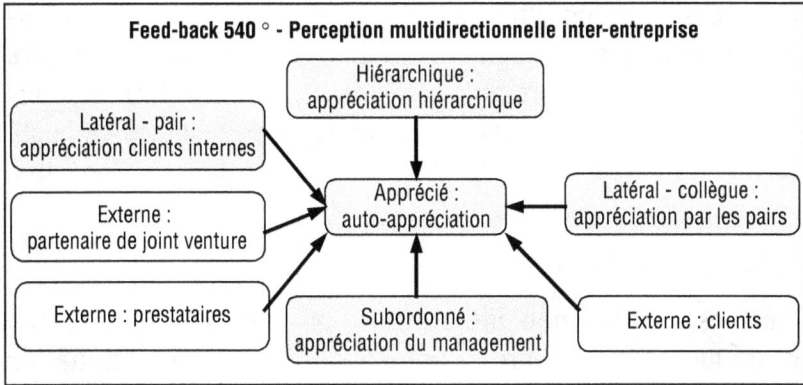

Feed-back 540 ° - Perception multidirectionnelle inter-entreprise

Apprécier comment ?
A partir de quels indicateurs ?

Parmi les outils centrés sur les qualités individuelles, on peut citer ceux portant sur les compétences, les traits de caractère/comportements et le potentiel d'évolution. Pour les deux premiers, il est parfois recommandé d'utiliser la méthode des événements critiques afin d'atténuer la subjectivité.

A titre d'exemple de traits de caractère : le sens de l'ordre, le sens de la méthode,...(décrits à l'aide d'une échelle de 4 ou 5 phrases décrivant une gradation de comportement). Les comportements appréciés peuvent être l'assiduité, les relations avec le public, la supervision...

La méthode des événements critiques consiste à identifier sur les 6 ou 12 derniers mois les événements qui ont été importants pour la performance du point de vue de l'apprécié, des clients et des supérieurs. L'analyse de ces éléments permet d'isoler les compétences qui ont réellement été cruciales pour résoudre ces situations. Cela permet soit d'établir des recommandations, soit d'évaluer la performance de la personne.

© Éditions d'Organisation

- *La nature des indicateurs*

Ici, on voit émerger une question centrale dans les modes d'appréciation : en effet, si l'on veut véritablement rationaliser les modes d'appréciation, il faut choisir des indicateurs cohérents par rapport aux caractéristiques des activités des salariés à apprécier mais aussi par rapport à leur ancienneté dans le domaine d'activité c'est-à-dire qu'il faut tenir compte de leur maîtrise de l'activité.

- *Le nombre d'indicateurs*

Dans les années cinquante, l'utilisation d'un indicateur global et unique du succès professionnel semblait la condition *sine qua non* d'une méthode d'appréciation. Dix ans après, les spécialistes de l'appréciation, notamment les psychologues, face à la complexité de la réalisation d'une activité professionnelle, étaient plutôt favorables à l'utilisation de plusieurs indicateurs. De fait, toute analyse détaillée de la réussite et des conduites professionnelles montre qu'un même niveau de succès peut souvent être obtenu à partir de différentes stratégies (en fonction des caractéristiques individuelles de chacun et en fonction des spécificités organisationnelles).

LES INDICATEURS CORRIGENT DES PROBLÈMES TOUT EN EN CRÉANT D'AUTRES.

Indépendamment des critères uniques, on peut utiliser deux autres sortes de critères :

- les critères multiples où plusieurs quantités sont mesurées simultanément ;

- les critères composites ou plusieurs quantités sont pondérées ou agrégées.

Une étude des conséquences de l'utilisation de ces trois types de critères permet de constater que l'utilisation d'un critère unique amène des comportements axés uniquement sur la réalisation d'un bon niveau de ce critère, au détriment, éventuellement, d'une orientation dirigée davantage vers des objectifs plus généraux.

© Éditions d'Organisation

Mais l'utilisation d'un critère multiple nécessite d'effectuer un choix des mesures à prendre en compte. Il faut éviter, en particulier, que les mesures soient en opposition. Le choix est d'autant plus difficile que l'effort réalisé par le collaborateur sur l'un des critères doit bien conduire à une augmentation de la performance globale sans pour autant être compensé par une baisse de la performance sur l'un des autres critères.

L'utilisation d'un critère composite corrige les problèmes précédents mais en pose d'autres. La pression à améliorer un résultat partiel ne peut notamment plus être compensée par une baisse de l'effort sur un autre critère ; des sentiments d'insatisfaction peuvent alors naître de la part du personnel apprécié (crainte, par exemple, qu'un bon indicateur composite ne soit ensuite utilisé comme indicateur standard). Depuis 1983, l'approche *Balanced Scorecard* lancée par deux professeurs d'Harvard, Robert Kaplan et David Norton, connaît un très grand succès. [1]

Apprécier à partir de quel référentiel : les objectifs/résultats, les compétences/comportements ?

Le choix de l'objet de l'appréciation (résultats, compétences, comportement professionnel, potentiel d'évolution) conditionne l'utilisation de tel ou tel type de référentiel.

• *L'appréciation des résultats*

Ainsi, si l'on apprécie les résultats, le référentiel doit permettre d'apprécier les résultats quantitatifs et qualitatifs d'un salarié. Les référentiels de résultats résident dans des documents précisant formellement les objectifs à atteindre. Ces objectifs, qu'ils soient individuels ou collectifs, peuvent être formalisés à partir des descriptifs de métier (maille large), des descriptifs

---

1. *Cf.* leurs articles dans *Harvard Business Review*, de février 1992, septembre 1993 et janvier 1996 ou encore « The Balanced Scorecard and tableau de bord » H. Epstein et J.-F. Manzoni pour une comparaison avec les tableaux de bord français in *Management Accounting*, August 1997.

© Éditions d'Organisation

d'emplois (maille plus serrée) ou des contrat d'objectifs de groupe déclinés en contrats d'objectifs individuels.

- *L'appréciation des compétences :* des référentiels-listes aux référentiels-emplois

Considérant la pratique la plus répandue d'appréciation des compétences, l'appréciation, celle qui considère la compétence comme un savoir-faire opérationnel validé, nous avons identifié deux idéaux-types soutenus par deux familles distinctes d'outils d'appréciation des compétences, communément désignés sous le terme de « référentiel »[1]. Avant de décrire leurs implications sur les dispositifs de ressources humaines, il convient de préciser leur nature et mode de fonctionnement.

Nous tenons à préciser, avant d'aller plus loin dans notre description des différences entre ces deux familles d'outils, les caractéristiques de l'idéal type. Ce dernier n'existe pas dans la réalité, mais il permet de comprendre quelles sont les conséquences logiques dont il est porteur[2]. Dans la réalité, les outils d'appréciation des compétences se situent sur un continuum qui lie ces deux modèles purs.

Référentiel-liste		Référentiel-emploi

Continuum des outils d'appréciation des compétences

---

1. WITTE (de) S., « La compétence professionnelle, enjeu stratégique », *Journées Internationales de la formation de Deauville*, Cahier n° 1, Paris, Éditions CNPF, 1999. PENSO - LATOUCHE, « Identifier et décrire les compétences professionnelles », *Journées Internationales de la formation de Deauville*, Cahier n° 4, Paris, Éditions CNPF, 1999.
2. L'idéal type, au sens de Weber, est une construction intellectuelle donnant les caractéristiques essentielles du phénomène souhaité (le type), idéale puisqu'elle opère par abstraction et non par décalque de la réalité. De ce fait, la fonction de l'idéal type n'est pas de décrire la réalité mais de proposer une image, une *utopie*, c'est-à-dire un cadre de réflexion permettant des points de comparaison. L'idéal type ne prétend donc en aucune manière à l'objectivité scientifique et son objectif principal n'est pas de coller à la réalité, mais consiste à mesurer les écarts par rapport à un modèle idéal. *Cf.* BOUDON R., *L'art de se persuader des idées douteuses, fragiles et fausses*, Paris, Fayard, 1990.

© Éditions d'Organisation

Lorsque l'on apprécie les compétences (qu'il s'agisse de savoir, savoir-faire ou savoir-être), l'appréciation peut être ou non contextualisée, c'est-à-dire en liaison plus ou moins rapprochée avec le métier ou l'emploi du salarié. Selon le cas, le référentiel sera différent. Dans le cas d'une approche contextualisée, on utilisera un « référentiel-emploi » ou « référentiel-métier ».

Le référentiel-emploi (maille serrée) ou référentiel-métier (maille plus large) se présente comme une liste de compétences directement reliées à l'exercice d'un emploi ou d'un métier[1].

Le « référentiel-liste » se présente quant à lui comme une liste de compétences déconnectées les unes des autres et non reliées aux activités spécifiques à un emploi ou à un métier[2]. Ces listes peuvent donc être communes à la totalité des postes de l'organisation considérée, ou seulement à certains d'entre eux.

L'appréciation des comportements s'assimile le plus souvent à celle du savoir-être ; à son instar, elle peut, elle aussi, être plus ou moins contextualisée et donc faire l'objet de référentiel-emploi ou référentiel-liste. Ils sont souvent décrits par des échelles (à quatre ou cinq niveaux) décrivant des gradations de comportement du pire au meilleur[3].

Au-delà des multiples techniques disponibles pour mettre en œuvre l'AP, il existe aussi une variété de procédures.

© Éditions d'Organisation

---

1. *Cf.* exemple de « référentiel-emploi » en annexe.
2. *Cf.* exemple de « référentiel-liste » en annexe.
3. Ce procédé est communément désigné par l'abréviation BARS : Behaviorally Anchored Scales.

2.2 Des pratiques variées

Les caractéristiques de l'appréciation	Les différents choix possibles
Les types d'entretien	• « Dire et vendre » • « Écouter, dire (et vendre) » • « Résoudre ensemble les problèmes »
Fréquence	• De mensuel à annuel
Le lieu	• Dans le bureau du supérieur ou dans le bureau du subordonné • Dans un lieu neutre
La durée	• De 30 mn à 3 h
La formation à la pratique	• Formation des appréciateurs • Formation des appréciateurs et des appréciés
Les résultats de l'appréciation	• Un plan de professionnalisation • La formalisation des objectifs de l'année N+1 • Une note ou une décision formalisée influençant ou non la rémunération • Un document formalisé remis ou non à l'apprécié • Une conclusion transmise ou non au N+2 • Une conclusion transmise ou non à la DRH
Apprécier selon quelle procédure ?	• Bilan de l'année écoulée • Fixation des objectifs de l'année N+1 • Plan de professionnalisation • Orientation professionnelle
Le support d'appréciation	• Support formalisé • Discussion informelle
La formation à l'appréciation	• Formation des appréciateurs • Formation des appréciateurs et des appréciés
La notation	• La notation à plus de 4 chiffres (ou lettres) • La notation à 2 ou 3 chiffres • La distribution forcée • La comparaison 2 à 2 • Pas de notation mais seulement un commentaire

Les types d'entretien

Le type de l'entretien (directif, semi-directif, libre) conditionne en grande partie la teneur même de l'entretien. Ainsi, l'entretien directif correspond à « dire et vendre ». On expose alors au salarié ce que

© Éditions d'Organisation

l'on pense et, sans vraiment l'inviter à exprimer son point de vue, on tente de le convaincre de la justesse de ce constat. L'entretien semi-directif ou l'entretien libre favorise d'autres dimensions « écouter, dire et vendre ». Ainsi, malgré un usage de plus en plus répandu de grilles d'entretiens comme support à l'appréciation, la tendance est plutôt à utiliser cette grille, ce canevas d'entretien, tout en laissant des temps de respiration (silences, ponctuations...) et des temps de parole à l'apprécié afin de permettre à l'appréciateur et à l'apprécié de parvenir à *résoudre ensemble les problèmes*. Pour autant, cette capacité à résoudre les problèmes (résultats, organisation du travail...) ne peut s'exercer que s'ils sont effectivement mentionnés de manière méthodique ; c'est pourquoi l'entretien ne peut pas être complètement libre. Un entretien libre expose en effet ses deux protagonistes à une conversation type « café du commerce » où tous les sujets pourraient être abordés, y compris ceux n'ayant aucun rapport direct avec le travail.

La fréquence de l'entretien — L'appréciation est souvent annuelle, mais de nombreux professionnels et auteurs déplorent le manque d'appréciation intermédiaire permettant de rappeler et suivre les objectifs, de les réajuster le cas échéant. De plus, si l'entretien d'appréciation peut effectivement être annuel, en revanche, l'observation des résultats, du comportement professionnel, des compétences mises en oeuvre doit quant à elle s'exercer régulièrement pour permettre de rassembler suffisamment d'éléments concrets (faits et actes observables) en vue de l'appréciation finale.

Notons que les entretiens de *développement* non liés à une éventuelle augmentation salariale (par opposition aux entretiens d'*appréciation* que l'on propose de plus en plus de séparer) pourraient en revanche être plus espacés (tous les deux ou trois ans ou en tant que de besoin, par rapport aux souhaits émis par l'apprécié et aux besoins formels de l'organisation).

© Éditions d'Organisation

Lieu et durée de l'entretien

Faut-il le faire dans le bureau du supérieur hiérarchique de l'apprécié ou dans une salle de réunion plus neutre ? La réponse dépend de l'état d'esprit dans lequel se déroule l'appréciation. En la matière, une question se pose : l'endroit choisi peut-il symboliquement réaffirmer le rôle de commandement des hiérarchiques ou une démarche d'aide au *développement* des personnels ? Dans tous les cas, une chose est sûre : quel que soit l'endroit choisi, afin que l'entretien d'appréciation soit un moment de dialogue privilégié, il est indispensable que l'appréciateur et l'apprécié soient à 100 % dégagés de toute autre occupation ou préoccupation (téléphone, personne entrant dans le bureau...). A cet égard, le choix d'un endroit neutre facilite sans nul doute la concentration exclusive sur l'entretien d'appréciation.

Les normes préconisées dans les manuels (souvent deux heures) sont rarement respectées. Dans la réalité, la durée d'un entretien d'AP oscille entre une demi-heure et quatre heures. Tout dépend en fait de plusieurs critères : le contenu de l'entretien, la qualité de la relation hiérarchique, le degré de maturité des deux parties par rapport à la pratique de cet entretien, la gravité des problèmes.

La formation des acteurs à l'appréciation

FORMER LES APPRÉCIÉS : UN INVESTISSEMENT RENTABLE.

Le plus souvent, les organisations ne forment que les appréciateurs à l'entretien d'appréciation. Cette formation même allégée serait pourtant très utile pour *les appréciés* afin de faciliter l'appropriation du dispositif d'appréciation. Ces formations portent en général sur la préparation de l'entretien, la passation de l'entretien, les entretiens intermédiaires, le coaching, la planification du travail [1].

Dans tous les cas, un niveau d'information égal pour l'ensemble des salariés semble la condition *sine qua non* à la mise en œuvre de

---

1. BUTLER R.J. et YORKS L., « A New Appraisal System as Organizational Change : GE's Task Force Approach », *Personnel*, p. 31-42, 1984.

© Éditions d'Organisation

ce type de processus afin que le sens soit partagé par tous. La formation à l'AP n'a fait l'objet que d'un nombre de recherches restreint. Néanmoins, les résultats de certaines d'entre elles [1] montrent que ce type de formation semble modérer l'indulgence et l'effet de halo [2] de l'appréciateur qui polarise désormais son action sur le processus de décision et l'observation du travail des salariés. En revanche, les mêmes auteurs constatent aussi que, paradoxalement, l'exactitude de l'appréciation globale est affectée par la formation de l'apprécié qui, après formation, se concentre davantage sur la forme que sur le contenu de l'appréciation.

Des formations mixtes, à la fois sur la nature de cette nouvelle relation hiérarchique et sur tout ce qui en découle (objectifs, référentiels de compétences formalisés...), semblent donc nécessaires pour les appréciateurs comme pour les appréciés.

Choisir un système de notation

L'appréciation peut se conclure par :

- une note synthétique de toutes les autres notes (appréciation globale) ;

- et/ou une appréciation qualitative (commentaire en quelques lignes) ;

- et/ou un plan de travail.

Elle peut avoir une relation plus ou moins directe avec la rémunération, l'évolution professionnelle et/ou la formation.

---

1. HEDGE J.W. et KANAVAGH, « Improving the accuracy of Performance Evaluations : Comparison of Three Methods of Performance Appraiser Training », *Journal of Applied Psychology*, N° 1, 1988, vol. 73, p. 68-73 ; BERNARDIN, 1978 ; HEDGE, KANAVAGH, 1988 ; Smith, 1986.
2. L'effet de halo correspond au fait qu'un des critères de l'appréciation d'un salarié « contamine » l'ensemble de son appréciation. Dès lors, ne considérant pas l'ensemble des critères d'appréciation, on peut, à tord, considérer une appréciation comme positive ou négative.

© Éditions d'Organisation

La note synthétique aurait pour avantage d'augmenter la franchise et l'honnêteté de la part du N+1 et de faciliter le lien avec la rémunération. Elle pose aussi les problèmes suivants :

- elle reproduit, voire amplifie, les distorsions relatives à la notation de chaque dimension ;

- elle ne reflète pas toujours le jugement global d'un appréciateur sur son subordonné : par exemple, si A note B et C suivant les différentes dimensions de l'appréciation, il peut aboutir à une note de synthèse pour B supérieure à celle de C, alors que pour lui C est « meilleur » que B.

Dans l'esprit de nouvelles pratiques d'appréciation (plus objectives, rationnelles, équitables...) un support d'appréciation formalisé est préconisé : information équivalente des deux parties, remise de l'appréciation formalisée à l'apprécié en fin d'entretien, possibilité de voie de recours pour l'apprécié à la suite de la décision managériale prise à l'issue de son AP (formation, mobilité et surtout rémunération...).

Ce support d'appréciation constitue un élément qui a connu de nombreux développements techniques. Comme le constatent Landy et Farr[1], l'essentiel des travaux sur les supports de l'appréciation ont été réalisés au cours des décennies soixante et soixante-dix. Les chercheurs ont tenté de voir les conséquences sur l'utilité et l'exactitude de l'appréciation des différentes formes de supports. Malgré plus de vingt années de travaux distinguant les approches *directes* où l'appréciateur donne une note à l'apprécié, des approches *indirectes* où le supérieur hiérarchique fournit une impression générale sur son subordonné, les résultats demeurent modestes. Trois apports émergent cependant :

- les méthodes graphiques apparaissent comme le meilleur compromis entre la fiabilité des résultats et la praticité de la mesure ;

---

1. LANDY F.J., FARR J.L., « Performance ratings », *Psychological Bulletin* n° 87, 1980, p. 72-107.

© Éditions d'Organisation

- il convient de ne pas dépasser le seuil de neuf indicateurs dans les grilles d'appréciation, sous peine de voir l'intérêt du hiérarchique diminuer ;

- enfin, les développements d'échelles psychométriques, malgré des techniques avancées comme les BARS (Behaviorally Anchored Scales [1]) restent limitées.

Malgré la portée à la fois rationnelle et symbolique du support d'appréciation, il est à noter que, comme certaines enquêtes le montrent, les supports n'ont pratiquement aucune influence sur la satisfaction à l'égard des dispositifs d'appréciation [2].

Jusqu'en 1984-1985, les entreprises privées françaises ne faisant pas de lien entre les résultats de l'évaluation et une rémunération variable (« Bonus », « Prime-résultat »), elles n'éprouvaient pas le besoin d'une notation alphanumérique de synthèse et se contentaient d'un commentaire.

Avec la dérive vers le haut de ces commentaires puis de ces notations, les entreprises se sont ensuite efforcées de les faire rentrer dans une distribution normale. Ainsi on est passé de commentaires « incolores, inodores et sans saveur » rédigés à l'encre effaçable à des notations que l'on essaie maintenant d'enfermer dans le « corset » d'une distribution gaussienne.

ÉVITER UNE NOTATION SYNTHÉTIQUE GLOBALE ASSOCIÉE À UNE DISTRIBUTION FORCÉE.

La notation constitue un débat classique dans le cadre de l'appréciation. Le choix se situe entre :

- la notation sur 5 niveaux ou plus (chaque critère d'appréciation est noté de A à E), traditionnelle dans les entreprises américaines. Exemple : A - excellent/exceptionnel ; B - bien ; C - à améliorer ; D - globalement insuffisant ;

1. Ce sont des échelles types de 1 à 5 niveaux dans lesquelles les comportements types correspondant à chacun de ces niveaux sont décrits.
2. PRINCE B.J., LAWLER III E.E., « Does salary discussion hurt the developmental performance appraisal ? », *Organizational Behavior and human decision processes*, n° 37, 1986, p. 357-373.

E - procédure de mise en garde (le salarié a 6 mois pour rétablir la situation) ;

- la notation sur 2 ou 3 niveaux (les objectifs ne sont pas atteints, sont atteints, ont été fortement dépassés) ;

- avec une distribution forcée ou non (10 % doivent être classés dans la tranche supérieure, 10 % dans la tranche inférieure, etc.) ;

- La notation sur 5 niveaux est fréquente.

Plus généralement, au-delà des variantes dans les dispositifs, l'appréciation pose de graves problèmes :

- les appréciations manquent de stabilité dans le temps et entre appréciateurs ;

- elles sont souvent marquées par l'effet de halo ;

- les appréciateurs ont tendance à classer tous les individus dans la/les même(s) catégorie(s) (B et C) pour ne pas avoir à justifier d'appréciation ou à aggraver leurs relations avec l'équipe ;

- enfin, noter tous les individus entre *bon* et *excellent* pose problème pour l'employeur devant les tribunaux [1] en cas de licenciement.

Actuellement se dessine une tendance à la réduction de l'éventail de notation à deux ou trois items.

La distribution forcée est apparue comme une réponse à la tendance à l'homogénéisation des résultats vers le haut de gamme : on contraint à identifier des « bons » et des « mauvais ». Malgré son succès et son application effective dans de nombreuses entreprises, cette nouvelle règle venue corriger les défauts de l'appréciation traditionnelle semble avoir des effets pervers :

---

1. LEE C., « Performance Appraisal. Can we manage away the Curse ? », *Training*, 1996, p. 44-59.

© Éditions d'Organisation

- la distribution forcée ne risque-t-elle pas de créer artificiellement des bons et des mauvais ?

- ne démotive-t-elle pas tous ceux appréciés en dessous de la moyenne soit 50 % des salariés ?

- ne risque-t-elle pas d'accroître les rivalités à l'intérieur des équipes en vertu du principe « diviser pour mieux régner » ?

LA DISTRIBUTION FORCÉE PRÉSENTE PLUS DE RISQUES QUE D'EFFETS POSITIFS CERTAINS.

Malgré son application extrêmement répandue aux États-Unis et par 13 % des entreprises françaises ayant répondu à l'enquête HEC – ANDCP, cette méthode est actuellement fortement critiquée aussi bien dans la littérature que dans les entreprises visitées ou interrogées. Reste la comparaison 2 à 2 (comparaison par paire), rarement employée et citée ici pour mémoire.

La quantification de la performance (comprise comme le respect des qualités attendues ou des résultats), dans le but de classer les individus pour les rémunérer et les promouvoir continue de poser manifestement problème. Selon la revue de littérature (surtout américaine) et nos entretiens exploratoires auprès de dix DRH et six consultants, la solution la moins mauvaise semble aujourd'hui l'étalonnage le plus simple (2 à 3 niveaux), sans distribution forcée ou hiérarchisation des individus. De plus en plus d'entreprises ne communiquent plus de note synthétique globale au collaborateur mais s'en servent pour la gestion des augmentations salariales.

2.3 Une majorité d'insatisfaits

Même si l'appréciation est aujourd'hui très répandue, elle continue de faire l'objet de nombreuses critiques, remises en cause et modifications.

Ainsi, une revue de littérature en langue anglaise de 123 articles de 1980 à 1995 nous montre que les DRH et managers

© Éditions d'Organisation

perçoivent l'AP de manière négative. Ainsi, Clive Fletcher[1] présente des résultats selon lesquels 80 % des entreprises ne sont pas satisfaites essentiellement car le système poursuivrait trop d'objectifs en même temps. P.L. de Vries et *alii*[2] soulignent que dans moins de 20 % des cas, le système fonctionne correctement. Dans cette recherche, ils montrent que, plus on monte dans la hiérarchie, moins le système est utilisé ou correctement utilisé (il n'est pas utilisé au sommet par 40 % des dirigeants). Notre expérience en France depuis vingt ans confirme ces chiffres.

Par ailleurs, on peut noter que, comme le montre, entre autres, l'étude de Chris Lee[3], la grande majorité des entreprises a changé son système d'appréciation dans les deux dernières années, ou souhaite le changer.

Même les fonctionnels RH, bien que souvent à l'initiative du processus AP, se montrent particulièrement insatisfaits à l'égard de ce dernier. Ainsi, une étude[4] auprès de 250 GRH montre que 68 % d'entre eux sont insatisfaits de leurs systèmes (ce taux monte à 91 % pour les entreprises qui ont un système d'appréciation depuis moins de 7 ans). Par ailleurs, Chris Lee cite deux études faites par des consultants aux USA (Mercer en 1995 auprès de 218 entreprises et DDI en 1993 auprès de 1150 managers) qui vont dans le même sens. D'autres études[5] confirment que le taux moyen de satisfaction des DRH est de 20 % dans le domaine des systèmes d'appréciation du personnel[6].

---

1. FLETCHER C., « Appraisal : An Idea Whose Time Has Gone ? », *Personnel Management*, 1981, p. 34-37.
2. DE VRIES P.L., et *alii*, *Performance appraisal on the line*, Addison, Wesley, 1981.
3. LEE C. , « Performance Appraisal. Can We Manage away the Curse ? », *Training*, May 1996, p. 44-59.
4. BOWLES M.L., COATES C., « Image and Substance : The Management of Performance as Rhetoric or Reality », *Personnel Review*, vol. 22, n° 2, 1993, p.3-21.
5. *Cf.* FLETCHER C., « Appraisal : An Idea Whose Time Has Gone ? », *Personnel Management*, 1981, p. 34-37.
6. BOWLES M. et COATES G. « Image and substance : the management of performance as rhetoric or reality ? » in *Personnel Review*, vol. 22, n° 2. 1993.

© Éditions d'Organisation

En 1993, Martin Bowles, G. Coates ont conduit une enquête auprès de 250 DRH qui montre l'écart entre les attendus de l'appréciation et la réalité. 68 % des DRH estiment en effet avoir des difficultés avec leur système d'appréciation (91 % parmi ceux l'ayant mis en place depuis moins de 7 ans). Ces difficultés ont essentiellement trait à la mesure de la performance et à la fixation des objectifs. Les auteurs estiment que les difficultés proviennent de l'incapacité des outils à saisir la complexité du travail et du risque de détérioration des relations interpersonnelles.

Quant aux appréciateurs, nombre d'entre eux s'interrogent sur l'efficacité de ce processus (voir tableau page suivante). C. Longenecker et S.Goo[1] s'interrogent sur l'efficacité des processus d'appréciation à partir d'une enquête par entretien réalisée auprès de 60 managers dans 7 entreprises, suivie d'une enquête par questionnaire auprès de 401 cadres dans une entreprise prototypique de l'approche la plus fréquente en la matière (la direction par objectif, description des postes et délégation des responsabilités, lien entre performance et rémunération...). Sur un taux de répondants de 67 %, 8 objectifs du système ont été perçus[2] sur lesquels ils se sont également exprimés.

---

1. LONGENECKER C. et GOO S., « Performance effectiveness : a matter of perspective » ; in *SAM - Advanced Management Journal,* Spring 1992.
2. Les pourcentages indiquent la fréquence des réponses par ordre décroissant de fréquence.

© Éditions d'Organisation

Objectifs perçus	Objectifs atteints	
	Appréciateurs	Appréciés
Permettre à l'apprécié de savoir ce que « l'on » pense de lui : 100 %	82 %	73 %
Faciliter le développement professionnel de l'apprécié : 96 %	74 %	38 %
Améliorer sa motivation et sa performance : 95 %	56 %	16 %
Lier la rémunération à la performance : 95 %	65 %	69 %
Établir et clarifier les objectifs : 93 %	36 %	12 %
Améliorer la communication entre appréciateur et apprécié : 90 %	66 %	33 %
Améliorer leur relation : 87 %	60 %	33 %
Permettre aux collaborateurs de s'exprimer : 87 %	76 %	73 %

Ainsi, quel que soit le niveau de l'organisation où l'on se place, la direction, les fonctionnels RH, les opérationnels, on voit que le sentiment dominant est l'insatisfaction. Alors, pourquoi, dans ces conditions continuer à mettre en œuvre, voire même initier ce type de processus ? Comment se traduit ce paradoxe apparent dans les faits ? C'est ce que nous tenterons d'examiner dans la restitution d'enquêtes exploratoires présentée ci-dessous.

3 Trois illustrations contrastées de mise en œuvre

Pourquoi ces trois cas ?

G. Trépo a examiné rapidement les systèmes d'appréciation de National Cash Register, Philips, France Telecom, Merck, Hewlett Packard, etc.

© Éditions d'Organisation

Nous avons retenu ces trois cas car ils nous ont paru emblématiques et exemplaires. Au-delà de quelques entretiens à la DRH pour comprendre la mécanique du système, nous avons pu conduire trente entretiens à tous les niveaux dans chacune des trois entreprises.

Nous allons présenter ces cas (contexte et dispositif formel) puis nous examinerons le vécu des personnes et les explications possibles.

Nous allons comparer les différentes situations selon :

⇨ le gouvernement d'entreprise et type de propriétaire ;

⇨ le contexte concurrentiel ;

⇨ les objectifs poursuivis ;

⇨ les moyens consacrés au dispositif ;

⇨ les procédures formelles du dispositif ;

⇨ le type de management et de relations entre les personnes.

3.1 Contexte de mise en œuvre

Type de propriétaire et gouvernement d'entreprise
STAR et ALORA sont deux entreprises américaines de haute technologie, anciennes et très connues. Elles sont très importantes et on les trouve présentes dans le monde entier. MEGAPACK est une filiale d'une grande organisation française en cours de privatisation, maintenant cotée en bourse. L'état français est encore largement majoritaire au Conseil d'Administration.

Contexte concurrentiel
STAR et ALORA affrontent dans le monde entier une concurrence sans merci. MEGA-PACK, d'abord strictement français s'européanise et affronte maintenant une concurrence mondialisée depuis

© Éditions d'Organisation

55

six ans. Pour l'usine de Brest de ALORA, les prix de vente baissent de 10 % tous les ans. La technologie et les produits changent continuellement (une modification plus ou moins importante intervient sur l'un des produits tous les ...15 jours).

Les objectifs poursuivis

Ils sont classiques (cf. supra 1.1.2 *Pourquoi apprécier*) et très proches. Certaines particularités différencient malgré tout chacune des trois entreprises. STAR pratique l'appréciation de toutes les catégories de personnel, dans le monde entier avec le même dispositif depuis les années soixante. La particularité actuelle est que la notation synthétique globale qui doit théoriquement se conformer à une loi normale doit en pratique la respecter (pression accrue sur les moins performants, perte de pouvoir d'achat, risque d'une séparation). ALORA a choisi d'avoir un management éthique et innovant. La décentralisation des responsabilités (*empowerment*) est très forte et influence le processus d'appréciation. MEGAPACK souhaite augmenter la pression sur ses personnels dont elle veut augmenter les performances. Elle veut aussi davantage individualiser les rémunérations et sanctionner ceux dont les résultats sont jugés insuffisants.

Les moyens consacrés au dispositif

Les managers de STAR et MEGAPACK essayent de limiter le temps consacré à l'appréciation : chez MEGAPACK, la hiérarchie donne informellement des directives allant dans ce sens ; chez ALORA, le dispositif que nous allons examiner plus loin demande beaucoup de temps à beaucoup de personnes (il y a même des entretiens trimestriels). Dans ces trois entreprises, les managers sont formés à l'appréciation (mais pas les personnes qui sont seulement évaluées). En 1998, les évaluateurs de MEGAPACK ont été formés à la fixation d'objectifs afin de répondre aux critiques de *subjectivité* du système.

© Éditions d'Organisation

Les procédures formelles du dispositif

⇨ STAR

L'ENTREPRISE

Structure juridique
Filiale française possédée à 100 % par un groupe américain.

Secteur d'activité
Informatique – Télématique

Clients
Entreprises et particuliers

Effectif
10000 personnes en France

LE SYSTÈME D'APPRÉCIATION

Caractéristiques générales

L'appréciation fonctionne depuis la création de la filiale française dans les années 50.
Appréciation de l'ensemble du personnel (tous métiers et niveaux hiérarchiques)

Objectifs

Individualiser les rémunérations
Motiver
Gérer les évolutions professionnelles

Fonctionnement

Un système d'objectifs déclinés de haut en bas est utilisé. Le N+1 discute avec l'évalué N du choix des clients/fournisseurs internes de N qui l'évalueront (en plus des N-1 si N est manager)
C'est le principe de l'évaluation 360° qui est ici intégrée dans l'évaluation habituelle. En fin de période n+1 note n (A, B, C, Z), cette évaluation étant liée à une modification de la rémunération. Il n'y a plus aucune augmentation générale pour tous les salariés.

L'appréciation annuelle a toujours existé dans la filiale française. Le système utilisé provient de la maison mère. La politique de

© Éditions d'Organisation

personnel de STAR repose sur un principe fondamental : le respect de la personne. En découle une recherche de l'équité (pesée des postes, politique de rémunération, etc.) et une procédure de recours si un signe d'iniquité ou d'arbitraire de la hiérarchie est décelé.

Star est l'un des exemples les plus célèbres d'*équité procédurale* en action.

Le processus d'appréciation annuelle est le suivant :

a) Au début de chaque année, la direction de la compagnie établit ses objectifs pour la période ;

b) La direction d'une unité s'engage sur ses objectifs qui, ajoutés à ceux des autres unités, doivent permettre à STAR d'atteindre tous ses objectifs. Elle peut alors les communiquer à l'ensemble des collaborateurs. Les syndicats se sont opposés au fait que les collaborateurs s'engagent sur des objectifs. Ils ont donc conseillé aux personnels de ne pas signer ces engagements ;

c) En cohérence avec les objectifs de l'unité et de ses missions et responsabilités professionnelles, chacun propose ses propres objectifs à son manager qui doit les valider. A cette occasion, le manager identifie avec chacun de ses collaborateurs les personnes auprès desquelles il sollicitera un avis sur la manière dont ils mettent en pratique les trois principes d'action de STAR (volonté de gagner, volonté d'agir avec rapidité et efficacité, volonté de travailler en équipe). Cette pratique d'évaluation, appelée souvent *360°* est nouvelle. Autre nouveauté, l'auto-évaluation. Auparavant, les objectifs étaient donnés par le manager à son collaborateur et il n'y avait pas d'auto-appréciation formelle par le collaborateur ;

STAR : UN PRINCIPE D'ÉQUITÉ PROCÉDURALE EN ACTION.

d) Chaque collaborateur mesure et renseigne son tableau de résultats pour chacun des objectifs et transmet ces informations à son manager en fin de période ;

e) Le manager analyse alors ces résultats par rapport aux objectifs préalablement fixés, recueille les avis complémentaires

© Éditions d'Organisation

prévus dans le cadre du 360° et, à partir de ces éléments, établit l'évaluation de la contribution d'ensemble qu'il communique à chacun au cours de l'entretien formel prévu à cet effet.

En pratique, le manager de niveau N+1 discute avec le responsable de niveau N+2 avant l'entretien. Tous deux alors se mettent d'accord sur la notation globale. La notation s'échelonne selon quatre catégories :

A = Résultats exceptionnels, bien au-delà des engagements pris ;

B = Tous les engagements ont été respectés ;

C = Certains engagements n'ont pas été respectés ;

Z = Résultats insuffisants, inférieurs dans l'ensemble aux engagements pris. Procédure de mise en garde durant 6 mois.

Il semblerait que dans certaines unités, des réunions d'harmonisation des notations des N, regroupant les responsables des niveaux N+1, aient lieu. Rappelons qu'à STAR il n'y a plus d'augmentation générale, et que, chaque année, 60 à 70 % des salariés sont augmentés. Les autres voient leur pouvoir d'achat réduit par l'inflation.

⇨ Remarques complémentaires concernant le dispositif :

Les managers évaluent donc le degré d'atteinte des objectifs de résultats ventilés selon les trois principes d'action de STAR : gagner, agir vite, travailler en équipe.

➤ *Le 360°*

Dans le cadre d'un système d'évaluation qui inclut une rubrique 360°, le manager recueille les avis de collatéraux, clients ou collaborateurs de N sur la façon dont ce dernier met en pratique les trois principes d'action. Reposant sur une *base de volontariat*, l'évaluation en 360° concerne aujourd'hui plus de 60 % du personnel. Les commentaires formulés par les tiers sont communiqués au N+1, qui les intègre dans la discussion lors de l'entretien d'évaluation. En revanche, le contenu précis des commentaires n'est pas communiqué au N.

© Éditions d'Organisation

➤ *Le système de notation*

La distribution des notations doit, dès que la population d'une unité est suffisamment importante, se conformer à une distribution *qui varie selon les résultats globaux de l'unité* :

10 à 15 % de A

65 à 70 % de B

15 à 20 % de C

2 à 5 % de Z

Le lien entre la rémunération et la notation n'est plus aussi étroit que par le passé. Il n'y a plus de matrice croisant la note avec le positionnement de l'intéressé dans les 4 quartiles de la fourchette de salaire correspondant à son poste. Aujourd'hui, pour chaque filière (qu'elle soit opérationnelle ou fonctionnelle) et pour chaque poste de ces filières, STAR fait référence aux prix des marchés externes correspondant à ces postes. La notation garde une influence sur le salaire dans la mesure où elle a un impact sur la position de l'intéressé dans la dispersion du marché pour un poste donné. Enfin, il n'est ni possible ni souhaitable pour le manager de s'engager lors de l'entretien d'évaluation sur une évolution salariale, sachant que ceci se décidera dans des réunions de niveau direction en avril-mai (les entretiens se déroulant en janvier-février).

Au-delà de la notation au sens strict, une page entière est réservée :

• à des commentaires et conseils du N+1 (analyse des points forts, points faibles, plan d'action, etc.) ;

• aux commentaires que souhaite faire le N.

Normalement, le collaborateur doit signer le compte rendu d'entretien pour en « sceller » le contenu. Seulement 1 à 2 % des salariés refuseraient de le signer, et ce malgré les consignes données par les syndicats.

© Éditions d'Organisation

⇨ MEGAPACK

L'ENTREPRISE

Structure juridique
Filiale à 100 % d'une ex-entreprise d'état désormais cotée en bourse mais dont l'état français est encore propriétaire à 51 %

Secteur d'activité
Telecom, Télématique, Internet

Clients
Entreprises et particuliers

Effectif
2000 personnes

LE SYSTEME D'APPRECIATION

Caractéristiques générales
Système introduit en 1990 pour l'entretien annuel, obligatoire
En parallèle, un système 360° sur base de volontariat visant au développement professionnel a été introduit récemment en partant du sommet et est apprécié par tous

Objectifs
Individualiser les rémunérations
Motiver
Gérer les évolutions professionnelles

Fonctionnement
Le système est bien accepté.
Les augmentations générales sont progressivement supprimées chez les cadres.
Chez les non-cadres, il n'y a plus que 40 % des salariés qui ont encore des augmentations générales.
Les décisions d'augmentations individuelles des N sont prises de façon collégiale et harmonisée dans une réunion des N+1 avec le N+2 et la DRH

L'appréciation annuelle obligatoire a été introduite en 1991 et, en 1995, une évaluation 360° (sur une base de volontariat) axée sur le développement de l'efficacité managériale et

© Éditions d'Organisation

déconnectée du système obligatoire précédent. L'exemple partant du sommet, un manager sur six l'a déjà utilisée dans les deux premières années.

A l'issue de son entretien annuel obligatoire chaque salarié est noté par son responsable de 1 à 5, selon l'échelle de notation suivante :

Niveau 5 La maîtrise de la fonction est remarquable et la contribution globale d'un niveau exceptionnel. Les apports aux progrès de l'entité ont été décisifs.
Ex. : Compétence et personnalité très reconnues ..., relationnel et/ou management permettant de gérer des situations exceptionnelles ...

Niveau 4 L'ensemble des éléments de la fonction est bien maîtrisé et la contribution globale supérieure aux attentes.
Ex. : Les compétences permettent un élargissement de la fonction et sont très reconnues, le relationnel et/ou le management permettent de gérer des situations délicates ...

Niveau 3 La fonction est bien maîtrisée et la contribution globale est conforme aux attentes.
Ex. : Compétences bien adaptées, peu de cas d'erreurs, bonne autonomie et capacité d'initiative, relationnel et/ou management permettant de gérer des situations normales de travail ...

Niveau 2 La maîtrise de la fonction est à améliorer et la contribution globale reste inférieure aux attentes.
Ex. : Quelques lacunes significatives pour les compétences, des problèmes de fiabilité, une autonomie insuffisante, relationnel et/ou management peu efficace ...

Niveau 1 La maîtrise de la fonction et la contribution globale sont très nettement insuffisantes.
Ex. : Graves lacunes en terme de compétence, erreurs, peu d'autonomie ou autonomie mal utilisée, relationnel et/ou management problématique dans la fonction...

Sont suggérées aux évaluateurs les hypothèses suivantes de dispersion des évaluations :

Niveau 5   Remarquable 5 %

Niveau 4   Bonne maîtrise du poste, contribution globale supérieure aux attentes 25 %

Niveau 3   Bonne maîtrise du poste, contribution conforme aux attentes 60 %

© Éditions d'Organisation

Niveau 2   Maîtrise à améliorer, contribution inférieure aux attentes 8 %

Niveau 1   Très insuffisant 2 %

Cette référence vise à éviter l'inflation des notations vers le haut. Ainsi on constate que seulement 30 % (niveau 4 et 5) des salariés dépassent les attentes de leur hiérarchie. 2 % doivent être identifiés chaque année comme se trouvant en situation difficile.

MEGAPACK – n'ayant pas de système d'évaluation des postes maison – utilise la convention collective de l'UIMM :

- en « bas », les collaborateurs non cadres ;

- puis les cadres position 1 (débutants) et 2 (moyens) ;

- enfin, les cadres position 3 et encadrants (tous ceux ayant une responsabilité hiérarchique).

Pour chacune de ces trois populations, MEGAPACK a régressé la rémunération (méthode des « moindres carrés ») avec l'âge. Pour chaque tranche d'âge, certains sont à la moyenne de leur groupe, d'autres en dessous et d'autres au-dessus [1].

A performance et notation égale, l'augmentation salariale dite « au mérite » est plus forte pour ceux en dessous de la moyenne que ceux au-dessus. Pour guider les hiérarchiques dans leurs propositions d'augmentation, des « matrices » croisant la notation (1.2.3.4 et 5) et la position dans la dispersion des salaires pour chaque classe d'âge (« en-dessous de la moyenne », « à la moyenne », « au-dessus de la moyenne ») suggèrent le pourcentage d'augmentation pour chacune des 3 catégories de personnel.

MEGAPACK : L'APPLICATION À MARCHE FORCÉE DU MANAGEMENT À L'AMÉRICAINE DANS UNE ENTREPRISE FRANÇAISE TRADITIONNELLE.

En l'absence d'une grille de classification maison, MEGAPACK module les augmentations selon une *matrice au mérite*

© Éditions d'Organisation

1. Voir note page suivante.

croisant la note synthétique globale d'évaluation et une position relative du collaborateur par rapport à ses collègues
tenant le même poste[1]. Les matrices ci-dessous sont données
aux évaluateurs pour faire leurs propositions d'augmentation
individuelle.

Matrice « Positions III » et encadrants (selon convention
collective de l'Union des industries métallurgiques et minières)

	En dessous de la moyenne (en retard)[1]	A la moyenne[1]	Au-dessus de la moyenne[1]
Niveau 5 : 5 %	de 7 à 10 %	de 6 à 8 %	de 5 à 7 %
Niveau 4 : 25 %	de 5 à 7 %	de 4 à 6 %	de 4 à 5 %
Niveau 3 : 60 %	de 3 à 4 %	de 2 à 3 %	de 1 à 2 %
Niveau 2 : 8 %	de 0 à 2 %	de 0 à 1 %	0 %
Niveau 1 : 2 %	0 %	0 %	0 %
Total 100 % de la population	– 10 % et plus en dessous de la moyenne	entre – 10 et + 10 % de la moyenne	+ 10 % et plus au-dessus de la moyenne

Matrice « Positions I et II » (cadres)

	En dessous de la moyenne (en retard)	A la moyenne	Au-dessus de la moyenne
Niveau 5 : 5 %	de 5 à 8 %	de 4 à 6 %	de 3 à 5 %
Niveau 4 : 25 %	de 3 à 5 %	de 2 à 4 %	de 2 à 3 %
Niveau 3 : 60 %	de 1 à 2 %	de 1 à 2 %	de 0 à 1 %
Niveau 2 : 8 %	de 0 à 1 %	de 0 à 1 %	0 %
Niveau 1 : 2 %	0 %	0 %	0 %
	– 10 % et plus	entre – 10 et + 10 %	+ 10 % et plus

---

1. Par poste, l'âge est mis en abscisse et la rémunération en ordonnée. Trois populations sont ainsi identifiées : ceux à – 10 % + 10 % de la droite des moindres
carrés reliant la rémunération à l'âge, ceux qui sont en dessous de – 10 % et
ceux qui sont au-dessus de + 10 %.

© Éditions d'Organisation

Matrice collaborateurs (non cadres)

Pour cette population, on ne cherche pas à réduire les écarts de rémunération pour une même classe d'âge, car ils sont très faibles.

Niveau 5 : 5 %	de 3 à 5 %
Niveau 4 : 25 %	de 1,5 à 2,5 %
Niveau 3 : 60 %	de 1 à 1,5 %
Niveau 2 : 8 %	0 %
Niveau 1 : 2 %	0 %

Enfin, comme indiqué précédemment, un système d'appréciation 360° a été introduit en septembre 1997 sur une base de volontariat pour les cadres supérieurs. « Entreprise et Personnel »[1], a animé le groupe de cadres qui l'a conçu. Son objectif est le développement et non l'évaluation. Les 50 premiers dirigeants en partant du PDG se sont immédiatement portés volontaires. Le consultant fait d'abord un retour à l'intéressé seul à seul (4 heures) celui-ci échange ensuite avec ses collaborateurs sur la base des résultats.

⇨ ALORA

L'ENTREPRISE

Structure juridique
Filiale à 100 % d'une entreprise américaine

Secteur d'activité
Electronique

Clients
Constructeurs automobiles

Effectif
3200 personnes en France

---

1. Association regroupant un certain nombre de grandes entreprises réalisant enquêtes et études, et organisant des séminaires de formation. Assure également des missions de conseil.

© Éditions d'Organisation

LE SYSTEME D'APPRECIATION

Caractéristiques générales

Un entretien « Individuel Dignity Enhancement » IDE tous les trimestres portant sur 5 thèmes :
– Intérêt et utilité du travail,
– Clarté des attentes et objectifs,
– Formation et développement professionnel
– Feed-back
– Respect de l'individu/non-discrimination (ethnique, raciale,…)
L'entretien dure de 30 à 90 mn et sa durée augmente au fur et à mesure que l'on monte dans l'organigramme.

Une évaluation annuelle sur 7 critères

– Compétences et traitement de l'information 30 % de l'évaluation globale
– Résultats quantité/qualité/délai : 30 %
– Pro-activité/responsabilité/initiative : 10 %
– Travail en équipe/animation (avec des sous-rubriques propres aux managers) : 10 %
– Mise en œuvre des initiatives ALORA : qualité, réduction temps cycle, et autres programmes/consignes : 5 %
– Capacité d'adaptation/disponibilité/réactivité : 10 %
– Organisation : 5 %

Objectifs

Individualiser les rémunérations
Motiver
Gérer les évolutions professionnelles

Fonctionnement

Les évaluateurs autres que le management sont désignés par l'évalué et le manager dans un entretien IDE (clients et pairs). Ce système est un 180° (et non 360° car les collaborateurs n'évaluent pas leur responsable).

Pour les « directs » (ouvriers production), les 7 notes sont données par 3 groupes d'évaluateurs : production (poids 50 % des notes) ; qualité (poids 25 % des notes) ; support technique – test, maintenance, process – (poids 25 % des notes).

Pour les « indirects » (techniciens, cadres), 3 catégories d'évaluateurs : le(s) manager(s) de l'évalué (poids 50 % des notes), les clients et partenaires réguliers (poids 30 % des notes), les clients et partenaires occasionnels (poids 20 % des notes). Un client régulier doit pouvoir se positionner sur les 7 critères d'évaluation, un client occasionnel sur 4.

L'évaluation se fait dans des commissions (maximum 10 personnes) usine (370 salariés au total), par type de population :
– techniciens support-ligne
– techniciens support-usine
– cadres supérieurs
– jeunes cadres
– opérateurs ligne A
– opérateurs ligne B

© Éditions d'Organisation

L'organisation de l'usine de Brest est très originale et nous allons en dire quelques mots en préalable. En 1987, une structure matricielle est mise en place qui croise la dimension géographique (Europe, France) et la dimension produit/client. En 1988, l'approche qualité totale vise le *6 sigmas* [1]: le nombre de défauts doit être divisé par 10 tous les deux ans. Des groupes de résolution de problèmes en équipe sont lancés pour décloisonner production, qualité, équipements. Ils sont appelés « îlots autonomes » et réunissent des opérateurs et techniciens sous la responsabilité d'un chef d'îlot. En 1990, ALORA lance l'*empowerment* et l'usine de Brest introduit des équipes projets. En 1992, l'ordonnancement est confié à des équipes GESPRO (Gestion de production) pour chaque ligne. Le poste de directeur ordonnancement usine est supprimé. Ces équipes réunissent des opérateurs, acheteurs et gestionnaires. En 1993-1994, le nouveau directeur général, Bruno Martin, développe le travail en équipe et la communication, faisant travailler en équipe directeurs et chefs de service. En 1993, sur la ligne « X », cinq cadres développent leur collaboration : le responsable de la production, le responsable des méthodes, les responsables des tests, de la qualité et du produit. En mai 1994, convaincus de l'efficacité de ce mode de fonctionnement, les intéressés rajoutent un responsable pour les ressources humaines (le sixième).

ALORA : UN CAS DE NOUVEAU MANAGEMENT AMÉRICAIN.

Cette collaboration prend alors le nom de *six team*. Bruno Martin décide de laisser le *six team* responsable et n'intervient pas. Les six membres de l'équipe sont assis dans le même petit bureau les uns à côté des autres. Cette évolution de l'organisation et du management pousse à l'extrême une logique qui se trouve dans la plupart des autres entreprises à l'état d'ébauches ou de prémices : la coordination se fait de moins en moins par les règles et par la hiérarchie et de plus en plus par : a) les objectifs et la standardisation des résultats, b) le projet commun, c) « l'ajustement mutuel » (selon

---

1. L'un des outils les plus répandus en matière de qualité totale.

© Éditions d'Organisation

l'expression de Henry Mintzberg), c'est-à-dire la micro-négociation entre pairs.

Cette usine n'a pas appliqué un modèle ou une théorie, mais a découvert ou redécouvert l'ajustement mutuel comme étant plus performant que la hiérarchie (le responsable ordonnancement est remplacé par une équipe de trois personnes aux objectifs différents, voire opposés et qui doivent se mettre d'accord). Bien sûr, en cas de crise grave, et quand l'ajustement mutuel se bloque, la hiérarchie « reprend le pilotage direct ».

➤ *Entretiens trimestriels IDE (Individual Dignity Enhancement)*

Chaque salarié doit avoir un entretien IDE comportant 5 thèmes :

1 Intérêt et utilité du travail ;

2 Clarté des attentes et objectifs ;

3 Formation et développement professionnel ;

4 Feed-back ;

5 Respect de l'individu (non discrimination ethnique, raciale, ou autre).

L'entretien dure de 30 à 90 minutes et sa durée augmente au fur et à mesure que l'on monte dans l'organigramme.

➤ *Évaluation annuelle*

IL Y A 7 CRITERES D'EVALUATION	COEFFICIENTS DE PONDERATION
Compétences et traitement de l'information	30 %
Résultats quantité /qualité / délai	30 %
Pro-activité / responsabilité / initiative	10 %
Travail en équipe / animation (avec des sous-rubriques propres aux managers)	10 %
Mise en œuvre des initiatives ALORA : qualité, réduction temps cycle, et autres programmes / consignes	5 %
Capacité d'adaptation / disponibilité / réactivité	10 %
Organisation	5 %

© Éditions d'Organisation

Les évaluateurs autres que le management sont désignés par l'évalué et le manager dans les entretiens IDE (clients et pairs). Ce système est un 180° (et non 360° car les collaborateurs n'évaluent pas leur responsable). Pour les « directs » (opérateurs), les 7 notes sont données par 3 groupes d'évaluateurs : production (50 % des notes), qualité (25 % des notes), support technique – test, maintenance, process – (25 % des notes). Pour les « indirects », 3 catégories d'évaluateurs : le(s) manager(s) de l'évalué (50 % des notes), les clients et partenaires réguliers (30 % des notes), les clients et partenaires occasionnels (20 % des notes). Un client régulier doit pouvoir se positionner sur les 7 critères d'évaluation, un client occasionnel sur 4. L'évaluation des salariés se fait dans des commissions-usines (maximum 10 personnes), par type de population :

- techniciens support-ligne ;

- techniciens support-usine ;

- cadres supérieurs ;

- jeunes cadres ;

- opérateurs ligne A ;

- opérateurs ligne B.

Au total, le processus d'évaluation des 6 catégories de personnel ci-dessus nécessite une semaine de réunion de ces commissions pendant laquelle la DRH et les membres du comité de direction sont mobilisés quasiment en permanence. La notation à l'intérieur de chacune des six populations n'a pas à se conformer à une distribution forcée. Les individus ont des notes et ils sont également comparés et rangés de 1 à n.

Pour les opérateurs, le système est actuellement modifié pour :

- éviter que trop d'opérateurs vieillissant, avec peu de formation au départ, « ne suivent plus » ;

- reconnaître, mieux que ne le font les conventions collectives, les tâches annexes – qualité, maintenance, ordonnancement, approvisionnement – qui n'étaient pas *payées* auparavant ;

© Éditions d'Organisation

- répondre à la critique de manque d'objectivité.

Pour cela un groupe de travail aidé d'un consultant à travaillé pendant un an et demi an pour bâtir des référentiels compétences. L'ensemble du processus est conservé, mais, au lieu d'évaluer selon les 7 critères précédents (compétences et traitement de l'information 30 %, résultats 30 %, etc.) ce sont les compétences exercées qui sont appréciées.

Comme auparavant :

⇨ l'opérateur est évalué par la hiérarchie mais aussi par les techniciens et ses différents interlocuteurs ;

⇨ les opérateurs de chaque ligne sont évalués et comparés en une réunion des différents évaluateurs.

Pour les techniciens et les cadres le système reste à peu près identique sauf qu'une appréciation du potentiel est réalisée.

3.2 Le type de management et de relations entre les personnes

STAR   Chez STAR, le système d'appréciation à toujours existé avec une note synthétique globale devant se conformer à une distribution normale et assez directement liée à la rémunération (sachant qu'il n'y a pas d'augmentation générale pour aucune catégorie et que chaque année 60 à 70 % du personnel bénéficie d'une augmentation individuelle lui permettant de ne pas régresser en pouvoir d'achat). Auparavant, il y avait toujours une certaine dérive par rapport à la distribution forcée (plus de salariés excellents et moins de salariés avec des « difficultés »). Depuis quelques années, la pression de la maison mère pousse à une plus grande rigueur. Globalement le dispositif est considéré comme utile et pertinent, tant sur le fond que sur la forme. Les phrases qui reviennent très souvent sont :

© Éditions d'Organisation

« C'est dans notre culture : le principe de l'évaluation est bien ancré dans nos esprits. »

« C'est un passage obligé, très important parce que cela préserve un moment de discussion à deux. »

« Sa plus grande utilité c'est d'exister, au-delà des critiques de formes que l'on pourra toujours faire. »

« C'est important et très sensible car ça joue sur le sentiment de justice : on en a besoin et on ne doit pas le prendre à la légère. »

« L'entretien d'évaluation est un moyen d'obtenir une reconnaissance du travail accompli. »

La logique de proposition d'objectifs par les collaborateurs et de la façon dont ils vont aider leur responsable à atteindre ses propres objectifs (donnés au préalable) couplée à l'auto-évolution en fin d'année sont considérées comme des exigences très constructives, mais pas faciles à tenir. Les participants à notre étude ont reconnu combien il était important de sortir d'une culture très « paternaliste », qui avait tendance à valoriser les rapports hiérarchiques, et qui instaurait des relations interpersonnelles sur un mode « parent-enfant ».

Quelques phrases typiques :

« L'exigence d'auto-appréciation force chacun à s'engager dans son travail. »

« Si l'auto-évaluation est reconnue pour ses vertus mobilisatrices, son utilisation ne semble pas encore optimale. En effet, elle exige qu'un manager et son collaborateur aient une discussion potentiellement conflictuelle : les « STARers » commencent à adhérer au principe, mais cette révolution culturelle va se faire progressivement. »

« La culture de STAR a toujours privilégié les jugements " descendants ", alors il va falloir du temps pour changer les mentalités. »

© Éditions d'Organisation

« *La difficulté, avec l'auto-évaluation, pour le manager, c'est d'aller contre un jugement qui est écrit par son collaborateur.* »

« *L'auto-évaluation oblige les évalués à s'engager sur des résultats, ce qui n'est pas sans risque : ceux qui arrivent le mieux et le plus naturellement à s'engager, ce sont les jeunes. Il y a une résistance à s'engager dès lors qu'il y a une note finale.* »

Le 360° un élément du dispositif qui offre des possibilités nouvelles, mais qui demeure sous-utilisé. Certaines personnes interrogées ont reconnu qu'elles avaient été très sceptiques, dans un premier temps, quant à l'utilité du 360°.

Voici des citations représentatives :

« *Au début, j'étais sceptique parce que ça me paraissait lourd à manipuler.* »

« *Il y a un risque de détournement du système en disant " tout le monde il est beau, tout le monde il est gentil ", ce qui est déjà une tendance chez STAR.* »

« *Faire parler les personnes avec qui on est amené à travailler aboutit souvent à des jugements de complaisance.* »

Cependant, la plupart ont reconnu qu'après réflexion, et au-delà des lourdeurs d'utilisation, le 360° offrait des perspectives nouvelles :

« *Le 360° permet d'éclairer certains aspects comportementaux, grâce au témoignage de personnes tiers, qu'en tant que manager on ne remarque pas.* »

« *C'est plus facile de faire des critiques lorsque celles-ci sont confirmées par d'autres.* »

« *La logique client/fournisseur à laquelle le 360° est liée est très positive, puisque c'est notre raison d'être.* »

« *Toute occasion d'échange supplémentaire est bonne à prendre.* »

© Éditions d'Organisation

Cette possibilité d'évaluation **doit rester**, aux yeux des personnels, **optionnelle**, sinon elle risque d'être instrumentalisée et détournée.

Toutefois, il reste un point de focalisation négatif : le système de notation. En effet, certains considèrent la notation comme un système infantilisant et perturbateur. Ils soulignent combien la notation *pollue* l'entretien. Citons quelques remarques représentatives entendues :

« Les gens veulent savoir dans quelle case ils se trouvent. »

« Pour éviter que l'entretien d'évaluation ne se limite qu'à une distribution de note, je n'en parle qu'à la fin et je donne à l'évalué la possibilité de négocier sa note. »

D'autre part, c'est l'utilisation de cette notation qui leur paraît critiquable, et ce malgré les aménagements qui ont été faits (remplacement d'une notation 1/2/3/4 par une notation A/B/C/Z) :

« Le problème c'est que le système est toujours perverti : il existe une tendance à mettre les notes les plus fortes, parce que dès qu'on évoque le C, c'est le drame. Pourtant, la formulation de C (sur le formulaire) n'est pas négative, elle évoque beaucoup plus la normalité. » (Nombreuses mentions.)

« La notation A/B/C est trop restrictive : moi, avant, je pondérais des thèmes, qui correspondaient chacun à des objectifs, et je pouvais ainsi relativiser les notes individuelles par rapport à l'ensemble de l'équipe ; je pouvais également faire progresser mes collaborateurs sur des objectifs précis (correspondant à un coefficient élevé). »

« Dès lors que la note C gêne le processus d'évaluation, il faut adapter la notation ou la supprimer. » (Nombreuses mentions.)

© Éditions d'Organisation

La quasi-totalité des personnes interrogées a également souligné combien l'existence d'une distribution forcée des notes venait pervertir le système :

« Il me semble aberrant et très frustrant de devoir mettre un quota de C, même si on a une équipe excellente. »

« Cette distribution n'est pas applicable sur une petite équipe. »

Enfin, la « fausse déconnexion » entre la note et l'augmentation salariale représente, là aussi, une source de crispation :

« C'est artificiel de dire que l'augmentation est déconnectée de la notation ; au final, c'est ça qui compte. »

« Les gens ne sont pas dupes : ils savent que c'est parce qu'il n'y a plus de carottes qu'on déconnecte l'augmentation de la notation, et pas pour des raisons de management. »

MEGAPACK L'utilité de l'entretien de développement (pour les managers volontaires) est reconnue par tous, même par ceux qui, au départ, y étaient réticents. Elle est surtout reconnue par les collaborateurs des responsables qui se sont portés volontaires. Ceux-là estiment qu'il se sentent plus à l'aise, qu'elle a permis des réunions d'équipe impensables auparavant et que, *in fine*, les relations sont meilleures. Malgré ces points de vue, certains encadrants n'ont pas encore souhaité utiliser l'entretien de développement 360°, soit par crainte du retour des subordonnés, selon leur propre dire, soit en raison de la lourdeur du dispositif.

La mise en œuvre du dispositif obligatoire d'évaluation annuelle :

Elle est très diverse car l'information sur le dispositif est défaillante et le mode opératoire non clairement explicité et stabilisé :

- le dispositif peut être *peu investi*, certains patrons encourageant même leurs collaborateurs *à alléger le processus* (en

© Éditions d'Organisation

particulier quand le nombre d'entretiens est très élevé : 30 et voir plus) ; ou, au contraire, faire l'objet d'un investissement important (préparation, entretien de longue durée, disponibilité réciproque) ;

- les modes de renseignements diffèrent, certains remplissant le document avant la réunion, d'autres pendant, d'autres encore laissant une semaine pour réfléchir, pour oublis éventuels ou corrections à apporter.

L'utilité perçue du système d'évaluation :

Tous trouvent l'évaluation nécessaire et utile, car elle permet d'instaurer un dialogue et donne à chacun l'occasion de connaître sa valeur (et d'être rassuré sur celle-ci). Pour tous, c'est un moment privilégié et important.

La demande d'évaluation est, semble-t-il, plus manifeste et plus forte chez les évalués que parmi les évaluateurs, dont certains auraient tendance à en minimiser l'importance. Cette tendance augmente à mesure que l'on s'élève dans l'organigramme.

L'intérêt des évalués doit être précisé. Il est explicité de la façon suivante :

- ils le justifient, en premier lieu, par la nécessité du dialogue, de l'échange de vues, de la prise de distance par rapport au quotidien, etc. ;

- l'entretien d'évaluation est également le moment privilégié de discuter de la rémunération, et, plus largement, de la rétribution que l'encadrant et l'entreprise vont offrir en contrepartie de l'effort accompli (reconnaissance et appréciation de l'effort et des résultats) ; toutefois, la rémunération n'est pas une préoccupation forte chez plusieurs collaborateurs et surtout collaboratrices (jeunes et sans charge de famille) ;

© Éditions d'Organisation

- au cœur du dispositif d'évaluation, se trouve la question de la reconnaissance qui est mise en avant très fréquemment et davantage à MEGAPACK que dans d'autres structures (et pas seulement ou prioritairement en terme d'augmentation, mais de reconnaissance ou d'évolution des missions ou rôles).

La question de la *reconnaissance* apparaît éminemment centrale :

- certains encadrants estiment que le système de reconnaissance est en panne ;

- d'autres tentent de traiter cette question, qu'ils considèrent essentielle, de manière personnelle et intuitive ;

- les encadrés, qu'ils soient par ailleurs évaluateurs ou non, la recherchent.

Il est intéressant de noter que pour de nombreux salariés (et surtout salariées), la rémunération a un intérêt principalement symbolique (un équivalent de la valeur individuelle) et que les augmentations sont demandées en tant que signes de reconnaissance. Nombreux sont également ceux qui relativisent fortement, l'importance de la rémunération au profit de l'intérêt pour le travail. Pour certains, une différence d'augmentation de 2 ou 3 % n'a strictement aucun effet sur la *motivation* ou les souhaits de départ. Ils insistent sur leur *besoin d'écoute, de dialogue, de reconnaissance.*

Le métier de beaucoup des salariés de MEGAPACK, tourné vers un travail de conception, le goût pour le travail bien fait, voire la prouesse technique et le manque de lien clair avec la rémunération, contribuent à faire de la reconnaissance un enjeu central des relations et de l'évaluation. Tel qu'il est mis en œuvre aujourd'hui, l'entretien est plus un moyen de dialogue et de réaffirmation de la valeur personnelle, qu'un jugement assis sur des bases objectivables ou propres à arbitrer des différends. (La majorité insiste sur l'importance essentielle du *relationnel* comme déterminant de l'évaluation faite par l'encadrant).

© Éditions d'Organisation

Les limites du dispositif d'évaluation annuelle :

Selon la plupart des interviewés, le dispositif a peu de liens avec la performance collective, le travail en équipe. L'impact de l'entretien sur les relations hiérarchiques varie beaucoup selon les répondants : si la plupart considèrent que ce dialogue annuel a plutôt un impact positif, un certain nombre pense que ce bref interlude, soit n'améliore pas le *travail ensemble*, soit même – dans les rares cas très détériorés – a un impact négatif. Ils notent également, *comme un défaut du système*, l'absence de lien avec la gestion des carrières. De plus, le système présente deux inconvénients qui, dans certaines situations, lui enlèvent tout intérêt :

- le flou actuel et temporaire du dispositif contribue à rendre le système très dépendant des évaluateurs et de leur volonté de rendre cette procédure vivante ;

- il apporte un espace de dialogue, lorsque les relations sont plutôt bonnes, mais il n'a guère d'efficacité lorsque des problèmes relationnels pré-existent. Au contraire, selon certains, l'entretien d'évaluation aurait tendance à renforcer les malentendus et aviver les oppositions.

Les avis sont largement partagés concernant l'évolution du dispositif. Quelques-uns attendent un renforcement de l'individualisation des salaires, de la formalisation de l'outil et des liens avec la rémunération. D'autres, au contraire, voient surtout les limites d'une trop grande formalisation, qui risquerait de *tuer le dialogue* et n'éviterait pas les *appréciations subjectives*, dont d'ailleurs il conviendrait de *tirer parti plutôt que de les effacer.*

A partir de ces points de vue, se dessinent trois modèles de la relation sociale de travail et de l'évaluation, l'un *contractualiste*, l'autre *relationnel*, qui semblent en concurrence dans l'univers de MEGAPACK pour remplacer le modèle *bureaucratique*.

© Éditions d'Organisation

Le modèle bureaucratique (l'ancien modèle)

- La règle est censée définir les fonctions et les moyens de chacun et les individus sont rémunérés pour réaliser ce pourquoi ils ont été recrutés ;

- L'évaluation consiste à vérifier que les salariés suivent correctement les consignes générales ou précises qui leur ont été fixées ;

- Il n'y a pas de reconnaissance spécifique à accorder à ceux qui réalisent correctement leur travail.

Le modèle contractualiste :

C'est le modèle que prône le « management moderne » – importé des USA de 1960 à nos jours – et que recherche MEGAPACK.

- La relation de travail est un échange permanent entre le salarié et l'entreprise, qui doit être stimulé par une optimisation tout aussi permanente du couple contribution / rétribution ;

- l'évaluation doit se faire assez fréquemment, tous les 3 mois ou tous les 6 mois, avec un point spécifique tous les ans ;

- les critères de jugement doivent être précis, objectivables, mesurables, car ils ont une valeur arbitrale ;

- les évaluateurs doivent avoir le courage de juger et d'exprimer leurs jugements ;

- un système de reconnaissance financier et non financier doit être progressivement construit (grille de promotion verticale et horizontale, hiérarchique et technique, …) ;

- l'entretien d'appréciation est le moment privilégié où se formalise le *donnant-donnant* des actions passées ou futures entre le responsable et son subordonné.

© Éditions d'Organisation

Le modèle relationnel que l'on peut construire à partir du vécu des personnes rencontrées :

- la relation de travail se fonde sur des liens invisibles d'attachement réciproque, qui se *sentent*, se *vivent* plus qu'ils ne *se formalisent* ;

- *l'évaluation doit être au service de ces liens et non se substituer à eux* ;

- l'entretien est là notamment pour réaffirmer la reconnaissance mutuelle, l'intérêt partagé à travailler ensemble et la volonté à former une équipe ; il permet de *déclarer ses intentions*, c'est-à-dire d'indiquer ses projets et d'affirmer son attachement ; a minima, il permet de vérifier que la relation n'est pas assise sur des malentendus ou des griefs pesants ; il conforte la confiance nécessaire ;

- l'évaluation s'appuie sur des données essentiellement qualitatives qui font la synthèse d'appréciations multiples ressenties au fil de l'année ;

- il ne doit pas dériver vers *l'entretien psychologique sauvage*. Se pose donc la question de sa limite ;

- il ne doit pas non plus être étroitement lié à la rémunération, pour ne pas nuire à l'esprit d'équipe, qui se fonde sur de multiples *riens imperceptibles* mais essentiels. La relation se construit et se nourrit sur de l'invisible, que l'entretien ne cherche pas à expliciter ; il s'agit seulement d'en renforcer *l'épaisseur*.

ALORA Il apparaît que les discours des salariés sont nettement différenciés selon les catégories professionnelles. A partir du canevas d'entretien initial, les discours ont porté avec des accents différents suivant les groupes sur :

- la perception globale, l'acceptation ou le rejet du système d'évaluation ;

© Éditions d'Organisation

- les avantages et défauts du système en vigueur ;

- le stress ou la *pression* induits par le dispositif d'évaluation ;

- ses conséquences sur les relations professionnelles et la coopération ;

- l'utilité du processus d'évaluation.

➤ *Les cadres*

L'existence et la finalité d'un dispositif d'évaluation des salariés relié à la rémunération vont de soi pour les cadres, qui en discutent seulement les modalités. Comparé à d'autres systèmes dont les cadres ont pu faire l'expérience avant d'entrer chez ALORA, le dispositif en vigueur dans cette entreprise apparaît comme « plus performant », car il possède davantage de critères, limite la dépendance à l'égard du manager de référence et la subjectivité de son évaluation, permet aux évalués de recevoir une appréciation plus large et oriente l'action vers les clients. En ce sens, l'outil apparaît au service de la transversalité et il est bien adapté au développement de relations clients – fournisseurs internes à l'entreprise.

Tel qu'il est en vigueur depuis trois ans environ, l'outil présente à l'usage quelques défauts :

- le choix des clients évaluateurs n'a pas été l'année précédente suffisamment contrôlé par les managers ;

- un *client* interne important qui ne serait pas choisi par son *fournisseur* n'a pas de moyen de faire partie de la liste des évaluateurs, sauf à interpeller ce dernier pour être choisi ;

- les évaluations ne correspondent plus à leur définition écrite initiale ; elles tendent vers la meilleure note. Se trouvent ainsi gommés les écarts entre les personnes et la portée de l'évaluation en est limitée ;

- pour les « indirects », les entretiens IDE (Individual Dignity Enhancement) sont trop fréquents (trimestriels).

© Éditions d'Organisation

Les cadres estiment que ces défauts pourraient être progressivement supprimés, en contrôlant mieux le choix des évaluateurs et en élargissant l'éventail des notations. Un vrai 360° (les évaluateurs étant évalués par les évalués – ce que l'on appelle généralement, l'évaluation remontante [1]) leur apparaît difficile, les expériences précédentes n'ayant pas été constructives. Les arguments en défaveur du 360° seraient les suivants : *manque de maturité suffisante des collaborateurs* qui risqueraient de ne pas assez nuancer leur jugement, *manque de maturité de leurs hiérarchiques* pour « encaisser » les évaluations.

Bien que les cadres aient eu, pour l'essentiel, un discours *fonctionnel*, c'est-à-dire ne considérant l'évaluation que comme un outil, sa mise en œuvre apparaît cependant moins simple que sa conception. En tant qu'évaluateur, elle présente un coût en temps et un *coût humain* importants, car l'évaluation correspond à une *mise sous pression* du personnel. Notamment, certains entretiens sont « poignants et durs » et si la part des entretiens difficiles oscille fortement d'un évaluateur à l'autre, elle peut monter à 30 % des entretiens pour certains. Pour l'évalué, l'appréciation est vécue de façon moins difficile, semble-t-il, car la mise sous pression, les signes de reconnaissance ou les avertissements ne sont pas liés à la seule évaluation annuelle et surviennent tout au long de l'année.

Le dispositif actuel d'évaluation ne fait donc l'objet ni de remises en causes radicales ni de souhait d'évolutions majeures, malgré le coût psychologique et en temps qu'il représente. Pour autant, son utilité, du point de vue des cadres, apparaît difficile à cerner. Il n'est pas un outil qui facilite la coopération, ni les relations de travail (même s'il améliore indirectement les rapports clients/fournisseurs). Il n'a pas de lien direct avec l'analyse des processus et la question « *Finalement, le jeu en*

CHEZ ALORA : UN OUTIL TOTALEMENT ACCEPTÉ PAR LES CADRES, PARTIELLEMENT NEUTRALISÉ PAR LES TECHNICIENS, ENTRAÎNANT DES REMISES EN CAUSE FORTES ET PARFOIS DOULOUREUSES POUR LES OPÉRATEURS.

---

1. En anglais : *upward appraisal*.

© Éditions d'Organisation

vaut-il la chandelle ? » reste sans réponse précise, sans exemples parlants. Les réponses s'orientent systématiquement, malgré les relances successives, vers des propos généraux comme « *Ça fait partie de notre façon de travailler* » ou « *Ça permet de reboucler la boucle* » ou de façon moins allusive : « *L'évaluation, c'est le système de reconnaissance* » de l'entreprise. L'évaluation apparaît ainsi à la plupart des cadres, comme une pièce dans l'ensemble du management de l'entreprise, sans que ses effets directs puissent être véritablement précisés.

➢ *Les techniciens*

Si les cadres et les opérateurs ont exprimé des jugements relativement nets, voire tranchés sur l'évaluation des salariés, en revanche, les techniciens apparaissent sur ce sujet plus hésitants. Leur groupe professionnel semble moins homogène et ils semblent davantage que les autres salariés à la recherche d'une attitude à l'égard du dispositif d'évaluation. Leur position générale, pour autant qu'on puisse la caractériser, présente une tonalité plus positive. Cependant, si pour certains le système est « *assez juste et plutôt motivant* » et permet de « *diluer la dépendance* » à l'égard du hiérarchique direct, pour d'autres il est une « *loterie* » et n'évite pas les risques de règlements de comptes. Ou encore, il est positif s'il permet de savoir la façon dont on est perçu, négatif quand il est lié à la rémunération.

Par conséquent, la question centrale de l'équité, c'est-à-dire de l'égalité du rapport entre la contribution et la rétribution, suscite chez les techniciens rencontrés des réponses très diverses, voire opposées. Pour certains, le dispositif est équitable, pour d'autres, il est arbitraire. Notamment, certains d'entre eux estiment que « *C'est le grand flou sur le lien entre la note et la rémunération* », que le lien avec la rémunération biaise les jugements, que les notes des opérateurs sont inverses de l'avis qu'ils ont pu émettre et que la capacité à se vendre influe fortement la notation (« *Les gens qui ne savent pas se*

© Éditions d'Organisation

vendre peuvent-ils être positivement évalués ? ») s'interroge l'un des techniciens.

Au-delà de la question de l'équité et de l'appréciation générale plutôt positive sur le système, celui-ci représenterait les défauts suivants :

- malgré leur fréquence, les entretiens IDE (tous les trimestres) fournissent l'occasion d'un échange et nourrissent l'évaluation annuelle finale ;

- les actions définies lors de l'entretien ne sont pas suivies et deviennent rapidement obsolètes en cours d'année ;

- les notes tendent à s'uniformiser vers le haut ;

- les évaluateurs étant choisis, on peut être évalué par les « copains » ;

- le lien entre la notation et la rémunération apparaît par trop arbitraire et dépend uniquement du *6 team* et « *Les rémunérations ne sont pas le reflet des performances* » ;

- les recours sont difficiles.

Selon les techniciens, ces défauts pourraient être progressivement éliminés, mais selon des modalités différentes. Ainsi, certains proposent des descriptions de postes plus précises et centrées sur les compétences afin de revenir au métier de base et de centrer l'évaluation sur celui-ci. Pour d'autres, au contraire, il convient de maintenir les sept critères existants. Quelques-uns ont proposé que les évaluations soient également plus rapprochées, par exemple, tous les six mois, en substitution des entretiens IDE…

Les positions des techniciens sont plus homogènes concernant les deux autres points abordés au cours des entretiens : le *stress* lié à l'évaluation et l'utilité de ce dispositif. Les techniciens ne vivent pas de stress particulier pendant la période d'évaluation : ils ne se situent pas en concurrence les uns avec les autres et, selon eux, « *le système a été neutralisé* » par le choix des évaluateurs et par la notation uniforme sur les

© Éditions d'Organisation

meilleures notes. De plus, ils ont appris pour certains (mais pas tous) à « *se vendre* », à jouer avec le système et ainsi à minimiser les risques.

L'utilité du système est assez difficile à préciser pour les techniciens, comme pour les cadres. L'essentiel, selon les techniciens d'un groupe, est de pouvoir comparer son auto-évaluation et l'évaluation de la hiérarchie, mais il semblerait que les auto-appréciations soient surtout importantes parmi les opérateurs. Selon ceux d'un autre groupe, l'intérêt du dispositif est de savoir comment est perçu le comportement de chacun et de pouvoir l'améliorer. Quant à la pression sur les techniciens, si elle est élevée [1], ils estiment qu'« *elle ne tient pas au système d'évaluation, ni à son lien avec la rémunération* ». La pression , selon eux, fait partie d'un ensemble, de la conscience professionnelle, du rappel fréquent des objectifs et des résultats, etc. Elle *s'intègre dans des rapports de confiance entre les employés et l'organisation.* Ainsi, « *on donne ici beaucoup, plus qu'ailleurs* », et avec plaisir. Les salariés ne lésinent pas sur leur temps et s'arrangent pour tout mettre en œuvre pour atteindre les objectifs. Rappelons que l'usine française est la plus performante du groupe (vis-à-vis des usines anglaises et américaines) en dépit d'un coût salarial supérieur. Les rapports entre l'organisation et les salariés sont ainsi décrits : « *Quand vous avez à faire quelque chose, on vous donne les moyens de le faire (ligne téléphonique sans restriction, ordinateur personnel, formation, etc.)* » ; « *ça déclenche la confiance* » et ensuite « *On cherche à mériter la confiance* ».

➤ *Les opérateurs*

Si le propos des cadres peut être résumé par la formule « *l'évaluation est une nécessité, voilà comment l'améliorer* » et celui des techniciens par « *on joue avec et on le*

---

1. Certains croient que la moyenne d'âge est faible chez ALORA parce que « *les vieux claquent avant !* »

© Éditions d'Organisation

neutralise », le propos des opérateurs peut être rendu par la formule : « *on subit* ». L'expression des opérateurs sur l'évaluation est homogène, claire et tranchée :

- le dispositif d'évaluation est pénible à vivre (à subir) ;
- il n'est pas plus équitable que les précédents ;
- il entretient la défiance et les rivalités.

L'évaluation génère parmi les opérateurs un stress important que confirment les cadres et les techniciens. L'un d'entre eux dira : « *Pour eux, c'est atroce, ils le vivent très fort, c'est très dur* ». Cette tension résulte du lien avec la rémunération, des conséquences sur l'emploi en cas de mauvaise notation pendant plusieurs années (« *Un opérateur "bad performer" pendant trois ou quatre ans, il s'en va* », confirme un cadre). Les propos des managers, peu formés à ce type d'entretien, jouent également un rôle non négligeable dans la tension induite lors de l'évaluation. Certains propos peuvent être rudes et de nombreux opérateurs se sentent « cassés ». Pour un cadre : « *C'est la peur au ventre qui habite les opérateurs qui n'ont plus grand-chose pour se protéger.* » La période d'évaluation dure quatre mois. Elle débute en septembre et, à partir de ce moment, la tension commence à monter pour ne s'achever qu'en janvier. Elle se traduit de façon assez classique par de l'agacement, de l'énervement, des troubles du sommeil, des conflits, quelques crises de larmes, des crises de nerfs, etc.

La critique qu'expriment les opérateurs à l'égard de l'évaluation ne porte pas principalement sur le stress qu'il génère, mais sur son manque d'équité :

- les notations continueraient de se faire à la tête du client (les anecdotes sont nombreuses) ;
- trop d'évaluations sont subjectives ou reposent sur des on-dit de cette nature : « *Tout le monde s'est plaint de toi…* », « *On m'a dit que…* ». Pour certains, ces on-dit ont été inventés de toutes pièces par les évaluateurs ;

© Éditions d'Organisation

- certains managers dont le jugement représente 50 % de l'évaluation globale, connaissent mal les opérateurs et les techniciens avec lesquels ils travaillent, ne participent pas directement à l'évaluation ; certains managers seraient obligés d'avoir la photo des opérateurs pour reconnaître ceux qu'ils évaluent ;

- les images sont tenaces et il est difficile pour un opérateur de se séparer de l'étiquette qu'on lui a collée sur le dos ;

- le profil ALORA serait très pesant et si on ne l'a pas, il serait difficile d'être bien noté ;

- les définitions sont floues : il est possible de jouer sur les mots ou entre le court et le long terme ;

- les recours sont difficiles à utiliser : « *Vaut mieux pas l'utiliser, t'en as pour 10 ans* », commente un opérateur et un technicien confirme : « *Les gens ont peur de l'utiliser* » ;

- le marathon d'une journée est trop court pour évaluer correctement tous les agents.

Les critiques sont toutefois atténuées par l'implication des salariés dans le dispositif via l'auto-évaluation.

Présenté comme stressant et peu équitable, *le système semble susciter plus la défiance que la confiance*, les rivalités que la coopération. En effet, les différences de note suscitent des jalousies, au point qu'une partie des opérateurs ne les communiquent pas à leur collègues, renforçant les suspicions. Quelques encadrants favoriseraient « cette sale ambiance » en demandant à des opérateurs « *Qui a mal bossé ?* ». La délation auprès des managers a été dénoncée par certains opérateurs (ça va jusqu'à « casser le collègue »), tandis que d'autres ont minimisé son importance.

Il a été impossible de préciser les conséquences de cette tension et de ces rivalités sur la fabrication. Selon un cadre, « *la pression, ça peut devenir dysfonctionnel, elle peut même vous empêcher de dormir...* », mais les exemples précis de dysfonctions ont manqué, aucun indice n'est décelable dans

© Éditions d'Organisation

l'ensemble des chiffres de production, tableau de bord, etc. Si des évaluations négatives peuvent démoraliser certains, elles ont en revanche un effet stimulant sur d'autres. Il semblerait par conséquent que l'évaluation ait pour principal effet de « faire pression » et de remotiver certains salariés. En réponse à une question plus précise sur l'utilité de l'évaluation, un opérateur a indiqué qu'elle obligeait à se remettre en cause.

Il est important de souligner que ces propos portent sur le système en vigueur jusque-là et ne concernent donc pas le futur dispositif, qui est a priori plutôt bien considéré, car plus précis et plus centré sur les compétences que le système antérieur. Il convient également de rappeler que *la vérité de cette restitution porte sur la réalité des discours prononcés* lors des entretiens avec les personnels, *mais non sur la réalité des faits évoqués* que nous n'avons pu percevoir. Nous n'avons perçu que des discours : par conséquent, notre analyse doit se limiter à ceux-ci et ne peut porter en aucun cas sur une autre réalité.

Quel sens ont les discours des opérateurs ? Sont-ils un moyen de se libérer d'un fardeau inavouable en atelier ? Sont-ils le résultat d'une opposition à la direction, laquelle suppose de mettre en cause toutes ses initiatives, ou sont-ils le moyen de créer une position solidaire et critique propre au groupe des opérateurs ? De même il serait possible de prolonger la restitution des discours des autres groupes par l'analyse des intentions (stratégiques ou non[1]) qui animaient les cadres et les techniciens.

Aussi, nous limitons-nous à poser quelques questions qui émanent directement du discours des différents groupes.

© Éditions d'Organisation

---

1. Une intention est « stratégique », si elle s'inscrit dans un jeu de pouvoir au sens où l'entend Crozier. Toute intention n'est pas stratégique, par exemple celle, très fréquente, de dire ce que l'on ressent parce que cela fait du bien de l'exprimer.

Des interrogations au-delà des discours explicites :

La première question porte sur l'utilité de l'évaluation. Elle émerge dès lors que les cadres, les techniciens et les opérateurs restent silencieux ou s'engagent sur quelques banalités lorsque leur est posée la question de l'utilité et de la pertinence de cet outil. Il est intéressant de remarquer que les réponses évoquent en général le mode de fonctionnement général de l'usine et notamment le caractère stressant du travail.

L'évaluation ne serait-elle pas *un moyen pour faire pression* sur les salariés ? Les enjeux autour de ce dispositif seraient assez simples :

- pour la direction, il s'agirait de disposer d'un moyen de remettre un peu de pression ou de tension, au cas où celle-ci faiblirait, et d'orienter les comportements ;

- pour les salariés, il s'agirait de dénoncer ce dispositif comme inéquitable pour lui enlever toute pertinence et de le neutraliser par une notation uniforme.

Le terme de pression a été largement utilisé au cours des entretiens, mais il convient de le préciser. En fait, il s'agit de *faire peur* pour contraindre les salariés à travailler un peu plus ou un peu mieux en fonction de l'orientation choisie au sommet. Un des axes du management de cette entreprise, comme de tant d'autres, voire de toutes – sorte de fatalité présente dans tout groupe humain – est le maniement de la peur. Telle est la première fonction de l'évaluation : relancer la peur, si nécessaire. Mais, croire que cette organisation ne fonctionne que par la peur est sans doute illusoire. Les discours expriment au contraire un attachement et un dévouement à l'entreprise très forts. A cet égard, les discours sur le « don » sont sans ambiguïté : les salariés donnent beaucoup à l'entreprise et elle leur rend bien, et c'est même elle qui, par sa générosité première, a été à l'initiative de la confiance réciproque. Le rapport à l'organisation semble, être pour certains salariés, un

© Éditions d'Organisation

rapport d'attachement, voire d'amour dont les dons échangés sont la concrétisation [1].

Les salariés sont unis à l'entreprise, plus qu'à leur équipe ou à leur groupe social. Ils y trouvent une *source d'identification* et des *possibilités de reconnaissance* aussi, voire plus importantes qu'avec les collègues. L'entreprise, davantage que le corps social d'appartenance, devient ainsi le dépositaire des moyens d'accès à la reconnaissance sociale et construction de l'identité. Le dispositif d'évaluation trouve alors une seconde finalité : *administrer la reconnaissance*, dont l'enjeu au plan individuel est double (être fier de soi, appartenir à une communauté).

L'évaluation suppose par conséquent un savant dosage entre la peur et la reconnaissance à l'égard de chaque salarié. Ce maniement subtil ne joue pas directement sur la motivation (à la manière de la carotte et du bâton) ; il tend en premier lieu à réaffirmer les liens de dépendance matériels et psychologiques à l'égard de l'entreprise (notamment en substitution aux liens de dépendance et d'appartenance à l'égard du groupe social) et par ce biais à orienter l'action de chaque salarié dans la direction qui convient à l'organisation. Le problème n'est pas tant l'implication du salarié dans le travail. C'est plutôt de canaliser cette implication dans le sens des orientations de l'entreprise. L'entretien d'évaluation ne serait-il alors qu'un outil parmi d'autres tout aussi complémentaires qu'indispensables [2], au service de la coopération et de l'emprise de l'organisation sur ses salariés ?

© Éditions d'Organisation

1. Avec une lecture psychologique, on peut considérer le « *burn-out* », comme le moment où la personne ne considère plus ces échanges comme des dons réciproques, mais comme des actes uniquement intéressés et manipulateurs. On passe du don au sentiment de « *se faire avoir* », du don au sacrifice. Hélas, au plan médical et physiologique il peut se produire bien avant.
2. Les bureaux paysagés et le contrôle de tous par tous, les entretiens trimestriels, la définition des objectifs et le contrôle des résultats par le contrôle de gestion, la politique des rémunérations, la formation, la communication, les challenges et les récompenses, les clubs sportifs, etc.

Les travaux des psychosociologues des années quatre-vingt et quatre-vingt dix (Aubert, Dejours, de Gaulejac, Pagès,...) ont déjà produit le même type d'analyse. Nous est-il possible d'aller un peu plus loin ? *Y a-t-il opposition entre management par la peur et management par la reconnaissance ?* Et s'il s'agit de peur, que craint le salarié ?

- de perdre de l'argent, son emploi ?

- de ne pas avoir d'augmentation ?

- de perdre son statut et sa position ?

- de ne pas obtenir un poste plus élevé ?

- de revivre des situations difficiles de non-reconnaissance y compris dans la sphère strictement personnelle (mécanisme du *transfert*)[1].

Ainsi cette peur peut avoir de nombreux aspects et jouer sur tous les leviers de la relation organisation/personne. Si l'on part de l'hypothèse que les mécanismes de transfert sont toujours à l'œuvre, alors le management par la reconnaissance ne serait pas le contraire du management par la peur. Qu'est-ce donc alors ? Un management sans sanction, sans punition, toujours positif ? Irréaliste, comme dans la plupart des entreprises ! Tout est affaire de dosage. En fait, les sanctions sont rares et ne concernent qu'un faible pourcentage de licenciements chaque année pour insuffisance professionnelle ; quant à l'absence d'augmentation, elle ne concerne que 10 à 30 % des cas. Cela veut dire que, plus que la gestion des sanctions, c'est la gestion de la reconnaissance (dans tous les sens du terme) qui est utilisée pour la majorité des personnels dans les entreprises « bien gérées ». On peut sans doute en donner pour exemples l'Assistance Publique ou l'EDF, même quand le système formel de gestion des ressources humaines ne semble pas le permettre pour les plus basses catégories.

---

1. Au sens de la psychologie freudienne.

© Éditions d'Organisation

2

De nombreuses insatisfactions mais un attachement quasi indéfectible

© Éditions d'Organisation

Comme nous venons de le voir, il existe beaucoup de techniques. Les praticiens peuvent donc choisir celles qui sont plus particulièrement adaptées à leur contexte. Malgré cela, il reste des problèmes majeurs. Pourtant il n'en demeure pas moins que cette pratique managériale reste porteuse d'enjeux positifs forts.

1 L'appréciation du personnel : une pratique difficile

Les difficultés de mise en œuvre d'un processus d'appréciation sont pour certaines clairement exprimés par les acteurs de l'organisation. Cette revue des difficultés explicites nous permettra, ensuite, d'analyser les difficultés implicites de cet outil.

1.1 Des difficultés explicites

Qu'il s'agisse des directions, des fonctionnels RH ou des opérationnels, les premières difficultés mises en évidence concernent l'outil lui-même, puis la relation managériale appréciateur/apprécié et, enfin, les conditions sociales à réunir pour faire fonctionner l'AP.

Des difficultés liées à l'outil
Les difficultés inhérentes à la conception de l'outil sont essentiellement mises en avant par les fonctionnels RH et, dans une moindre mesure, par les appréciateurs [1]. Ces difficultés intrinsèques à l'outil sont variées.

---

1. Le fait que les appréciateurs n'émettent que peu de remarques sur les difficultés de conception de l'AP atteste, en fait, de leur faible participation globale à l'élaboration de cet outil. Chaque organisation a donc intérêt à s'interroger pour savoir si c'est parce qu'ils ne le veulent pas ou si c'est parce qu'on ne leur en laisse pas la possibilité que les appréciateurs apparaissent tant en retrait sur cette question.

© Éditions d'Organisation

Des difficultés de conception

> ➤ *Une mise en relation complexe entre ce que l'on veut apprécier et la façon de le faire*

Si, comme nous l'avons vu dans la première partie, les outils et procédures offerts par l'AP sont variés et donc adaptables en fonction des besoins spécifiques de chaque organisation, alors il reste des choix à opérer. Or le choix de l'une et/ou l'autre des possibilités offertes n'est pas simple, y compris pour les fonctionnels RH dont c'est pourtant le domaine d'expertise.

Tout d'abord, le choix de l'objet de l'appréciation (résultat/ performance, compétence ou comportement professionnel) est difficile en soi car il dépend des objectifs que l'on donne à l'AP. Et ces objectifs peuvent être, comme nous le verrons, contradictoires. Mais ce n'est pas tout. Ce choix est également difficile car il conditionne une fréquence et un type de référentiel d'appréciation.

Or, concrètement, on peut observer des incohérences notables entre les objectifs poursuivis et les outils utilisés. Ainsi, par exemple, alors qu'une majorité des répondants à l'enquête HEC-ANDCP veulent mesurer les écarts entre objectifs et résultats, 55 % d'entre eux ont essentiellement recours à des référentiels de compétence. Alors que ces derniers ne permettent pas réellement de mesurer si les résultats ont été atteints, plus de la moitié des entreprises tentent, néanmoins, de le faire. Cette confusion peut s'expliquer de deux manières : d'une part, la gestion des compétences et l'utilisation de référentiels de compétences fait actuellement l'objet d'un engouement de la part des praticiens, d'autre part, la fixation d'objectifs individuels pour tous les salariés est œuvre difficile en particulier pour les ouvriers, les techniciens et la maîtrise. En effet, à l'inverse des cadres, ces derniers n'ont pas de contrats d'objectifs individuels mais collectifs. Or, la déclinaison, la traduction des objectifs de groupe en objectifs

TROIS DIFFICULTÉS DE MISE EN ŒUVRE : L'OUTIL, LA RELATION MANAGÉRIALE ET LE CONTEXTE SOCIAL.

© Éditions d'Organisation

individuels contributifs [1] est un travail difficile, en particulier dans les domaines où l'activité est difficilement quantifiable.

> ➢ *Un choix difficile entre indicateurs globaux et indicateurs locaux*

Il est également difficile d'intégrer des indicateurs qui rendent compte du travail. Au-delà de cette difficulté à relier objet et référentiel d'appréciation, il faut intégrer dans le choix des indicateurs le fait que la variation interindividuelle des appréciations reflète en vérité au moins aussi souvent des différences dans les conditions de travail. Or, les résultats formalisés dans l'appréciation reflètent souvent autant un contexte relationnel qu'un travail réalisé. Il est enfin nécessaire de tenir compte du fait que la qualité du travail des uns dépend parfois très directement de celle du travail des autres [2].

Ces derniers problèmes amènent nombre de praticiens à considérer que les objectifs fixés ne doivent pas seulement avoir trait à l'activité du salarié, mais aussi à des composantes comportementales. Par exemple, il devient de plus en plus courant de mesurer le petit absentéisme (arrêts de moins de 15 jours). Cet indicateur doit être surveillé car il induit des dysfonctionnements et des coûts importants pour l'entreprise. Même si, au premier abord, l'absentéisme semble n'avoir aucun lien avec les aptitudes ou les compétences, il n'en rend pas moins compte – et de manière directe – de l'insatisfaction au travail et révèle des stratégies de retrait qui ont souvent un lien direct avec la nature du travail exercé.

Par ailleurs, un des principes fondamentaux de l'AP est que le salarié ne doit être apprécié que sur la base d'éléments qu'il contrôle. La justification de ce principe se situe dans la « motivation » de l'apprécié. En effet, si le salarié réalise une performance dont les éléments se situent hors de son contrôle et qu'elle est appréciée en-deçà de la perception qu'il en a, cela peut participer à sa démotivation. La relation « effort/

---

1. C'est-à-dire qui contribuent véritablement à la réalisation des objectifs collectifs.
2. En particulier dans les entreprises qui ont clarifié les relations clients-fournisseurs à l'interne dans le cadre d'une démarche qualité.

© Éditions d'Organisation

performance » est dès lors, susceptible d'être contrariée et obscurcie, le salarié pouvant ressentir un sentiment d'injustice ou tout au moins d'insatisfaction entraînant une certaine démotivation.

LE SALARIÉ NE DOIT ÊTRE APPRÉCIÉ QUE SUR LA BASE D'ÉLÉMENTS QU'IL CONTRÔLE.

Malgré ce principe, nombre d'auteurs justifient la pertinence d'un système d'appréciation portant sur des éléments hors contrôle du salarié. Ils considèrent que, ce faisant, on lui fait davantage prendre conscience de l'impact de ses décisions sur son environnement et sur celui de ses pairs. Dans ce cas, les indicateurs retenus correspondent plus à des résultats inter-groupe, c'est-à-dire à des résultats de bout de chaîne clients-fournisseurs, qu'à des indicateurs de résultats intra-groupe.

Cette question des indicateurs, et plus généralement des référentiels de l'appréciation, est difficile car ils doivent maintenir un fragile équilibre entre travail réalisé, compétences et ancienneté de l'ensemble des salariés... et cohérence sur l'ensemble de l'organisation. Il est, par exemple, extrêmement complexe de concevoir des indicateurs clairement reliés et contributifs à la politique générale et à la stratégie de l'entreprise. Certaines entreprises ont néanmoins progressé sur cette question. C'est ainsi que SODIAAL [1] a réussi à identifier les compétences comportementales nécessaires pour le succès de la stratégie de l'entreprise. Ce référentiel est désormais utilisé pour l'AP, le recrutement, le développement des managers ou la formation.

Des difficultés de réalisation

➢ *La difficile construction d'outils simples, pragmatiques rendant compte de la complexité de l'activité humaine*

L'AP doit être simple pour pouvoir être mise en œuvre. Pourtant, on lui demande aussi de rendre compte d'une réalité

---

1. Consulter le cas SODIAAL à la centrale des cas et médias pédagogiques (CCMP) de la Chambre de commerce et d'industrie de Paris, 49, rue de Tocqueville, 75017 Paris, ccmp@ccip.fr

© Éditions d'Organisation

complexe : la reconnaissance du travail et la gestion des relations hiérarchiques.

Or, la plupart des activités professionnelles sont trop complexes pour pouvoir être appréhendées à l'aide de quelques critères identiques pour toutes les équipes et unités d'une entreprise. Les critères apparaissent souvent excessivement réducteurs et normatifs [1]. Ainsi, les outils centrés sur les qualités individuelles apparaissent trop éloignés de la réalité de l'activité. Ceux centrés sur les *résultats* rencontrent des difficultés analogues pour la fixation d'objectifs pertinents, quantifiables. De plus, qu'ils soient centrés sur les résultats ou sur les qualités individuelles, les outils d'évaluation ne tiennent pas compte des efforts et de la difficulté nécessaires pour les atteindre et donc peuvent apparaître injustes. Enfin, pour qu'ils satisfassent aux critères de fiabilité, de réalisme et de discrimination, les indicateurs doivent combiner des données quantitatives et qualitatives, ce qui, dans la mise en œuvre, est rarement respecté car complexe. On a en effet tendance à mesurer ce qui est quantifiable, comme par exemple les activités commerciales, et à mettre des indicateurs qualitatifs peu précis pour ce qui est difficilement quantifiable, comme, par exemple, les activités de service.

Dès lors, le manque de clarté des critères d'évaluation apparaissent dans de nombreuses enquêtes [2] comme la cause principale de l'inefficacité des systèmes d'évaluation. Ainsi, l'AP apparaît souvent aux opérationnels comme une technique grossière [3], sans nuance, alors que les relations interpersonnelles sont construites sur des jeux subtils d'influence, de pression, de séduction, d'amitié, de contrainte, de services réciproques, de chantages divers, ... L'AP place ainsi les appréciateurs dans la position inconfortable d'avoir à porter des jugements clairs, tout

---

1. TRUE L.P., « Psychonometric properties of self-appraisals, of job performance », *Personnel Psychology*, 1989, vol. 33, p. 263-271.
2. LONGENECKER C.O. et GINNIS D.R., « Appraising technical people : pitfalls and solutions, *Journal of Systems Management*, Dec. 1992, p.12-16.
3. BOWLES M. et COATES G., « Image and substance : the management of performance as rhetoric or reality ? », *Personnel Review*, vol. 22, n° 2, 1993, p. 3-21.

© Éditions d'Organisation

en conservant des relations courtoises avec leur personnel. Face à cette mission impossible, ils adoptent des attitudes qui leur permettent d'éviter les problèmes (« *Tout le monde est excellent* ») ou, s'ils les abordent, ils rencontrent les attitudes défensives des évalués[1]. A cet égard, l'AP serait un système satisfaisant quand il n'y a pas de problèmes, mais inutilisable quand on en a le plus besoin [1].

L'ensemble de ces difficultés de choix méthodologiques se double de difficultés techniques au niveau de la mise en œuvre.

On le voit, les choix méthodologiques comme les techniques constituent un parcours semé d'embûches ; il en va de même pour la mise en œuvre concrète.

➢ *Des objectifs difficiles à fixer*

Les difficultés techniques concernent essentiellement la relation objectif-résultat. Elle touche plus particulièrement les salariés qui n'ont pas de lettre de mission ou de « contrat d'activité » individuel et pour qui la fixation d'objectifs individuels se révèle très difficile. Elle nécessite, pour ces derniers, la déclinaison des objectifs de groupes en objectifs individuels contributifs. Ce travail est impératif dans la mesure où il s'agit d'apprécier individuellement en lien avec des objectifs de groupe. En effet, l'utilisation d'objectifs strictement individuels peut nuire à la mobilisation des salariés vers des objectifs communs ; elle peut en outre favoriser les comportements opportunistes : attitudes concurrentielles entre salariés d'un même groupe dans l'optique d'une appréciation positive, surtout si cette dernière est liée à une augmentation de la rémunération, course à la prime, etc.

Par ailleurs, l'appréciation fait souvent l'objet de jeux classiques inhérents à la fixation d'objectifs. S'ils sont faciles, ils permettent d'atteindre les résultats mais encouragent la

---

1. BEER M., « Performance appraisal : dilemmas and possibilities », *Organizational Dynamics*, Winter 1981, p. 24-36.

© Éditions d'Organisation

médiocrité ; s'ils sont élevés, ils peuvent être considérés comme irréalistes et ne pas impliquer les appréciés. Pour les indicateurs non quantifiés (concernant les comportements, par exemple), rares sont les entreprises qui spécifient de façon détaillée la gradation du comportement de *l'insatisfaisant* vers *l'excellent* (*Behaviorally Anchored Scale* dans les systèmes américains). Néanmoins une entreprise comme l'Air Liquide s'est appuyée, pour mener à bien une restructuration de son service de distribution, sur un système d'évaluation des compétences qui s'efforce de décrire et de ranger ces comportements sur une échelle graduée.

Des difficultés de mise en œuvre

➢ *Un prérequis difficile à obtenir : des descriptions d'emploi valides et fiables*

Une analyse du travail réel et prescrit, est indispensable pour opérer la connexion entre travail d'une part, et caractéristiques humaines, d'autre part. Pour paraphraser Binning et Barret [1], les caractéristiques individuelles sont des notions abstraites qui sont, en réalité, des hypothèses fondées sur le fait que certains comportements varient ensemble de manière significative. L'analyse du travail permet *d*onc de préciser ce qui doit être prescrit, c'est-à-dire les aspects du travail (comportement et/ou performance) qui importent le plus à la bonne conduite de la tâche [2] ou à l'accomplissement de la fonction, afin d'en déduire les caractéristiques individuelles requises.

Or, ce lien entre réussite professionnelle et appréciation passe par une analyse pertinente du travail mettant en évidence les prérequis essentiels des tâches et des missions. Ceci suppose,

---

1. BINNING J.F. et BARRET G.V., « Validity and utility of alternate predictors of job performance », *Journal of applied Psychology*, 1989, p. 72-98.
2. L'analyse des tâches met en lumière ce que les anglo-saxons symbolisent par le sigle KSAP : Knowledge, Skills and Aptitudes (connaissances, capacités et aptitudes requises).

© Éditions d'Organisation

pour le responsable, la clarification des organisations, du travail « voulu » et des relations clients-fournisseurs internes. Or, les opérationnels comme les fonctionnels RH ont souvent d'énormes difficultés à préciser ces données dans un environnement organisationnel mouvant. De plus, ce travail de clarification suppose également que les salariés s'expriment sur leur travail, sur les activités qu'ils accomplissent. Ceci est également loin d'être aisé car, le plus souvent, ces derniers n'ont pas l'habitude de parler de leur travail et, lorsqu'ils le font, il leur est difficile d'analyser et d'exprimer par des mots en quoi consiste leur travail : pour eux, celui-ci constitue un tout qui puise sa matérialité dans *l'action* et non dans *la parole*. Ils n'est pas exclu également qu'ils tiennent à maintenir un certain « flou ».

➢ *Un classement difficile à opérer*

L'appréciation se fait sur la base d'un contrat d'activité et d'objectifs négociés entre un superviseur et ses collaborateurs. Mais la note, ou l'appréciation, attribuée à la fin d'un entretien tient aussi compte des performances des autres salariés qui réalisent le même type de travail. Or, sur ce plan, il est difficile d'effectuer un classement objectif. En effet, même dans des activités proches, chaque salarié a ses domaines de prédilection, d'excellence. Chacun privilégie donc plutôt tel ou tel type d'objectif. Cette relative spécialisation de chacun rend des services au N+1 qui dispose de subordonnés compétents et complémentaires. Mais elle rend extrêmement délicat le classement des appréciés. De même, pour les salariés exerçant exactement le même travail, il est toujours difficile de quantifier et de comparer le travail de chacun. S'il est souvent relativement facile de désigner les meilleurs membres d'une équipe et parfois aussi d'en connaître le moins bon, trancher entre celui qui sera troisième et celui qui sera quatrième est presque toujours un casse-tête.

IL N'EST PAS TOUJOURS FACILE DE DIFFÉRENCIER LE MÉRITE DE CHACUN.

© Éditions d'Organisation

Ce problème a toujours existé mais, avec la réduction des budgets dédiés aux augmentations salariales, il a pris une acuité renforcée. C'est pourquoi de nombreuses entreprises ont finalement décidé de noter d'abord le collaborateur par rapport à son contrat d'activité puis de le comparer à d'autres. Hewlett Packard en est un bon exemple. A la fin de l'entretien, le collaborateur ne reçoit pas de note de son N+1. Plus tard, une réunion de tous les N+1 (par exemple, tous les directeurs des ventes) a lieu. Ensemble, ils *comparent*, *classent* puis *notent* tous les salariés de niveau N (les technico-commerciaux dans cet exemple). Mais des difficultés surgissent aussi dans la relation appréciateur-apprécié.

Des difficultés liées à la relation manager-managé

Un positionnement hiérarchique difficile pour les managers

➢ *La confusion des rôles juge et coach*

> Du côté des appréciateurs, on constate une importante difficulté à « cumuler les mandats », c'est-à-dire à être à la fois :
>
> - juge (que la sanction soit symbolique ou matérielle/financière) ;
> - conseillers/développeurs de compétences ;
> - conseillers en orientation professionnelle.

Il existe, comme nous l'avons vu dans la première partie, de nombreux écarts d'attentes et de perception entre supérieurs et subordonnés à propos de l'appréciation. Ces écarts sont, en grande partie, dus au fait que les dispositifs d'appréciation poursuivent deux objectifs principaux, l'un hérité du

© Éditions d'Organisation

taylorisme et plus largement du management traditionnel (juger pour sanctionner et récompenser), l'autre du Mouvement des relations humaines (aider pour développer les compétences et la motivation). En effet, même si l'équité consiste à juger avec bienveillance [1], la position du juge qui s'intéresse en priorité aux actes n'est pas une position d'aide, cette dernière se centrant sur la personne en requérant l'empathie et l'acceptation d'autrui. De plus, comme le montrent de nombreuses études [2], il est irréaliste de vouloir, dans un même temps, évaluer les performances et les améliorer, porter des jugements de valeur et faire en sorte que les salariés s'expriment. C'est pourquoi on assiste à la création d'une pratique managériale floue dans laquelle l'appréciateur veut, d'un côté, faire part de son opinion sur le salarié, rémunérer en fonction de la performance, justifier les augmentations et les promotions, et, de l'autre, être empathique, soutenir et développer.

Cet aspect contradictoire peut être d'autant plus dommageable que, sans clarification préalable, le risque est qu'aucun des objectifs ne soit atteint et donc, qu'aucune des parties (appréciateurs et appréciés) ne soit satisfaite.

En fait, il semble que, dans de nombreux cas, l'objectif de développement, de soutien, d'aide tende à masquer le véritable objectif de jugement et serve à atténuer la situation d'appréciation pour la rendre acceptable.

La question cruciale est alors : faut-il lier l'entretien d'appréciation avec la rémunération ? Certaines études montrent que ce lien conduit l'appréciateur à mieux préparer l'entretien, l'apprécié à s'engager davantage dans le dispositif et les deux à fixer les objectifs de manière plus rigoureuse. Finalement, le lien avec la rémunération pourrait favoriser la fiabilisation du

---

1. FAYOL H., *Administration industrielle des entreprises*, Paris, Dunod, 1956.
2. LAWLER E, MOHRMAN A. M., RESNICK S., « Performance appraisal revisited », *Organizational Dynamics,* 1984. MEYER H.H., KAY E., FRENCH J.R.P., « Split roles in performance appraisal », *Harward Business Review*, vol. 43, n° 1, janvier-février, p. 123-129.

© Éditions d'Organisation

processus d'appréciation[1]. D'autres au contraire estiment « qu'apprécier pour rémunérer » est totalement incompatible avec « apprécier pour aider » la personne.

Les résultats de l'enquête HEC-ANDCP viennent conforter le caractère pluriel des objectifs poursuivis : parmi les 121 DRH ayant répondu à l'enquête, les objectifs mis en avant en premier lieu sont pour 24 % le dialogue entre niveaux hiérarchiques, pour 22 % la mise en œuvre des objectifs et la gestion des évolutions professionnelles, pour 12 % le développement des salariés, pour 11 % la gestion des compétences. La gestion des rémunérations vient, quant à elle, en objectif secondaire pour 22 % d'entre eux.

D'ailleurs, les critiques les plus virulentes contre l'évaluation des salariés proviennent de la Qualité totale, dont certains tenants aux USA estiment que les deux principales raisons d'être de l'évaluation des salariés sont de justifier les licenciements et les différences de rémunération.

En résumé, les systèmes d'appréciation prescrivent des rôles et des comportements, autrement dit un mode de relation qui valorise l'ouverture, l'authenticité, la confiance, l'engagement, et suppose la mise entre parenthèses de la « dialectique sociale » et des tensions inévitables entre employeur et salarié. Autant dire qu'il s'agit d'une gageure difficile à tenir. De fait, *« Le rôle du juge et celui de conseiller sont incompatibles »,* comme le soulignait déjà Mc Gregor en 1960[2].

> ➤ *La difficulté à* parler-vrai

Concernant le rôle de « juge » indissociable de l'appréciation, nombre d'opérationnels mettent en évidence le fait que ce jugement ne peut être trop sévère, y compris dans des cas de fautes graves, car, sauf licenciement, ils doivent continuer à travailler avec les salariés qu'ils apprécient. Il en résulte une difficulté

---

1. PRINCE B.J. et LAWLER III E.E., « Does salary discussion hurt the developmental performance appraisal ? » *Organizational Behavior and human decision processes,* 37, 1986, p. 357-373.
2. Mc GREGOR D., *La dimension humaine de l'entreprise,* Paris, Gauthier-Villars, 1971. (1e édition américaine : *The human side of enterprise,* 1960.)

© Éditions d'Organisation

importante de la part des appréciateurs « à parler clairement ». De là découle un langage flou « inodore, incolore et sans saveur » pour les appréciés que l'on peut assimiler à de « l'évitement convivial ». Cette difficulté est plus particulièrement aiguë lorsqu'ils sont issus du rang et qu'ils sont peu mobiles, auquel cas, ils se trouvent en position d'apprécier et donc, dans leur esprit, de « juger » ceux qui ont été leurs pairs.

Dès lors, dans certaines entreprises américaines, ou parfois françaises, en début d'entretien, l'appréciateur annonce à l'évalué sa note pour éviter les marchandages et ne pas changer d'avis en cours d'entretien alors que, par ailleurs, cet entretien est censé être un moment de dialogue privilégié. Aux États-Unis, on dit souvent que *« c'est le moment de l'année où on vous rappelle qui est propriétaire de qui »*.

Mais les appréciateurs ne sont pas les seuls à rencontrer des difficultés dans cette relation hiérarchique d'un « nouveau type ». Les appréciés en rencontrent aussi.

La difficile expression des salariés

Tout d'abord, les appréciés reconnaissent avoir une grande difficulté à adopter une attitude d'ouverture qui favorise l'expression de leurs points faibles alors que, toute l'année, ils essaient de se montrer sous leur meilleur jour. Ensuite, ils sont le plus souvent dans un état de subordination à une hiérarchie au management pyramidal et ne parviennent pas à s'extraire de cette relation « parent-enfant ». De plus, ils hésitent à parler de leurs points à améliorer dans la mesure où ils savent que l'entretien se conclura, certes, par la formalisation d'un cursus de professionnalisation, mais aussi par une décision concernant leur rémunération ou leur mobilité. Certains appréciés vont jusqu'à mettre en évidence le fait que, telle qu'elle est pratiquée dans leur entreprise, l'AP favoriserait les dissimulations, les manipulations de résultats de peur d'être jugés de manière négative surtout si c'est injustement (si les mauvais résultats ne leur incombent pas).

LA RELATION HIÉRARCHIQUE : UNE RELATION PARENT/ENFANT DONT IL EST DIFFICILE DE S'EXTRAIRE.

© Éditions d'Organisation

103

Des conditions sociales délicates à réunir

Comme nombre d'auteurs le soulignent[1], le plus souvent, l'AP ne bénéficie pas du climat de confiance qui lui est pourtant nécessaire. A cet égard, Roberts[2] montre que l'appréciation repose sur l'adhésion du personnel à cette démarche qui provient de la qualité technique de la démarche et de la participation des salariés à sa construction. En effet, comme l'appréciation est construite sur la base d'une relation de partenariat, voire même d'égal à égal – en tout cas, il ne s'agit plus d'une relation de type parent/enfant – nombre d'appréciés affirment qu'il faut que ce type de relation soit instauré et construit *tout au long de l'année* entre les deux partenaires. Il convient d'éviter que cela tourne au « simulacre » le jour de l'entretien. Cette dynamique empathique traduit l'intégration par chaque membre de l'entreprise d'anticipations positives à l'égard de ses actes au sein de l'organisation. Ceci suppose que l'appréciation demeure un enjeu pour cette dernière et que le salarié ait un retour d'information de qualité sur celle-ci. En résumé, un entretien d'appréciation, pour bien fonctionner, suppose :

- que l'appréciateur et l'apprécié se respectent et s'estiment ;
- qu'il n'y ait pas de contentieux entre eux, ce qui est de plus en plus difficile au fil des années ;
- que l'appréciateur ait envie d'aider l'apprécié et que ce dernier soit consentant ;
- que la rivalité et les inévitables agacements qui parfois les opposent soient réduits au minimum.

La difficulté qu'il y a à réunir ces prérequis explique, à elle seule, bien des déconvenues à propos de l'AP.

---

1. CAROLL S.J. et SCHNEIER C.E., *Performance appraisal and review systems : the identification measurement, and development of performance in organizations*, Glenvier, IL : Scott, Forestman, 1982.
2. ROBERTS G.E., « Developmental Performance Appraisal in Municipal Governement », *Public Personnel Administration*, 36, 1995, p.17-43.

© Éditions d'Organisation

Concernant la participation des salariés, comme dans tout processus de GRH, il est nécessaire de tenir compte de l'avis de ceux à qui il est adressé. Comme J.-D. Reynaud[1] le souligne, la construction de l'outil de gestion doit donc être réalisée conjointement, faire l'objet d'une négociation plus ou moins formelle entre acteurs collectifs et individuels. Elle doit porter les traces des différents acteurs, des différents projets (professionnels, politiques, économiques) et/ou des interprétations différentes d'un même projet. La participation des salariés à la dynamique du processus de gestion dépend donc de leur implication au niveau de sa construction.

BIEN PENSER L'OUTIL NE SUFFIT PAS. IL FAUT AUSSI CRÉER LE CONTEXTE FAVORABLE À SA MISE EN ŒUVRE.

L'AP invoque le respect de l'individu, son épanouissement, son développement, son besoin de feed-back, de reconnaissance, mais les appréciés vivent souvent cet entretien comme un instrument de domination tant idéologique (adhésion aux valeurs...) que matérielle (rémunération, risque de licenciement). Le problème de l'AP, comme celui de l'ensemble des outils managériaux, n'est donc pas tant l'outil en soi, que le contexte dans lequel il s'inscrit. La mise en œuvre de l'AP exige donc des relations satisfaisantes entre les appréciateurs et les appréciés. Or les relations entre les appréciateurs et les appréciés ne sont pas toujours bonnes surtout dans des contextes organisationnels changeants, incertains et dans lesquels la tendance majoritaire est à la réduction des coûts. Dans ces conditions, à la place du « moment de dialogue privilégié », on retrouve souvent un langage flou, codé et un compte rendu d'appréciation (quand il s'agit d'un texte et non pas d'une note synthétique globale) « sans vice ni vertu ».

IL N'EST PAS TRÈS FACILE DE CRÉER LE CLIMAT POSITIF NÉCESSAIRE AU BON FONCTIONNEMENT DE L'AP.

Mais ce n'est pas tout. Une autre difficulté importante existe au niveau de la mobilisation de la ligne managériale et en particulier les N+2 qui attendent beaucoup des N+1 (managers de

© Éditions d'Organisation

---

1. REYNAUD J.D., *Les règles du jeu : l'action collective et la régulation sociale*, Paris, A. Colin, 1989.

proximité) sans pour autant s'impliquer eux-mêmes dans la démarche, jouer un rôle de facilitateur, sans pour autant montrer l'exemple en termes de pratique de l'AP.

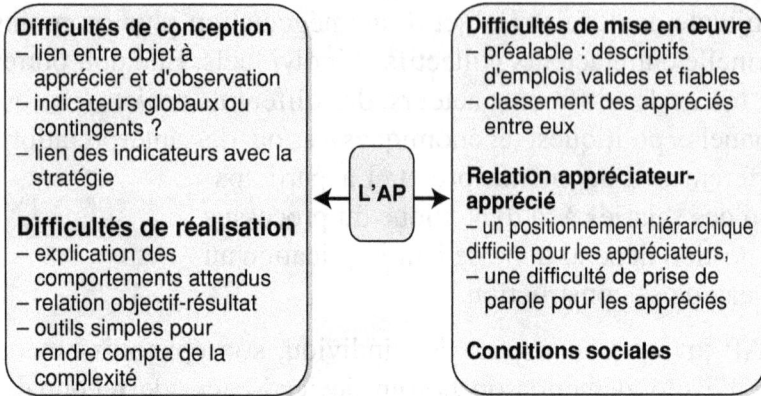

Difficultés de conception
– lien entre objet à apprécier et d'observation
– indicateurs globaux ou contingents ?
– lien des indicateurs avec la stratégie

Difficultés de réalisation
– explication des comportements attendus
– relation objectif-résultat
– outils simples pour rendre compte de la complexité

L'AP

Difficultés de mise en œuvre
– préalable : descriptifs d'emplois valides et fiables
– classement des appréciés entre eux

Relation appréciateur-apprécié
– un positionnement hiérarchique difficile pour les appréciateurs,
– une difficulté de prise de parole pour les appréciés

Conditions sociales

Récapitulatif des difficultés explicites de l'AP

L'ensemble de ces difficultés ou contradictions sont sensées être résolues ou dépassées grâce à la compétence des fonctionnels RH et des opérationnels et à leur bonne formation. Or, selon le type de culture de l'organisation, notamment si celle-ci est technique, avec des recrutements plutôt axés sur des compétences techniques, cette compétence RH n'est pas forcément effective. Cela est d'autant plus fréquent que l'attendu des organisations en la matière est très élevé et que les qualités exigées du responsable des ressources humaines peuvent parfois s'apparenter à celles d'un « surhomme ».

Mais si l'ensemble de ces difficultés sont difficiles à surmonter, elles présentent au moins l'avantage d'être connues des acteurs. Ils peuvent donc en parler entre eux et tracer des plans concrets d'amélioration. Des solutions concrètes, négociables entre les différents acteurs peuvent donc être envisagée. Ceci n'est pas le cas pour d'autres difficultés plus ou moins inconscientes mais dans tous les cas inavouées que nous allons présenter à présent.

© Éditions d'Organisation

1.2   Des difficultés implicites

Les difficultés implicites sont doubles : elles sont à la fois liées à l'outil et à sa mise en œuvre.

Des difficultés implicites liées à l'outil

Des objectifs divers et ambigus

➢ *Favoriser la performance individuelle et/ou collective ?*

La fixation d'objectifs individuels peut apparaître comme un procédé, soit sommaire pour traiter de la coopération, soit contradictoire avec l'objectif même du travail en équipe[1]. Comment créer la confiance, par exemple, lorsque les membres de l'équipe se sentent en rivalité[2] ? Il en résulte comme conséquence que l'entretien d'appréciation n'est pas aisément utilisable par les responsables d'équipe et peut même leur apparaître dysfonctionnel. Or, la coopération est un enjeu essentiel de toute organisation, de toute équipe de travail, et donc de toute évaluation[3]. L'efficacité d'une équipe ne repose pas uniquement sur la détermination d'objectifs individuels. Elle s'appuie également sur la capacité à :

a) former un langage commun et se comprendre à demi-mot ;

---

1. Cette critique est notamment portée par les tenants de la qualité totale, qui estiment que la réflexion des managers devrait porter en premier lieu sur les *process* et les systèmes et non sur la responsabilité des individus indépendamment de l'analyse des process (Lee, 1996).
   KANE J.S. et FREEMAN K.A., « MBO and performance appraisal : a mixture that's not a solution », *Personnel*, 1986, p. 22-36.
   SCHOLTES P.R., « Total quality or performance appraisal : choose one », *National Productivity Review*, Summer 1993, p. 349-363.
2. BOTHE K.R., « Boss Performance Appraisal : A Metric Whose Time has gone », *Employment Relations Today*, 1994, p. 1-9.
   SCHOLTES P.R., « Total Quality or Performance Appraisal : Choose One », *National Productivity Review*, 1993, p. 349-363.
3. CARDY R.L. and DOBBINS G.H., *Performance appraisal : alternative perspectives*, South-western Publishing Co, Cincinnati, Ohio, 1994.
   MURPHY K.R. and CLEVELAND J.N., *Performance appraisal : an organization perspective*, Allyn and Bacon, Boston, 1991.
   WEBSTER B., « Beyond the mecanics of HRD », *Personnel Management*, March 1990.
   PIVETEAU J., *L'entretien d'appréciation du personnel*, Toulouse, Eres, 1981.

© Éditions d'Organisation

b) créer des règles de travail implicites et respectées de tous ;

c) faire confiance et donner confiance ;

d) créer de la « complicité », voire de l'amitié.

Des biais difficilement contournables

> L'appréciation du personnel, comme tout autre processus d'appréciation, expose ses protagonistes à des biais difficilement contournables. Ces biais sont à la fois liés au jugement, au processus cognitif mis en œuvre lors de l'appréciation et au processus d'attribution de la causalité.

➢ *Les biais de jugement*

Le jugement de l'appréciateur peut être altéré par trois biais [1] :

L'indulgence. L'indulgence dont peut faire preuve l'appréciateur se réfère au caractère « objectif » que doit, comme on l'a vu, revêtir l'appréciation. En effet, on peut noter que l'appréciation d'un même salarié par différents appréciateurs peut donner des résultats différents ; ceci est dû au fait que certains appréciateurs sont plus indulgents que d'autres, que ce soit consciemment ou inconsciemment. On attribue généralement cette indulgence au phénomène de « constance psychologique » qui fait que, lorsque l'on doit donner son avis, on a plutôt tendance à maintenir et à vouloir faire valoir l'avis que nous avions *a priori*. De plus, d'autres facteurs peuvent influencer l'avis de l'appréciateur comme par exemple la pitié, les sentiments de culpabilité, l'espoir d'avoir un retour... Sans entrer plus avant dans le détail des mécanismes de l'indulgence, on voit clairement que le principe d'*objectivité* est difficile à atteindre dans l'appréciation. Il semble, en

---

1. CASCIO, W.F., *Applied Psychology in Personnel Management*, Fourth Edition, Prentice Hall, 1991.

© Éditions d'Organisation

effet, plus réaliste de parler d'une rencontre entre deux sub-jectivités que de la construction d'une objectivité.

La tendance centrale. Contrairement à l'effet d'indulgence, l'effet de « tendance centrale » a quant à lui pour conséquence que tous les salariés sont appréciés de la même manière. Ainsi, tous les appréciés reçoivent une appréciation moyenne ou bonne qui ne discrimine ni n'exclut personne.

Ce phénomène peut intervenir car l'appréciateur ne souhaite pas « se mouiller » ou établir de mauvaises relations avec qui que ce soit (dans ce cas l'appréciation est le plus souvent moyenne) ou parce que le système, composé d'un nombre limité de notes, ne favorise pas une répartition discriminante des appréciés.

De fait, le jugement final de l'appréciateur ne s'appuie pas uniquement sur les résultats de l'entretien, mais aussi sur le dossier et la connaissance qu'il a de l'apprécié. Conscients de cette limite méthodologique, Zedeck, Tziner et Middlestart[1] ont non seulement étudié les corrélations entre les apprécia-tions fournies par 10 appréciateurs sur 131 sujets en utilisant la même grille de notation sur 19 dimensions, mais ils ont également réalisé des comparaisons détaillées des résultats fournis par chacun des différents appréciateurs. Ils ont ainsi montré que tous les appréciateurs élaborent leur jugement par le biais de stratégies simi-laires et que, partant, tous ont fondé leur juge-ment final sur un nombre limité de critères (la définition de ces critères restant propre à cha-cun).

LE JUGEMENT FINAL DE L'APPRÉCIATEUR NE S'APPUIE PAS UNIQUEMENT SUR LES RÉSULTATS DE L'ENTRETIEN, MAIS AUSSI SUR LE DOSSIER ET LA CONNAISSANCE QU'IL A DE L'APPRÉCIÉ.

Par ailleurs, selon nombre d'auteurs s'intéressant à la qualité totale, les différences de performance entre individus seraient faibles comparées à l'impact des autres facteurs (organisation,

---

1. ZEDECK S., TZINER A. et MIDDLESTART S.E., « Interviewer valididy and reliability : an individual analysis approach », *Personnel Psychologic*, 36, 1983, p. 335-370.

© Éditions d'Organisation

technologie...) sur la performance globale. Cela diminue donc d'autant la justification d'une discrimination forte entre les salariés.

L'effet de halo. Il correspond au fait qu'un des critères de l'appréciation d'un salarié « contamine » l'ensemble de son appréciation. Dès lors, à partir d'un facteur unique, l'appréciation peut se révéler à tort positive ou négative. Aussi, la dimension relationnelle (et les sentiments qui l'accompagnent) prend elle-même un poids essentiel dans les appréciations.

Mais ces biais concernant le jugement de l'appréciateur au jour J ne sont pas les seuls. D'autres existent aussi au niveau du processus d'observation tout au long de l'année.

➢ *Les biais du processus d'observation*

Qu'il s'agisse d'appréciation des résultats, des performances, des compétences, du comportement, le processus d'observation comporte quatre faces qui exposent les appréciateurs à différents biais :

L'observation de l'apprécié. Dans cette phase, le problème essentiel concerne l'attention que l'appréciateur porte à ce qu'il observe. En effet, lorsque « tout va bien », l'observation aura tendance à se relâcher ; alors que, lorsque un événement inattendu se produira, surtout s'il est négatif, l'attention sera pleinement éveillée. Ainsi, l'appréciateur aura tendance à observer consciemment l'apprécié uniquement lorsque son comportement sera inattendu, exceptionnel ou original [1].

De plus, l'appréciateur a tendance à sélectionner les informations qu'il retient pour l'appréciation [2]. Dans cette sélection, l'appréciateur est influencé par trois facteurs :

---

1. FELDMAN, J.M., « Beyond attribution theory : cognitive processes in performance appraisal », *Journal of applied Psychology*, vol. 66 (2), 1981, p. 127-148.
2. DE NISI A.S., CAFFERTY T.P., MEGLINO B.M., « A cognitive view of the performance appraisal process : model and research propositions », *Organizational Behavior and Human Performance*, vol. 33, 1984, p. 360-396.

© Éditions d'Organisation

- les idées préconçues, les sentiments qu'il porte à l'apprécié ;

- les objectifs et la nature de l'appréciation (si l'appréciation a comme objectif de premier rang le développement du salarié, l'appréciateur se focalisera plutôt sur ses compétences...) ;

- le temps dont l'appréciateur dispose pour conduire l'entretien (moins il a de temps, plus les informations négatives comptent).

Quoi qu'il en soit, on peut retenir que, quelle que soit la vigilance de l'appréciateur, son observation se cantonnera à une partie restreinte de l'action et du comportement de l'apprécié.

La mise en représentation et en mémoire des éléments de l'observation. C'est la représentation des actions de l'apprécié que l'appréciateur garde en mémoire. Cette représentation se déroule selon un processus de simplification qui permet à l'appréciateur de stocker les données et de ne pas surcharger sa mémoire. Encore une fois, ce processus induit une déformation de l'appréciation car il déforme et limite l'attitude de l'apprécié. Ainsi, l'appréciateur opérera des catégorisations *pour mémoire* comme par exemple : consciencieux/je m'enfoutiste, fiable/non fiable, bon/mauvais... Elles sont le plus souvent binaires.

Le problème est que, une fois cette catégorisation opérée, c'est l'apprécié qui est lui-même *catégorisé* et le seul souvenir présent dans l'esprit de l'appréciateur sera cette catégorie. Ce biais prend encore plus d'ampleur si les appréciés sont nombreux car leur nombre conduit l'appréciateur à recourir plus souvent à ces catégorisations. Dès lors, la nuance et l'analyse de l'observation du travail et des comportements devient inutile... Cet effet est particulièrement fort chez les appréciateurs qui se fient à leur seul jugement intuitif en dehors de l'observation de faits et actes observables.

© Éditions d'Organisation

111

La recherche et la remémoration de ces informations.
Autre étape « risquée » : la recherche et la remémoration des
informations. En effet, l'opinion de l'appréciateur étant le
plus souvent pré-définie quelle que soit la réalité, il va avoir
tendance à constater sur le terrain des éléments qui viennent la
nourrir et la renforcer [1].

L'appréciation proprement dite. L'étape de l'appréciation à
proprement parler est cruciale car c'est à ce moment-là que
l'appréciateur va devoir hiérarchiser et faire des choix dans
toutes les informations qu'il a sur l'apprécié. Or, en général,
l'appréciateur accorde plus d'importance aux informations
négatives ce qui, bien évidemment, aura des incidences sur
l'appréciation globale [2].

➢ *Le biais de la* « recherche du coupable »

De plus, il convient de souligner qu'à chaque dysfonctionnement observé, la tendance naturelle de l'être humain est
de rechercher « le responsable » [3]. C'est précisément ce
qu'ont tendance à faire les appréciateurs lorsqu'ils sont face
à des résultats décevants. De là peuvent s'ensuivre des processus de culpabilisation des appréciés qui s'éloignent de
l'esprit de l'AP. En effet, l'esprit de l'AP est de développer
les performances économiques et sociales. Or, si les appréciés sont culpabilisés sur leurs mauvais résultats, l'objectif
de performance économique ne sera pas forcément atteint
pour la prochaine appréciation et, dans tous les cas, l'aspect
« performance sociale » sera rompu. On imagine en effet
difficilement comment un salarié qui aurait été très culpabi-
lisé sur ses résultats une année pourrait, les années suivantes, s'ouvrir à son hiérarchique sur les difficultés qu'il a
rencontrées pour atteindre ses résultats.

---

1. ZADNY J., GERARD H.B., « Attributed intentions and informational selectivity »,
Journal of Experimental Social Psychology, vol. 10, 1974, p. 34-52.
2. DE NISI et al, *op. cit.*
3. En psychologie, ce mécanisme se nomme le mécanisme d'attribution de la cau-
salité.

© Éditions d'Organisation

Un rapport coût/bénéfice de l'AP difficile à évaluer

Enfin, l'AP pose un problème de contrôle. Il est, en effet, difficile de trouver des échelles de mesure qui permettent de contrôler la mise en œuvre effective du processus tel qu'il a été prévu (notamment sur le renseignement des objectifs qualitatifs et sur l'esprit dans lequel l'entretien est conduit...) En particulier, il est difficile de vérifier que tous les salariés d'une même unité ont été traités avec équité. D'une part, le support d'entretien peut difficilement être le même quel que soit le domaine d'activité et quel que soit le niveau (exécution, maîtrise, cadre...). D'autre part, même à partir d'un même type de support, il est difficile de garantir un traitement équitable. Les objectifs fixés sont de nature et de niveaux différents et la maturité, l'expérience et les compétences managériales des appréciateurs sont diverses. Tous ces facteurs dégradent l'équité de l'AP.

De fait, l'AP conduit à des effets concrets nuancés. Pour la clarté de notre propos, ces effets seront présentés autour de trois thèmes : les effets organisationnels, les effets motivationnels et les effets sur la GRH.

➢ *Premier thème - Appréciation des résultats ou appréciation des compétences : des effets contrastés sur les comportements au travail*

Globalement, on s'attend à l'existence d'un effet positif sur la performance future du retour d'informations sur les activités présentes qu'est l'AP. Mais, de nombreuses études montrent que les effets diffèrent en fonction des outils utilisés. Par exemple, l'appréciation des résultats peut conduire les individus à minimiser leurs objectifs d'une part, leurs performances de l'autre pour éviter d'avoir des objectifs trop élevés l'année suivante. Elle peut aussi favoriser les comportements opportunistes à court terme puisqu'elle sur-valorise les objectifs annuels [1].

---

1. KANE J et FREEMAN K., « MBO and Performance appraisal : a mixture that's not a solution », *Personnel*, 1986, p. 26-36.

© Éditions d'Organisation

Finalement, l'effort d'implication, via la participation, joint à la recherche de flexibilité à tout prix, débouche, par le biais des objectifs, sur une sollicitation des appréciés, qui, selon la manière dont elle est conduite, peut rejoindre le *management par le stress* même si l'intention est inverse. On sait en effet que, comme la sous-sollicitation, la sur-sollicitation génère des effets pervers qui, d'abord supportés par les salariés – sous forme de démotivation ou d'anxiété –, sont ensuite reportés sur la rentabilité même de l'entreprise.

SELON L'OUTIL CHOISI, ON FAVORISE L'EFFICACITÉ DU SALARIÉ OU L'EFFICACITÉ DU PROCESSUS DE GRH.

Pour ce qui concerne l'appréciation des compétences, ces effets dépendent directement du type de référentiel d'appréciation utilisé. En effet, seul le *référentiel-emploi* vise, en objectif de premier rang, l'efficience des salariés. Les résultats de nos entretiens nous montrent que ce type de référentiel participe bien davantage que le *référentiel-liste* à l'atteinte de cet objectif sur deux axes en particulier : il incite les salariés à valoriser les synergies entre les différentes composantes de l'emploi (objectifs et compétences) et il incite les salariés à approfondir leurs compétences dans un métier (ou emploi) donné. Mais les résultats de l'enquête nuancent cette tendance car les opérationnels (appréciateurs et appréciés) ne font pas forcément le lien entre l'appréciation et une possible amélioration des résultats et des compétences. A cet égard, pour 53 % seulement des répondants à l'enquête HEC-ANDCP, l'appréciation a contribué à la mise en œuvre des objectifs (en totalité ou dans une large mesure).

Mais, au-delà de ces effets organisationnels, comme le montre Claude Lévy-Leboyer [1], toute appréciation sert à peu de chose si la motivation de l'apprécié est absente : la valeur travail, l'effort et le désir constituent les conditions *sine qua non* de l'efficience des salariés. L'AP a-t-elle des effets sur ces aspects ?

---

1. LEVY-LEBOYER C., *La crise des motivations*, Paris, PUF, 2e édition, 1994.

© Éditions d'Organisation

➢ *Deuxième thème - Des risques importants de démotivation en fonction de la relation manager-managé*

Les effets de l'AP sur la motivation du personnel sont difficiles à cerner. Aussi, nous ne nous attarderons pas sur ses effets positifs (déjà présentés dans la première partie) mais bien plutôt sur les risques cachés de sa mise en œuvre :

Le premier facteur de motivation est le degré d'équité perçu par les salariés.

Si l'AP favorise, pour 72 % des répondants à l'enquête HEC-ANDCP, le dialogue entre niveaux hiérarchiques, ses objectifs psychologiques ne semblent par pour autant atteints. En effet, comme nous l'avons vu plus haut, nos résultats d'enquête qualitative nous montrent la difficulté des appréciateurs à parler clair, leur manque d'information sur l'activité quotidienne de l'apprécié, leur manque de vision globale stratégique. Dès lors, cet entretien ne constitue pas toujours un réel feed-back permettant au salarié de se positionner. Aussi, les composantes motivationnelles telles que la connaissance des résultats, le sentiment de reconnaissance, le sentiment d'équité ne sont que rarement satisfaites.

LES EFFETS DE L'AP SUR LA MOTIVATION DU PERSONNEL SONT DIFFICILES À CERNER.

Partant, l'AP se résume pour beaucoup d'appréciés au règne des sentiments – plus ou moins rationnels – des perceptions avec toutes les déformations massives que sont la projection, le procès d'intention et les spirales paranoïdes. Elle devient aussi le domaine des luttes de pouvoir, des rivalités, des conflits d'intérêts (réels ou, le plus souvent, fantasmés).

Le second risque est, selon la manière dont il est mis en œuvre, la démotivation.

En effet, l'AP peut être perçue comme un contrôle renforcé des appréciés introduisant d'emblée de la suspicion[1]. Elle peut aussi introduire et/ou renforcer un *management par la*

---

1. LEE C., « Performance Appraisal. Can We Manage away the Curse , », *Training*, 1993, p. 44-59.

© Éditions d'Organisation

peur[1] à l'image de quelques entreprises qui licencient sur la base des résultats de l'appréciation[2]. Elle peut aussi rendre amers les 40 ou 50 % moins bien notés[3] et, enfin, elle peut enfermer les moins performants (ou réputés comme tels) dans un cercle vicieux : critiquer encore davantage l'organisation et l'encadrement et s'opposer encore plus durement à leurs supérieurs[4].

Ces sentiments d'insatisfaction sont résumés par une stigmatisation de l'AP qui encourage une approche culpabilisante – plutôt qu'une approche de résolution des problèmes – qui, finalement, génère des perdants, des aigris et des cyniques[5]. En fait, *le processus par lequel le feed-back intervient sur la motivation reste mal compris*[6], ce qui peut conduire à lui accorder une importance sans rapport avec le monde réel.

Dès lors, dans nombre d'organisations, les appréciateurs finissent par considérer que, loin de fournir un retour d'information valide permettant au salarié de faire un point sur sa situation, l'appréciation contribuerait à ruiner la performance collective et le travail en équipe. Elle serait une occasion de créer un conflit institutionnalisé et légitimerait des pratiques managériales régressives[7].

---

1. BHOTE K.R., « Boss performance appraisal : a metric whose time has gone », *Employment Relations Today*, Spring 1994, p. 1-9.
2. Cela est plus particulièrement vrai aux USA où les comptes rendus d'entretien sont utilisés par les employeurs devant les tribunaux.
3. BHOTE K.R., « Boss performance appraisal : a metric whose time has gone », *Employment Relations Today* , Spring 1994, p. 1-9.
4. GABRIS G.T., MITCHELL K., « The impact of merit raise scores on employee attitudes : the Matthew effect of performance appraisal », *Public Personnel Management*, vol. 17, n° 4, Winter 1988, p. 369-386.
5. SCHOLTES P., dans l'article « Total quality appraisal : choose one », *National Productivity Review*, 1993.
6. ILGEN D.R., « Consequences of individual feed-backs on behaviour in organizations », in *Journal of Applied Psychology*, 1979, vol. 64, n° 4, p. 349-371.
7. DEMING W.E., *Out of Crisis*, Cambridge, Mass., MIT, 1986 ; FOX W.M., « Improving Performance Appraisal Systems », *National Productivity Review*, 1987, vol. 7, n° 1, p. 20-27 ; BOWMAN J.S., « At Last, an Alternative to Performance Appraisal : Total Quality Management », *Public Administration Review*, 1994, n° 54, p. 129-136.

© Éditions d'Organisation

Ainsi, tous les processus de manipulation des informations et de l'affectivité peuvent être utilisés. Par exemple, pour le supérieur, il est tentant d'oublier d'être équitable, afin de mieux doser la pression optimale. Dans ce cas de figure, A qui a de meilleurs résultats que B mais peut faire beaucoup plus, se verra moins bien évalué et « pressuré », alors que B sera encouragé. De son côté, le subordonné utilisera toutes ses ressources pour donner une bonne impression. Comme souvent, si les indicateurs sont simplistes, partiels, flous, voire inexistants, cette dimension « manœuvrière » peut se développer. Certains outils sont d'ailleurs développés aux États-Unis pour tenter de la mesurer [1].

Les salariés mettent eux-mêmes en avant les causes des effets négatifs de l'AP sur eux. Parmi ces causes, on peut identifier [2] :

- le manager ne prend pas le processus au sérieux (57 %) [3] ;

- les objectifs, critères, indicateurs de performance sont peu clairs et les appréciations très subjectives (52 %) ;

- le manager connaît mal le travail et les résultats de l'apprécié (49 %) ;

- il n'y a pas de dialogue continu sur l'année, mais un épisode annuel artificiel ;

- les objectifs sont imposés sans adhésion de l'apprécié ;

- les récompenses sont souvent perçues comme injustes ou « saupoudrées ».

---

1. TZINER A., PRINCE J.B., MURPLY K.R., « PCPAQ - The Questionnaire for measuring perceived political considerations in performance appraisal : some evidence regarding its psychometrics qualities », *Journal of social behavior and personality*, May 1997, vol. 12, n° 1, p. 189-199.
2. Les trois premières causes ont été identifiées dans une étude du Cabinet DDI qui en 1993 a interrogé 1150 salariés ; les trois suivantes ont été mises en évidence in « Performance effectiveness : a matter of perspective », *Sam Advanced Management Journal*, printemps 1992.
3. La durée d'un entretien est, aux États-Unis, en moyenne de 40 minutes. *Cf.* ANDERSON G.C., BARNETT J.G., « Charactéristics of effective appraisal interviewers », *Personnel Review*, 1987, vol. 16, n° 4, p. 18-25.

© Éditions d'Organisation

On voit ici que le feed-back ne peut être limité au seul entretien formalisé avec le supérieur hiérarchique. Il n'est qu'un élément se combinant avec des facteurs plus informels comme les relations avec les pairs ou avec l'organisation elle-même en tant qu'institution.

Si les effets de l'AP en termes d'efficience et de motivation des salariés sont contradictoires, qu'en est-il au niveau de ses effets en termes d'utilité pour les gestionnaires ?

> ➤ *Troisième thème - L'AP pierre angulaire ou pierre d'achoppement d'une GRH intégrée et dynamique*

Les objectifs de l'AP sur la gestion des ressources humaines concernent deux aspects essentiels :

Son caractère cohérent : l'appréciation est sensée alimenter et mettre en cohérence les différents processus RH (la formation, la rémunération, la gestion des carrières, le recrutement),

Son caractère dynamique : l'appréciation vise à adapter les processus RH aux nouvelles contraintes organisationnelles et aux ressources mouvantes. Elle doit permettre de mettre en cohérence les besoins de compétences de l'entreprise et l'offre de compétences des salariés.

LE PLUS SOUVENT LE LIEN EST FAIBLE ENTRE L'AP ET LES DIFFÉRENTES POLITIQUES DE GRH.

Parmi les 121 DRH ayant répondu à l'enquête HEC-ANDCP, seulement 20 % d'entre eux reconnaissent que l'appréciation permet d'alimenter les autres processus RH (rémunération, carrière, formation) dont 40 % n'utilisent l'AP que pour le développement des salariés. En particulier, le lien appréciation-gestion des évolutions professionnelles n'est pas du tout fait pour 44 % des répondants et ne l'est que dans une faible mesure pour 4 % d'entre eux. A cet égard, il semble difficile de conjuguer la nécessité de « classer »[1] les individus et les emplois par le biais de procédures plus ou moins objectives

---

1. La classification relève certaines contradictions dont : comment fournir des référentiels suffisamment rigoureux pour guider l'action et suffisamment clairs pour être intégrés dans le dialogue social ?

© Éditions d'Organisation

(elles attribuent à chacun une position dans un système hiérarchisé), et la nécessité de gérer la mobilité et la progression des individus selon des parcours qui sont de plus en plus souvent horizontaux (et pas seulement verticaux) et qui se singularisent davantage chaque jour.

La contribution de l'AP à une GRH dynamique est soumise à une double contrainte, à la fois technique et psychosociologique, rarement satisfaite.

D'un point de vue technique, les organisations peinent à assurer la cohérence entre les référentiels d'appréciation et les évolutions des activités et compétences requises par des organisations en mutation. Une GRH dynamique exige la participation active de ceux à qui elle s'adresse (les appréciateurs et les appréciés), l'actualisation des référentiels. Or, ceux-ci y participent d'autant plus volontiers que ces derniers ont un sens pour eux, c'est-à-dire qu'ils sont cohérents avec leur identité professionnelle. Sur ce point de technique, nos analyses montrent que le *référentiel-emploi* donne les meilleurs résultats. En effet, en mettant en évidence des informations sur le métier, il respecte les repères identitaires professionnels des salariés et donc il favorise la collaboration et l'engagement des salariés.

Toutefois, tous les types de référentiel placent en décalage la hiérarchie et les fonctionnels RH qui disposent, d'un côté, d'un référentiel lié à l'organisation et à la division du travail et, de l'autre, prennent des décisions concernant des personnes identifiées [1].

Ces décisions sont, de plus, lourdes de conséquence puisqu'elles ont parfois un lien direct avec la rémunération. Dès lors, on peut s'interroger : faut-il ou non lier l'appréciation et la rémunération ? L'AP a connu une diffusion rapide

---

1. TREPO G., DELATTRE V. et FERRARY M., « La gestion des compétences : vers la concordance entre stratégie et G.R.H. », *Cahiers de Recherche*, 1997, n° 621, HEC, 51 p.

© Éditions d'Organisation

depuis le début des années quatre-vingt quand, à la suite du plan Delors de 1982, l'indexation des salaires sur les prix a été supprimée et que l'inflation a très fortement décru. Afin de mieux contrôler leur masse salariale, les entreprises ont réduit la part des augmentations générales automatiques au profit des augmentations individualisées, dites, souvent, au mérite. Les cadres ont été les premiers concernés mais cette pratique s'est rapidement diffusée à la maîtrise, puis à l'ensemble du personnel. L'AP a donc souvent servi à justifier des différences d'augmentation. Pourtant, traditionnellement, l'annonce d'une éventuelle modification salariale n'avait lieu qu'un ou deux mois après l'entretien lui-même. Il est donc peu à peu apparu une certaine déconnexion entre cet entretien et la question des salaires. L'entretien n'apparaissait plus comme le lieu ni le temps pour discuter de la rémunération. Pour clarifier cette situation, des entreprises ont fini par prévoir deux entretiens distincts. Le premier est complètement consacré à l'évaluation. Il produit donc une note qui a un impact direct sur l'augmentation salariale. Le second, en revanche, est complètement consacré au développement du salarié.

Néanmoins, certaines études montrent que, lors de ce second entretien déconnecté de la rémunération, l'appréciateur prépare moins bien l'entretien, l'apprécié s'engage moins dans le dispositif et les deux fixent des objectifs de manière moins rigoureuse. Finalement, le lien entre appréciation et rémunération fiabiliserait le processus d'appréciation[1]. Le choix dépend, en réalité, des objectifs de l'entreprise. Si celle-ci souhaite insister sur l'évaluation, elle préférera un seul entretien. Si elle souhaite insister sur le développement, deux entretiens différents sont conseillés.

En raison de cette difficile articulation entre efficacité de la GRH et motivation des salariés, entre performance économi-

---

1. PRINCE B.J., LAWLER E.E., « Does salary discussion hurt the developmental performance appraisal ? », *Organizational Behavior and Human Decision Processes*, 37, 1986, p. 357-373.

© Éditions d'Organisation

que (souvent rattachée à des logiques de réduction des coûts) et performance sociale, bref, en raison de ces effets concrets pour le moins contrastés, l'AP entraîne souvent des coûts non négligeables pour l'organisation.

> ➢ *Des gains flous, mais un système coûteux*

Étant donné les biais identifiés ci-dessus, de nombreux auteurs affirment que les gains de l'évaluation sont au mieux infimes, au pire négatifs (dépense mal utilisée, démotivation). Ils sont, de toute façon, difficiles à évaluer. A l'inverse, les coûts sont quant à eux relativement importants. Ils peuvent s'estimer à partir des éléments suivants :

Pour les fonctionnels RH :

- conception initiale ;
- mise à jour ;
- formation des cadres ;
- documentation ;
- renseignement des formulaires ;
- compilation et gestion des données.

Pour les appréciateurs, le coût correspond essentiellement au temps passé :

- observation du travail de l'apprécié ;
- préparation de l'entretien (formalisation de ce qui a été observé durant l'année, du plan de professionnalisation, de l'évolution du travail par rapport à l'année n–1...) ;
- conduite de l'entretien (selon les cas, moment qui peut durer une demi-journée !) ;
- suivi des éléments formalisés le jour de l'entretien tout au long de l'année (résultats/cible fixée, plan de professionnalisation, plan de mobilité...).

Mais ces difficultés inhérentes à l'outil en soi ne sont pas les seules. D'autres difficultés propres au contexte de mise en œuvre peuvent aussi être identifiées.

© Éditions d'Organisation

Des difficultés implicites liées à la mise en œuvre de l'outil

Des jeux d'acteurs

Quel que soit le système, il est transformé, voire même détourné par ceux qui le mettent en œuvre. Or la construction des outils de gestion ne tient pas compte de cette dimension car même si les théories de l'organisation scientifique du travail ont été *intellectuellement abandonnées, elles n'en restent pas moins les logiques sous-jacentes des démarches et des raisonnements.*

L'AP, COMME TOUT OUTIL DE GESTION, EST INTERPRÉTÉ ET MÊME TRANSFORMÉ PAR LES ACTEURS.

Les enjeux politiques prennent souvent le dessus et l'AP devient un enjeu de pouvoir pour les différents acteurs dans l'organisation. Nous allons donc examiner tour à tour les comportements les plus courants chez les appréciateurs et les appréciés ainsi que celui des fonctionnels RH.

➢ *Pour les opérationnels, une difficile remise en cause de « l'ordre existant »*

Globalement, les appréciateurs développent plutôt des stratégies défensives vis-à-vis de l'AP et ce pour plusieurs raisons :

- Ils souhaitent maintenir un mode de management « tournesol » tourné vers la direction plutôt que vers leurs équipes (c'est plus valorisant et plus utile pour la carrière...) ;

- Ils souhaitent garder leur légitimité hiérarchique (réelle ou perçue), c'est-à-dire plutôt maintenir les anciens modes de management qui offraient peu de place à la discussion, au dialogue et donc, de fait, à la contestation. A cet égard, on voit toute la limite de nouvelles pratiques telles que le 360° où les salariés apprécient aussi leur hiérarchie. Cette pratique suppose en effet une liberté et un consentement bien compris des deux parties ;

LES APPRÉCIATEURS DÉVELOPPENT PLUTÔT DES STRATÉGIES DÉFENSIVES VIS-À-VIS DE L'AP.

© Éditions d'Organisation

- Ils entendent rester les seuls hiérarchiques du salarié apprécié. Ils craignent, en effet, d'être « court-circuités ». Sans être obligatoire, la possibilité de recours auprès du N+2 ou du DRH, avec ou sans l'appui d'un syndicaliste, est souvent accordée à l'apprécié. Toutefois, dans la pratique, ce recours est faiblement utilisé par les appréciés car ils craignent des représailles du N+1 ou que le N+2 ne soit en accord « par principe » avec le N+1 quels que soient les faits. Dans tous les cas, danger réel ou non, les appréciés considèrent majoritairement cette démarche comme risquée, voire suicidaire ;

- Ils peuvent aussi souhaiter défendre les intérêts de «leurs salariés» en grande partie par un phénomène d'homologies structurales de positions [1].

Globalement, ne connaissant pas toujours les possibilités d'évolution du salarié qu'il reçoit, ni de quelle enveloppe il dispose pour donner des promotions, l'appréciateur se trouve au moment de l'entretien dans une impasse dans laquelle il risque de perdre sa crédibilité, il préfère donc donner à ce rendez-vous des allures d'« alibi » qu'il expédie le plus rapidement possible.

Pour les appréciés, l'AP, comme tout principe de gestion individualisée, rompt avec les liens de solidarité antérieure, remet en cause les fortes identifications aux pairs et à l'histoire déjà vécue. Autrement dit, l'AP peut générer un conflit identitaire entre ce que les salariés étaient avant et ce qu'on leur demande de devenir.

LE RISQUE EXISTE DE GÉNÉRER UN CONFLIT IDENTITAIRE ENTRE CE QUE LES SALARIÉS ÉTAIENT AVANT ET CE QU'ON LEUR DEMANDE DE DEVENIR.

En disloquant les anciennes communautés professionnelles ou fusionnelles (« *nous avions les mêmes valeurs* »), elle

---

1. Les homologies structurales de position ont été identifiées par Pierre BOURDIEU dans « Espace social et genèse des classes », in *Actes de la Recherche en Sciences Sociales*, n° 52-53, Juin 1984, p. 9. (« *Parce que dominés dans le champ qu'ils occupent – ils sont moins formés, ont moins d'information, bref ont moins de pouvoir que les N+2 –, les appréciateurs ont tendance à défendre les intérêts des "opprimés" d'un autre champ : les appréciés.* »)

© Éditions d'Organisation

fragilise le système de légitimité de position de pouvoir des uns et peut donner lieu soit à des stratégies d'opposition (se faisant le plus souvent dans des logiques de corps ou de métier), soit à des stratégies de retrait manifestées par l'absence de participation ou l'absentéisme... Ces stratégies de retrait, moins apparentes que les stratégies d'opposition, n'en sont pas moins difficiles à gérer.

➢ *Pour les fonctionnels RH, asseoir leur légitimité*

Chez les fonctionnels RH, deux attitudes existent, en fonction du degré de légitimité de ces acteurs :

• Comme les fonctionnels RH sont au cœur du changement, ils n'envisagent pas que leur propre situation puisse évoluer de manière défavorable. Confiants, ils ont donc tendance à développer toutes les stratégies qui leur permettront de renforcer « l'intouchabilité » de leur savoir et donc leur pouvoir ;

POUR LES FONCTION-
NELS DES RH, L'AP
EST UN MOYEN DE
RENFORCER LEUR
POSITIONNEMENT
DANS L'ORGANISATION.

• Lorsque les fonctionnels RH rencontrent des problèmes de légitimité et de crédibilité, en particulier lorsqu'ils ont peu de poids dans le système décisionnel[1], qu'ils sont faiblement capable d'appréhender la globalité et la complexité de l'AP, de conduire l'AP sous un mode projet ou de mobiliser des acteurs-relais opérationnels, ils peuvent adopter des stratégies particulièrement offensives afin de gagner une place « légitime ».

➢ *Pour les organisations syndicales, rester acteurs de la concertation*

Globalement, hormis la CFDT, la tendance des syndicats est de s'opposer à la mise en œuvre de l'AP. En effet, comme tout système de gestion individualisée, ils perçoivent l'AP comme une tentative de contournement de leur action de concertation

---

1. En particulier lorsqu'ils sont positionnés comme « prestataires de service » auprès de la direction et non comme « conseil et soutien » de cette même direction.

© Éditions d'Organisation

et de leurs objets de concertation. Deux objectifs deviennent alors primordiaux pour eux :

- Alors que les situations traditionnelles de négociation font appel aux syndicats, porteurs d'un statut collectif, c'est l'acteur individuel porteur d'un savoir spécifique sur son travail, porteur d'un projet professionnel personnalisé qui est aujourd'hui sollicité dans les démarches d'AP. Aussi, les organisations syndicales considèrent-elles les fonctionnels RH et les consultants externes à qui il est de plus en plus fréquemment fait appel comme des « écrans » entre les salariés et leurs représentants. Ainsi, parce qu'elles craignent que les fonctionnels RH deviennent les « interlocuteurs privilégiés » des salariés à leur place, les organisations syndicales ont le plus souvent une opposition dure face à l'AP ;

> POUR LES ORGANISA-
> TIONS SYNDICALES,
> L'AP EST UN OUTIL
> DE GESTION
> INDIVIDUALISÉE QUI
> REMET EN QUESTION
> LEUR RÔLE
> TRADITIONNEL.

- Pour les organisations syndicales, l'AP pose aussi la question du maintien de leur rôle dans l'organisation et le droit de regard sur la rémunération des salariés, leur déroulement de carrière et leur volonté de protéger les solidarités identitaires... En effet, dans le cadre d'un nouveau mode de gestion individualisé et où chaque salarié « prend en main » sa carrière, les organisations syndicales voient leur champ d'investigation diminuer et, partant, adoptent le plus souvent une stratégie défensive.

Finalement, l'authenticité est un préalable au bon fonctionnement de l'AP, mais compte tenu des enjeux, chacun joue une partition, où dominent le calcul, les demi-vérités, les faux-semblants et *in fine* parfois la malhonnêteté [1]. Au-delà de ces jeux « d'acteurs ». qui transforment le système, il convient aussi de préciser les difficultés rencontrées dans la gestion des remontées d'information.

---

1. LONGENECKER C.O. and GINNIS D.R., « Appraising technical people : pitfalls and solutions », *Journal of Systems Management*, December 1992, p. 12-16.

© Éditions d'Organisation

Des difficultés pour l'ensemble des acteurs à gérer les remontées d'informations

> ➤ *Pour les opérationnels : des difficultés à gérer le retour d'information négative*

Les recherches sur le feed-back dans le champ des études sur l'appréciation sont nombreuses et les hypothèses ont fait l'objet de nombreux tests en entreprise. Une partie de cette littérature montre qu'un retour d'informations *positif* stimule la performance future du salarié. En revanche, les résultats sont beaucoup plus flous quant aux cas des personnes ayant une performance décevante [1]. Loin de motiver à plus ou moins long terme, une appréciation négative peut être perçue comme le signe d'une sanction à venir. De plus, il apparaît que l'encadrement direct n'apprécie pas en général d'avoir à communiquer des résultats médiocres. Une étude a ainsi montré que 28 des 32 évaluateurs interrogés ne souhaitaient pas de confrontation avec leurs collaborateurs en cas de résultats insuffisants [2]. Le plus souvent, les appréciateurs ont donc tendance à biaiser le retour de l'appréciation à travers la mise en œuvre de stratégies comme la réduction de l'entretien ou la lecture rapide des résultats.

D'UNE MANIÈRE GÉNÉRALE, LES ACTEURS ONT DU MAL À GÉRER LES REMONTÉES D'INFORMATION.

Par ailleurs, face à un feed-back négatif qui *questionne l'image qu'a de lui-même le salarié*, celui-ci peut être tenté de développer des stratégies d'adaptation. Ces dernières ne sont pas nécessairement synonymes d'alignement aux recommandations d'actions proposées par la hiérarchie : l'apprécié peut aussi mettre en œuvre des tactiques de dénégation ou de relativisation de l'appréciation réalisée. Il est ainsi fréquent de trouver 80 % de salariés qui se considèrent plus performants que les autres. Face à ces obstacles, les

---

1. MAIER N.R., « Three Types of Appraisal Interviews », *Personnel*, March-April 1958.
2. NAPIER N.K., LATHAM G.P., « Outcomes expectancies of people who conduct performance appraisal », *Personnel Psychology*, 1986, vol. 39, n° 4, p. 24-32.

© Éditions d'Organisation

réactions des appréciateurs peuvent varier. Ils peuvent, s'ils ont une connaissance suffisante du terrain, vérifier plus précisément le caractère négatif de l'appréciation. Mais, souvent, ils répondent aux réactions de l'apprécié en se réfugiant dans des formes de retrait et de refus de confrontation avec celui-ci.

➤ *Pour les fonctionnels RH*

Il s'agit pour eux de traiter les informations recueillies dans une double perspective : *efficacité* du processus de gestion et *efficience* des salariés dans leurs tâches.

Toute la difficulté, pour les RH, se trouve dans les tensions qui existent entre l'objectif de l'efficacité du processus de GRH et celui d'efficience des salariés. Il est souvent délicat d'établir une priorité entre les deux. Concrètement, la question est : la DRH doit-elle faire ce que lui demande la direction (efficacité du processus de gestion) et/ou doit-elle s'intéresser avant toute chose à l'impact de l'appréciation sur l'efficience des salariés ? Il est évident que la DRH doit satisfaire l'un et l'autre puisque l'efficacité du processus de gestion est indispensable à la direction pour mettre en œuvre une GRH cohérente et que l'efficience des salariés doit être recherchée puisqu'elle conditionne la motivation des salariés à participer à l'actualisation des référentiels d'AP. Une des conditions de la résolution de cette double contrainte réside dans la capacité des fonctionnels RH à résoudre les problèmes de management mis en évidence par l'AP. Leur tâche n'est donc pas simple et pourrait schématiquement se résumer aux deux grands aspects suivants :

• Gérer l'éloignement du terrain des managers et leur manque de « prise » sur le travail réel. Comme on l'a vu, l'appréciation du personnel doit se faire à partir de « faits et actes observables » liés à l'activité concrète de l'apprécié. Or, le N+1 appréciateur ne connaît pas toujours suffisamment le travail de ses subordonnés pour

© Éditions d'Organisation

véritablement pouvoir l'apprécier. Cet éloignement par rapport au travail réel de leurs subordonnés conduit les appréciateurs à raisonner en terme d'utilité (quels sont les moments où tel salarié leur rend un service, leur est utile, leur ôte un problème, etc.) Ce mode de jugement est nettement différent du jugement de « beauté » que les salariés émettent sur le travail de leurs pairs[1]. Comme le montrent les expressions « la belle ouvrage » et « les règles de l'art », les salariés valorisent ce qu'ils considèrent comme du travail bien fait.

- Gérer la faible cohésion de la ligne managériale (entre les membres de la direction et les appréciateurs). Il s'agit là d'un autre problème de management que l'AP met en évidence et qui constitue une source de difficulté pour les fonctionnels RH. En effet, nombre d'appréciateurs sont aussi des appréciés et, à ce titre, mettent en évidence que leurs N+1 exigent d'eux des pratiques qu'eux-mêmes ne mettent pas en œuvre. De plus, ils se plaignent que leurs N+1 leur demandent de « redonner du sens » au terrain sans leur donner les moyens de le donner. A cet égard, les fonctionnels RH ont souvent à gérer de fortes démobilisations des opérationnels qui ne sont que rarement prises en charge par les membres de la direction.

Mettre en cohérence l'AP et les autres logiques de l'organisation

> *L'AP et le mode de délégation, de décision*

L'AP peut être contradictoire avec le système traditionnel de décision. En effet, les appréciateurs disposent rarement des délégations nécessaires pour décider de l'affectation des appréciés. Ainsi, dans les politiques massivement répandues de *downsizing*, les appréciateurs adaptent le plus souvent leurs objectifs aux moyens dont ils disposent et non le contraire. Par

---

1. DEJOURS C., *Travail : usure mentale*, Paris, Bayard, Paris, 1993.

© Éditions d'Organisation

ailleurs, il faut noter que dans certaines entreprises, les démarches de redéploiement s'apparentent à « un processus automatique » de poste à poste ne dépendant pas des compétences et/ou souhaits du salarié. Le rôle des RH est donc d'établir des liens entre les missions confiées aux salariés, l'appréciation et la reconnaissance des compétences. Mais les moyens de la reconnaissance sont limités, puisque les organisations se trouvent majoritairement dans une logique de réduction des coûts.

➤ *L'AP et le raccourcissement des lignes hiérarchiques*

Le raccourcissement des lignes hiérarchiques, dans la plupart des organisations, renforce les responsabilités et alourdit les tâches de contrôle des appréciateurs. Cette diminution limite aussi les possibilités d'évolution professionnelle que l'AP est censée favoriser. La DRH doit donc trouver de nouvelles voies d'évolution pour les salariés.

➤ *Opposition de l'AP – dynamique – et de la division du travail – statique*

Si l'AP tente d'introduire un nouveau type de relations dans l'entreprise, elle n'en a pas pour autant de prise sur les ressorts fondamentaux de l'entreprise (logique de clans professionnels) ni sur la division du travail. En effet, si l'AP est censée favoriser l'émergence de nouvelles figures professionnelles, plus mobiles (fonctionnellement et géographiquement) et plus responsables, on n'assiste pas pour autant toujours à l'accroissement de l'autonomie des salariés.

Aujourd'hui, l'AP décrispe les relations sociales et favorise le dialogue appréciateur-apprécié. Mais ce « mieux » social ne se matérialise pas forcément dans l'organisation du travail et, quand bien même serait-ce le cas, les appréciés sont le plus souvent méfiants, car enracinés dans des décennies de stricte division entre concepteurs et exécutants. Dans ces conditions,

© Éditions d'Organisation

l'AP contribue à ce que Danièle Linhart[1] dénonce comme étant un « changement des salariés » avant ou sans le changement de l'organisation du travail. La DRH doit donc trouver avec les opérationnels de nouvelles voies de cohérence.

> ➤ *L'AP et l'épanouissement professionnel des salariés*

Eu égard à ce qui précède, on peut légitimement s'interroger sur la source potentielle d'épanouissement professionnel que peut représenter l'AP. En effet, plusieurs facteurs remettent en cause la possibilité d'épanouissement professionnel qu'offrirait l'AP. Le management d'aujourd'hui demande au salarié d'être autonome et responsable dans le cadre de nombreuses règles et procédures. De même l'AP met les salariés en situation de connaître, prendre en compte et intérioriser toute une série de données sur lesquelles, par ailleurs, la direction leur interdit d'agir ou de donner leur avis. Aussi, peut-on voir dans l'AP un danger : « *D'un côté, on met les salariés dans une situation de managers, de gestionnaires, d'entrepreneurs ; de l'autre, ils continuent d'être des agents d'exécution ... si bien qu'ils sont écartelés entre deux modes d'être tout à fait différents et opposés au sein d'un même espace* ».[2]

Face à ces principales difficultés les opérationnels comme les fonctionnels RH reconnaissent le plus souvent être insuffisamment armés et mal formés. Les résultats de l'enquête HEC ANDCP confirment ce point de vue : 41 % des répondants déclarent, en effet, que, bien que fondamentale, cette procédure est extrêmement ardue à mettre en œuvre du fait de la « prudence » et de la faible « implication » ou « compétence » des appréciateurs.

---

1. LINHART D., *La modernisation des entreprises*, Paris, La découverte, coll. « Repères », 1994.
2. LINHART D., *ibid*, p. 64.

© Éditions d'Organisation

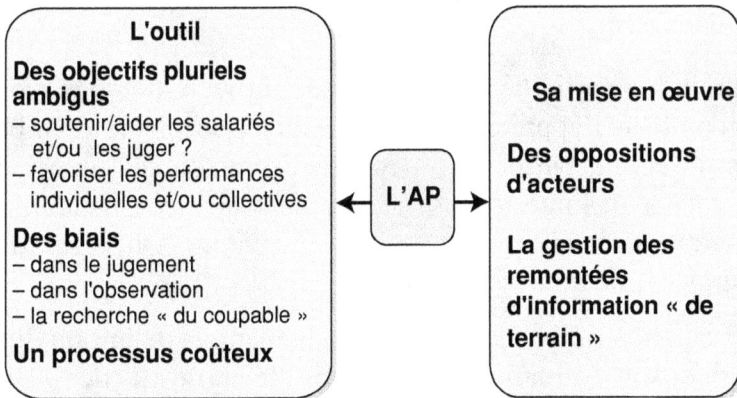

Récapitulatif des difficultés implicites de l'AP

Semblable à un iceberg, la partie immergée de l'appréciation (le management global de l'organisation) est plus important que la partie émergée (l'outil lui-même) et donc, de fait, c'est également celle qui génère le plus de difficultés. Ces problèmes sont d'autant plus difficiles à résoudre qu'ils sont souvent tabous.

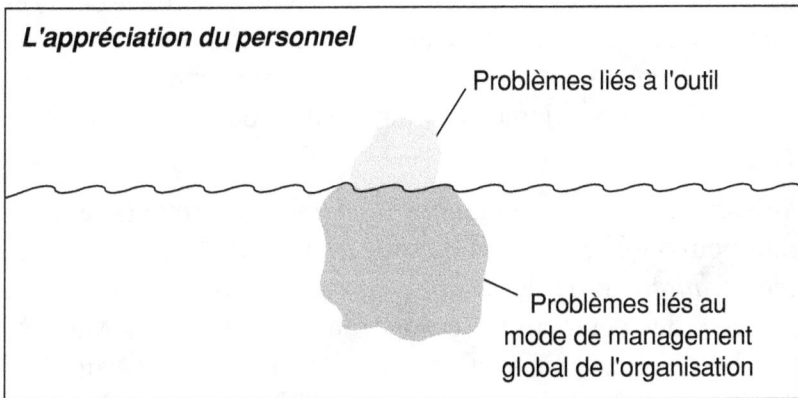

© Éditions d'Organisation

2 « Le pire des systèmes à l'exception de tous les autres »

La première partie de ce second chapitre vient de nous montrer combien l'appréciation est une pratique pleine d'embûches. Pourtant, parmi les directions de ressources humaines que nous avons interrogées, aucune ne souhaite l'abandonner et certaines se lancent même dans l'aventure. Ont-elles tort, vaudrait-il mieux ne rien faire ?

Non, car, nous allons le rappeler maintenant, la définition d'un travail et son évaluation n'ont jamais été choses faciles. Il est donc logique que nous rencontrions des difficultés.

Mais, au-delà de cet argument quelque peu défensif, sur la base des questionnaires envoyés aux 700 plus grandes entreprises françaises et en tenant compte des autres études déjà réalisées sur le sujet, nous allons mettre en évidence combien, tout en étant une pratique exigeante, l'AP peut être bénéfique. Tout d'abord, elle repose sur des valeurs porteuses : objectivité, équité et reconnaissance. Ensuite, elle tente d'améliorer la circulation des informations dans l'entreprise (feed-back) et d'assurer une gestion plus transparente. Enfin, bien analysés, son fonctionnement et ses dysfonctionnements permettent d'identifier les problèmes de management de l'entreprise et de les réduire.

Au sortir de la seconde guerre mondiale, la démocratie semblait pouvoir être accusée de tous les maux. C'est par le vote *démocratique* qu'Hitler est parvenu au pouvoir. C'est aussi la faiblesse des démocraties européennes qui a permis Munich, puis les Sudètes... Ce système de gouvernement pouvait donc légitimement être tenu pour responsable de millions de morts et de déportés. Le passif était donc extrêmement lourd et pourtant...quelles étaient, quelles sont les alternatives possibles ? Quel système politique peut, à la fois respecter les droits de l'homme, la liberté individuelle et, en particulier, la liberté d'expression et se montrer intraitable face aux exigen-

© Éditions d'Organisation

ces et menaces des dictatures ? Devant l'absence de solution alternative, on est donc contraint d'admettre avec Winston Churchill que, bien que difficile à conduire et à établir, bien que responsable d'horreurs, « *la démocratie est le pire des systèmes, à l'exception de tous les autres* ».

Bien que située sur une toute autre échelle de gravité, l'AP fait irrésistiblement penser à la démocratie. Il est extrêmement intéressant de constater que les acteurs impliqués, fonctionnels comme opérationnels présentent dans leurs moindres détails tous les effets pervers, problèmes et incohérences de l'AP. Mais, alors qu'on est sur le point de leur demander pourquoi ils n'ont pas encore abandonné ce système, ils terminent toujours leur présentation par une phrase en apparence anodine du genre : « *Bien sûr je viens de vous présenter tous les problèmes que l'on rencontre lors de l'appréciation du personnel, mais enfin, il est hors de question que j'abandonne cet outil, car ce serait toute ma gestion qui s'effondrerait, c'est trop important...* » On est donc bien dans le cas d'un système accusé de tous les maux, mais qu'il est inconcevable d'abandonner.

Mais, une fois ce constat posé, essayons de mieux comprendre d'où viennent ces avis divergents. Pour cela, il faut souligner le fait que l'objectif qui est donné à ce système est, pour le moins, complexe. Gouverner un groupe humain ou analyser un travail n'est pas à la portée du premier système venu et ceci explique une part des déconvenues éprouvées : face à une tâche aussi complexe, il n'existe pas de système parfait.

Rappelons l'objectif du système afin d'en souligner les difficultés. Il s'agit, en fait, d'apprécier dans quelle mesure un individu a personnellement contribué, sur l'année, à la performance globale de l'entreprise. Pour cela, il faut, tout d'abord définir le travail que cet individu a réalisé et en évaluer la complexité.

© Éditions d'Organisation

Or le travail n'est pas un objet qui se laisse facilement analyser[1]. Il existe mille façons de participer à une réunion. Alors que certains sont proches du sommeil, d'autres proposent de nombreuses idées, tandis que d'autres encore prennent plutôt la responsabilité, même non officielle, de la conduite du groupe. Lorsqu'en fin d'année, il s'agit de définir le travail réalisé par un individu, la tâche est complexe. Comment différencier chacune de ces participations à un groupe ? L'expérience montre qu'il est extrêmement délicat de trouver un critère qui permette de bien différencier ces diverses participations. Le nombre d'idées proposées, par exemple, est loin d'être un critère parfait. La qualité et l'intérêt des propositions varient tellement qu'un tel critère revient à encourager le développement des idées les plus « folles », ce qui n'est pas vraiment l'intérêt de l'entreprise.

LE TRAVAIL HUMAIN EST COMPLEXE : IL EST DONC NORMAL QUE SON APPRÉCIATION SOIT DÉLICATE.

Mais, même si l'on est parvenu à définir le travail réalisé par un individu, il est difficile de hiérarchiser les activités suivant leur complexité. Ainsi, pour reprendre cet exemple, est-il plus difficile de proposer des idées dans le groupe ou d'en assurer le bon fonctionnement, par exemple en distribuant les temps de parole ? En apparence, celui qui apporte le plus au groupe est celui qui propose des idées, mais ne peut-on penser que ce dernier ne peut le faire que parce que quelqu'un organise le débat en distribuant la parole, en permettant à chacun d'exprimer son point de vue et donc en permettant aux bonnes idées d'émerger ? Pour résumer, est-il plus complexe de proposer des idées ou d'être facilitateur dans un groupe ? Le premier semble *produire* des choses plus concrètes, mais son travail est-il pour autant plus complexe que celui du facilitateur ?

Prenons un autre exemple : est-il plus facile de faire un compte rendu oral ou un compte rendu écrit ? L'expérience montre que ... tout dépend de la personne qui répond à la

---

1. IRIBARNE A. (d'), *La compétitivité. Défi social, enjeu éducatif*, Paris, Presses du CNRS, 1989.

© Éditions d'Organisation

question ? Certains préfèrent l'écrit car ils ont le temps de réfléchir à la façon dont il veulent résumer la situation, ils ne cherchent pas leurs mots comme c'est parfois le cas dans un compte-rendu oral. Inversement, d'autres préfèrent l'oral parce qu'il trouvent que la forme écrite est trop contraignante.

Ces exemples montrent que le travail n'est pas facile à appréhender. Ce qui paraît simple pour certains est complexe pour d'autres et inversement. Face à une telle difficulté pour saisir l'objet que l'on veut évaluer – le travail d'un salarié – il n'est pas étonnant que l'AP apparaisse comme souvent imparfaite, schématique et caricaturale. Par rapport à la complexité de la vie organisationnelle, quelques indicateurs peinent à rendre compte d'une année d'efforts, de réussites et d'échecs.

De plus, en tout cas pour les postes employés et ouvriers, dont le contenu est, en apparence, simple et répétitif, nous ne disposons pas de système alternatif. Le seul système alternatif proposé est celui du taylorisme. Dans ce système, le travail n'est pas évalué sur une base individuelle, on ne cherche pas à savoir ce que l'individu fait. Le travail est défini et hiérarchisé grâce à un découpage en postes de travail. Le travail est réparti en tranches, on met un individu par tranche et on pense que, pour savoir ce que l'individu fait tout au long de l'année, il suffit de regarder ce qui lui est demandé de faire dans son poste.

Les nombreuses années d'utilisation du taylorisme nous ont appris que ce n'est pas vrai [1]. Il n'est pas possible de savoir ce que les individus font en regardant la fiche qui décrit leur poste. Ils en font parfois moins (ils ne suivent pas forcément toutes les consignes du poste), souvent plus (ils font des choses qui ne sont pas prévues dans la description du poste) et toujours différemment (ils n'appliquent pas à la lettre la procédure prévue, ils l'adaptent à leur manière). De plus, les organisations ont évolué. Elles ne sont plus aussi stables que pendant les « trente glorieuses ». Il faut en permanence

© Éditions d'Organisation

---

1. BERNOUX Ph., *Un travail à soi*, Paris, Privat, 1982 ; TERSSAC (de) G., *L'autonomie dans le travail*, Paris, PUF, 1992.

adapter le travail aux nouvelles exigences des clients, de l'organisation, etc. Il est donc devenu impossible de découper le travail en tranches, comme on le faisait dans les entreprises tayloriennes. La seule méthode alternative dont nous disposions est donc devenue caduque [1].

L'AP : UN OUTIL INDISPENSABLE POUR JUSTIFIER L'INDIVIDUALISATION DES RÉMUNÉRATIONS.

Au terme de cette analyse, on peut voir que l'AP existe dans les entreprises parce que les directions et les DRH partent de l'idée *« qu'on ne peut pas payer tout le monde de la même manière : il faut bien tenir compte des résultats obtenus »*. Étant donné qu'on ne dispose d'aucune méthode parfaite pour arriver à apprécier ce travail et ces efforts, l'AP continue d'être utilisée malgré ses défauts et ses dysfonctionnements.

L'AP, comme la plupart des outils de la GRH, étant construite sur une logique d'efficacité et de performance, elle nécessite une définition du travail acceptée par les intéressés. Or, trop souvent, le travail réel des salariés n'est pas pris en compte. On peut même considérer qu'il est la part d'ombre des outils de la GRH en général et de l'AP en particulier, source importante de dysfonctionnements. Si le travail faisait réellement l'objet d'une analyse et d'une définition commune, l'appréciation de la performance serait moins sujette à caution et l'AP connaîtrait, sans doute, moins de déboires.

Mais les difficultés éprouvées par les entreprises pour formaliser et hiérarchiser les activités et le fait qu'elles ne disposent pas de solution alternative ne sont pas les premières raisons que les Directeurs de ressources humaines interrogés mettent en avant pour expliquer pourquoi ils conservent l'AP. Malgré leurs nombreux déboires, ils continuent de vouloir voir la bouteille à moitié pleine et insistent sur le fait que ce système est intéressant et utile parce qu'il promeut dans l'entreprise des valeurs porteuses et fédératrices : l'objectivité, la transparence, l'équité et la reconnaissance.

---

1. SUPIOT A., *Au-delà de l'emploi. Transformation du travail et devenir du droit du travail en Europe*, Paris, Flammarion, 1999.

© Éditions d'Organisation

2.1 Un outil qui repose sur des valeurs fédératrices

Missionner les salariés Avant même d'aborder les effets positifs potentiels de la mise en œuvre de l'AP, nous tenons à souligner que son premier intérêt se situe dans les valeurs positives qu'elle met en avant : *objectivité, transparence, équité* et *reconnaissance*. Même si son application peut être extrêmement problématique, sa simple existence inscrit ces valeurs au centre de la politique RH et donc, dans la perspective d'une gestion stratégique des RH, au cœur de la stratégie de l'entreprise. Dans la plupart des entreprises, ces valeurs sont difficilement mises en œuvre, néanmoins l'AP, en les véhiculant, en fait un objectif à atteindre, une direction vers laquelle il faut tendre. L'AP permet d'inscrire le travail individuel dans le cadre plus général de l'entreprise. En contribuant à redonner un sens pas seulement individuel au travail quotidien de chacun, l'AP peut donc jouer un rôle crucial pour une efficacité collective accrue.

En décrivant succinctement son fonctionnement, nous allons montrer comment l'AP véhicule et met en œuvre ces valeurs. Au départ, elle permet de missionner les salariés. En leur fixant des objectifs pour l'année à venir, cet outil permet au N+1 de réaliser quatre opérations importantes : 1/ faire l'état des lieux des compétences possédées par ses collaborateurs ; 2/ définir et répartir les rôles dans son équipe ; 3/ préciser à chacun sur quels critères son travail sera apprécié à la fin de l'année ; 4/ initier le dialogue entre lui et son équipe.

La première opération est cruciale pour le N+1 puisqu'elle lui permet d'avoir une vision claire et formalisée des ressources dont il dispose, des forces sur lesquelles il peut s'appuyer pour atteindre les objectifs qui lui sont donnés par la direction. Dans l'échantillon des entreprises sondées, 60 % d'entre elles utilisent l'AP pour faire l'inventaire des compétences possédées. Parmi celles-ci, 40% sont satisfaites du fonctionnement de cet outil dans ce domaine.

© Éditions d'Organisation

Ce premier repérage des compétences permet, dans un second temps, de bien définir les rôles impartis à chacun dans l'équipe. L'AP assure donc un fonctionnement efficace des équipes parce qu'elle permet de définir avec précision quels sont les domaines d'intervention de chacun et leurs interfaces. Le N+1 peut préciser à chaque individu quel est son rôle personnel dans le bon fonctionnement du collectif. Il dispose donc là d'un moyen de coordination efficace. 93 % des entreprises interrogées utilisent l'AP dans ce sens.

La troisième opération que permet de réaliser l'AP – préciser les critères de l'évaluation du travail individuel – est la plus cruciale pour la gestion de l'équipe par le N+1. Elle a des impacts forts sur toutes les politiques de la GRH (rémunération, formation,...). Missionner un salarié, c'est lui donner des objectifs à réaliser et donc définir les critères sur lesquels sera apprécié son travail, car c'est par rapport à ses missions, et à leur degré de réalisation, que la qualité du salarié sera jugée. 80 % des DRH interrogés affirment qu'ils utilisent l'AP pour réaliser des évaluations professionnelles et 40 % d'entre eux sont satisfaits des résultats que donne cet outil dans ce domaine.

L'instrumentalisation de l'outil AP ne doit pas être trop lourde sous peine de gêner, voire même d'empêcher sa mise en œuvre. Elle doit bien plutôt être la plus simple, la plus concrète possible pour pouvoir constituer une base de discussion commune à

L'INSTRUMENTALISATION DE L'OUTIL AP NE DOIT PAS ÊTRE TROP LOURDE SOUS PEINE DE GÊNER, VOIRE MÊME D'EMPÊCHER SA MISE EN ŒUVRE.

l'appréciateur et à l'apprécié. Pour cela, les référentiels et les indicateurs (*faits et actes observables*) doivent *parler* aux deux parties. La construction de tels référentiels au plus proche de la réalité travail est loin d'être évidente.

Elle nécessite, en effet, une analyse précise du travail effectué afin de trouver les actes observables réellement représentatifs de l'activité. Cette construction doit se faire avec les intéressés eux-mêmes puisque, le plus souvent, il n'y a qu'eux et leur

© Éditions d'Organisation

N+1 qui soient en mesure de mettre à jour les « pépites » que sont ces faits et actes observables.

Il est plus simple, et aussi plus habituel pour les DRH et pour les directions, de construire des indicateurs quantitatifs découlant, un peu à la manière de poupées gigognes, des objectifs de la direction puis de les inscrire dans des tableaux gestionnaires avant de charger chaque salarié de les compléter. Mais l'expérience montre que l'AP ne peut s'ancrer dans le travail réellement effectué que si on renverse la perspective en demandant aux salariés eux-mêmes de construire les indicateurs objectifs qui rendent réellement compte de leur activité quotidienne et qui puissent être « traduisibles » dans les tableaux gestionnaires de la Direction.

Au-delà de ce triple objectif – faire l'état des lieux des compétences, mieux organiser les équipes en clarifiant les rôles individuels et définir clairement les critères utilisés pour apprécier la qualité du travail individuel – l'AP permet, de plus, de développer le dialogue entre les deux niveaux hiérarchiques concernés : le N et le N+1. 90 % des DRH disent utiliser l'AP pour cela et 72 % d'entre eux considèrent que cet objectif est atteint. Sur ces quatre points, il existe donc un consensus entre tous les acteurs de l'entreprise sur l'intérêt et l'importance de l'AP.

Reconnaître les salariés (transparence, objectivité, équité)

Ce consensus provient aussi du fait que la définition des missions permet de développer une GRH transparente, objective et équitable. En effet, la règle est alors simple : le travail des salariés est apprécié à partir des objectifs qui leur ont été fixés en début d'année. Le degré de réalisation de ces objectifs permet de hiérarchiser les performances des différents salariés. Si l'on s'efforce de donner aux salariés des missions qui sont réellement vérifiables, c'est-à-dire des missions objectivables, quantifiables et observables, le sentiment que l'égalité est respectée dans l'entreprise – on

© Éditions d'Organisation

est reconnu en fonction du travail que l'on réalise – devient la pierre angulaire d'une GRH objective et transparente.

La plupart des GRH « transparentes » étaient, jusqu'ici des GRH mécaniques. L'automaticité des règles impersonnelles prévalait. Les règles de gestion étaient, le plus souvent, basées sur un avancement à l'ancienneté. Par exemple, elles pouvaient stipuler qu'au bout de 5 ans d'ancienneté dans un poste, on est promu au poste supérieur. Ce type de GRH est difficilement compatible avec les objectifs actuels de la gestion (diminution des lignes hiérarchiques et réactivité de l'entreprise, par exemple) et elles n'alimentent pas non plus la motivation des salariés. Il faut donc trouver un mode de gestion alternatif. Or l'AP permet de mettre en place une GRH qui, sans être mécanique reste néanmoins transparente et objective, donc équitable. La règle est claire : le degré de réalisation des objectifs, apprécié lors de l'entretien avec le N + 1, est la base des décisions prises sur le plan de la gestion des ressources humaines (rémunération, recrutement, formation). Chaque individu connaît les missions qui lui sont données. Il sait aussi comment son responsable hiérarchique apprécie leur degré de réalisation puisque les critères ont été définis ensemble lors de l'entretien. La décision est donc prise en toute transparence. Le salarié connaît aussi les règles de GRH qui lient l'appréciation à l'augmentation salariale ou à la promotion. On a ici une GRH objective et équitable parce que commune et communiquée à tous.

Les missions allouées au salarié permettent donc de prendre des décisions transparentes, objectives et équitables pour, *in fine*, aboutir à une reconnaissance juste du salarié. Une évaluation objective et transparente de sa contribution (permise par son missionnement) peut donc aboutir, grâce à l'interface de l'AP à une équitable rétribution, une juste reconnaissance de son travail.

© Éditions d'Organisation

Nous l'avons vu, ce mécanisme parfait se produit assez rarement dans la réalité. Néanmoins, malgré tous les problèmes rencontrés, une grande majorité des acteurs de l'entreprise sont trop attachés aux valeurs véhiculées par l'AP pour abandonner cet outil dès la première difficulté rencontrée. Il ne faut pas oublier non plus que dans de nombreuses entreprises, malgré tous ses défauts, l'AP reste un des rares moments et un des seuls outils qui permette la reconnaissance des salariés.

2.2 Un outil indispensable pour fermer la boucle de l'information

Mais, au-delà de cet objectif à long terme, nous pensons que l'AP perdure dans les entreprises car elle a un effet positif potentiellement fort : elle permet de fermer la boucle de l'information dans l'entreprise en créant une boucle de feedback. La plupart des entreprises sont parvenues, au fil du temps, à établir des canaux d'informations descendantes. Que ce soit par le biais du journal interne, des réunions d'informations pour le personnel ou par la voie plus traditionnelle du N+1, les directions parviennent de mieux en mieux à diffuser les informations au cœur de l'entreprise et à sensibiliser l'ensemble des salariés aux défis à relever.

IL EXISTE PEU D'OUTILS UTILISABLES PAR LES SALARIÉS POUR TRANSMETTRE LEURS ATTENTES, LEURS IDÉES ET LEURS OBSERVATIONS À LA DIRECTION.

Mais ce courant d'informations descendantes est souvent légèrement décalé par rapport au travail et aux attentes des salariés parce qu'il y a un chaînon manquant : un courant ascendant d'informations. Il n'existe que trop peu d'outils utilisables par les salariés pour transmettre leurs attentes, leurs idées et leurs observations à la direction. Le canal le plus couramment utilisé reste le N+1. On lui demande de « sentir » comment se comporte son équipe, de prévoir les frustrations, etc. En dehors du fait que ce N+1 ne dispose pas toujours des outils ou des moyens décisionnels pour palier ces frustrations et anticiper ces comportements, ce « feeling » qui est demandé

© Éditions d'Organisation

au N+1 tient parfois plus de la boule de cristal que du canal d'information. Ceci est d'autant plus vrai que nombre de N+1 ne sont ni sensibilisés ni formés à cela.

Par ailleurs, les outils comme le baromètre social, les enquêtes d'opinion ou l'audit social devraient permettre de rendre cohérentes les informations ascendantes avec les attentes réelles des salariés, mais ils souffrent sans doute d'être trop lourds pour pouvoir être utilisés régulièrement et éprouvent de grandes difficultés à anticiper qualitativement les comportements individuels ou collectifs. C'est sur ce créneau de l'analyse des attentes individuelles et collectives que l'AP prend toute son importance.

Pour les salariés, un feed-back sur leur travail

L'AP constitue, en effet, un moment privilégié, pour l'ensemble des acteurs de l'entreprise, pour recevoir une information sur la manière dont leur activité est perçue par les autres membres de l'entreprise. Pour les salariés, comme nous l'avons déjà signalé, l'AP est le moment où ils voient jugé le travail effectué au cours de la période écoulée. Cela leur permet donc, potentiellement, d'avoir des informations précieuses sur la manière dont leur travail est perçu par leur responsable hiérarchique, sur leurs points forts et leurs points faibles et sur les dimensions qu'ils doivent plus développer. L'AP leur permet donc d'orienter leur action pour mieux correspondre aux demandes de leur responsable hiérarchique et, à travers lui, aux demandes de la direction et des RH.

De plus, il faut souligner que l'AP, par l'entretien qu'elle institue, humanise les décisions prises dans le domaine de la GRH. Lorsque celles-ci sont dites et explicitées de vive voix, elles ne peuvent être que mieux comprises. Grâce à ce dialogue, le salarié est aussi mieux en mesure d'exprimer ses frustrations par rapport à ces mêmes décisions. Enfin, cette discussion sur la qualité du travail réalisé est un moment irremplaçable où le N+1 s'intéresse réellement à ce que font

© Éditions d'Organisation

ses collaborateurs. Il n'est plus distant, il n'est plus distrait ou pressé. Il prend le temps de parler. Or la valorisation symbolique (prendre du temps pour l'autre, c'est, symboliquement, lui montrer son importance) est une dimension du management qui ne saurait être négligée.

Pour le N+1, un feed-back sur sa gestion d'équipe

Mais cet entretien constitue aussi, potentiellement, un échange d'information pour le responsable hiérarchique. Il lui permet d'avoir un retour sur la manière dont il gère son équipe et sur les attentes de chacun de ses membres. Finalement, ce feed-back est l'un des indicateurs les plus fiables : on y prend le temps de discuter, il ne s'agit pas de « bruits de couloir », de « on-dit ». C'est aussi l'un des plus systématiques dont dispose le N+1 pour avoir un retour sur la manière dont son activité et lui-même sont perçus dans son équipe : tout le monde est interrogé, tout le monde donne son avis, ce ne sont pas uniquement ceux qui parlent le plus fort – et qui ne représentent pas forcément l'opinion commune – qui sont entendus.

Ce courant d'informations ascendantes de l'équipe vers le N+1 constitue, de fait, la base et le ciment de la gestion des ressources humaines menée par le N+1 dans son équipe. C'est par ce canal d'information qu'il pourra analyser si la gestion des carrières, des salaires, des formations, mais aussi la répartition des congés, des études spécifiques, etc., est perçue comme équitable ou pas. Ce n'est, en effet, qu'en recueillant les avis des uns et des autres, qu'il pourra se faire une idée de leurs attentes initiales et donc mesurer si la politique de la direction des ressources humaines et les choix qu'il a été amené à faire pour organiser l'équipe ont répondu aux attentes. L'AP permet, parfois, d'initier cet échange qui n'existe pas mais, à terme, elle a plutôt pour vocation de devenir un moment spécifique qui permet de tirer un bilan et revivifier un

© Éditions d'Organisation

échange d'informations entre le N+1 et les membres de son équipe qui gagne à être permanent.

Si cette fermeture de la boucle de l'information paraît être un des effets les plus prometteurs de l'AP, il convient de souligner que, dans les entreprises, les N+1 ne sont pas souvent demandeurs de cette «vérité» sur leur management et que les salariés ont souvent peur des critiques qui peuvent leur être faites sur leur travail ou encore qu'ils ne souhaitent pas toujours dire à leur N+1 ce qu'ils pensent de son mode de management. C'est un moment où, pour reprendre l'analyse de Watzlawick (1972), on sort du « jeu » quotidien pour prendre de « l'altitude » et examiner « à quoi on joue » et « comment on joue ». Mais cette prise de recul est souvent douloureuse. Nous ne nions pas cette difficulté mais, comme nous le verrons dans notre grille d'analyse du fonctionnement de l'AP, ces problèmes mettent en évidence le fait que pour tirer tous les bénéfices de l'AP, un travail sur la nature des relations hiérarchiques dans l'entreprise considérée s'impose. En effet, l'AP suppose, pour bien fonctionner, du dialogue, un management de proximité et une observation régulière par le N+1 du travail réalisé par ses collaborateurs. Tous ces comportements sont plus ou moins fortement éloignés des comportements actuels en entreprise mais ils n'en sont pas, pour autant, impossibles à atteindre.

Pour la direction, un feed-back sur l'impact de ses politiques

Autant donc l'adhésion à l'AP des collaborateurs et des N+1 est problématique, autant la direction apprécie, en général, cet outil. En effet, l'AP ne se contente pas d'améliorer la circulation des informations entre le N+1 et son équipe. Elle crée aussi un courant d'informations ascendantes vers la direction et la DRH. Encore une fois, il s'agit d'un indicateur relativement fiable, car il est représentatif (on interroge l'ensemble des salariés) et complet (on passe en revue toutes les dimensions du travail d'un salarié et de sa place dans

© Éditions d'Organisation

l'équipe). Cela permet donc à la direction comme à la DRH de mesurer à la fois l'impact des politiques mises en place sur le comportement réel des salariés. Cette évaluation *a posteriori* de l'impact de leur activité propre permet, éventuellement, de mettre en place des actions correctives, etc. Comme nous le soulignons au départ, ce feed-back nous semble être le maillon indispensable pour l'ajustement des informations descendantes. En effet, ce n'est que s'il existe un retour sur leur pertinence par rapport aux attentes des salariés et sur leur degré de diffusion que l'on peut construire une information descendante efficace. Ce feed-back ferme la boucle de l'information dans l'entreprise et constitue donc un outil important pour améliorer son fonctionnement.

MÊME SI SON USAGE EST DIFFICILE, L'AP EST UN MAILLON INCONTOURNABLE POUR UNE GRH COHÉRENTE ET DYNAMIQUE.

2.3 Un outil indispensable pour une gestion stratégique des RH

Vers une GRH intégrée

L'AP a, potentiellement, un effet direct sur l'organisation du service RH. En effet, le courant d'information que ce système fait remonter à travers l'organisation peut permettre de connaître l'activité des salariés ce qui est une donnée fondamentale pour définir et articuler les politiques RH. Il permet de définir les politiques RH avec plus de pertinence car il rend compte de l'ensemble des savoir-faire possédés par les salariés. Par exemple, plus de 80 % des entreprises interrogées utilisent l'AP pour repérer les savoir-faire opérationnels et les compétences relationnelles. Elles sont même 60 % à l'utiliser pour repérer les individus à potentiel.

Ce courant d'information joue aussi un rôle crucial pour structurer les plans de formation. En mettant en évidence les manques et les redondances dans telle ou telle compétence clé, en permettant d'évaluer la vitesse de diffusion de certains savoir-faire, l'AP offre l'occasion d'avoir un feed-back sur les politiques de formation menées jusqu'ici et permet d'ajuster les

© Éditions d'Organisation

145

suivantes. Cet exemple de la formation pourrait sans difficulté être élargi à l'ensemble des politiques RH que sont la rémunération, la gestion des carrières ou le recrutement. L'AP permet donc de mieux définir les politiques RH.

Elle permet aussi, potentiellement, de mieux les articuler. En construisant des politiques adaptées au travail réalisé, l'AP crée des synergies entre elles. Les informations qu'elle fait circuler dans l'organisation rendent plus aisé l'articulation des politiques RH entre elles. Par exemple, la politique de formation, dont nous venons de montrer à travers un exemple comment elle pouvait exploiter l'AP, peut devenir un instrument réellement connecté avec la politique de gestion des carrières. Celle-ci n'est alors plus seulement un jeu de « pousse-pion » toujours en retard d'un mouvement par rapport aux évolutions de l'organisation. Elle devient une politique avec des visées réellement stratégiques de remplacement des compétences clés, par exemple. En s'appuyant sur une politique de formation bien adaptée au travail effectivement réalisé, la gestion des carrières permet alors réellement d'optimiser la répartition et l'évolution des compétences dans l'entreprise.

Vers une GRH dynamique

Enfin, l'AP permet de développer des politiques RH plus dynamiques. Celles-ci ne peuvent l'être que si la DRH dispose d'un outil qui la renseigne sur les évolutions du travail réalisé par les salariés. C'est à cette condition que la DRH peut faire évoluer ses politiques afin d'être toujours en phase avec les savoir-faire utilisés, à développer ou à importer dans l'entreprise. Or l'AP est l'un des outils les plus adaptés pour mener à bien cette mission délicate. Cela ne signifie pas que cela soit simple. En effet, suivre l'évolution d'un travail qui change vite et qui est souvent différent d'un service à un autre même pour un même métier n'est pas facile. Toutefois, on peut penser que les échecs subis jusqu'ici tiennent avant tout à l'absence ou à la faiblesse des courants d'information ascendants dans les entreprises. C'est parce que la DRH éprouve

© Éditions d'Organisation

d'immenses difficultés à savoir ce qui se passe réellement sur le terrain – il y a entre elle et les salariés le miroir déformant de la hiérarchie – qu'elle a des difficultés à faire évoluer ses politiques à la même vitesse que le travail. L'AP est donc une opportunité à saisir pour créer ce courant d'information et donc parvenir à mieux définir les politiques de ressources humaines, à mieux les articuler entre elles et à les rendre dynamiques. Ainsi, ce service pourrait également résoudre le principal problème que les fonctionnels des RH affrontent actuellement : mener des politiques de moyen ou long terme alors que le reste de l'entreprise et, singulièrement, la direction n'ont que des objectifs à court terme. On arriverait, finalement, à concrétiser la boucle envisagée par Philippe Zarifian qui lie compétence, organisation et performance.

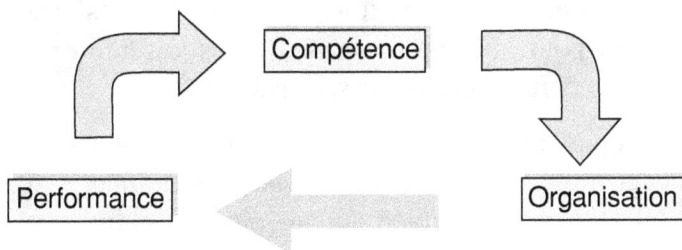

Source : Zarifian, Ph., « Les effets de la mise en œuvre
des compétences professionnelles », Cahier n° 8 des *Journées
internationales de la formation de Deauville*, Paris, Ed. CNPF, 1999.

Par le courant d'information qu'elle fait remonter, l'AP permet, potentiellement, à la DRH de mener des politiques de court terme – c'est-à-dire adaptées aux besoins immédiats – tout en s'assurant qu'elles sont cohérentes à long terme et qu'elles permettent d'atteindre les buts à long terme que l'entreprise se donne (gérer ses compétences clés, contrôler sa masse salariale, etc.).

L'interaction, qui est souvent une confrontation, entre les objectifs spécifiques de la direction et ceux de la DRH montre

© Éditions d'Organisation

que l'AP n'a pas seulement un rôle crucial pour le fonctionnement interne du service des ressources humaines. Ce système est aussi un outil indispensable pour faire de la DRH un réel partenaire, un soutien stratégique au service des visées globales de la direction. Aujourd'hui, trop souvent la DRH est tenue à l'écart des grandes décisions politiques prises par la direction. Alors que les performances humaines participent de plus en plus clairement à l'efficacité globale de l'entreprise [1], cette exclusion ne peut être que dommageable. Chaque Direction qui lance un appel à l'autonomie ou à l'implication des salariés devrait pousser son raisonnement jusqu'au bout et réfléchir aux facteurs qui permettraient d'améliorer la motivation des salariés et rendent crédible cet objectif.

Une telle réflexion, possible dans le cadre de l'AP, permettrait de dépasser l'aspect incantatoire et rituel de ces discours managériaux pour aller vers une réelle gestion de la motivation et de la reconnaissance des salariés.

Dans la plupart des cas, actuellement, il n'existe pas réellement de gestion stratégique des ressources humaines parce que la DRH n'est pas située sur un pied d'égalité avec les grandes directions opérationnelles et la Direction financière. Ce déséquilibre tient avant tout au fait que la DRH ne dispose que de peu d'éléments pour argumenter ses positions et le bien-fondé de ses investissements dans les discussions stratégiques. C'est ici que l'AP nous semble, potentiellement, pouvoir jouer un grand rôle. En effet, sa construction sur la base d'objectifs individuels et collectifs et d'indicateurs observables permet de rendre compte de la place du travail humain dans l'entreprise, d'en évaluer les évolutions et donc d'opposer aux discours strictement financiers et/ou techniques de la direction des éléments concrets. Ce sont ces indicateurs gestionnaires qui manquent à la DRH pour pouvoir développer un partenariat crédible avec les autres directions.

---

1. ZARIFIAN Ph., *Objectif compétence*, Paris, Éditions Liaisons, coll. « Entreprises et carrières », 1999.

© Éditions d'Organisation

Cette première étape dans le repositionnement de la DRH par rapport à la direction consiste donc à dire : « *Nous avons désormais les preuves et les moyens de ce que nous avançons* ». Ce n'est que dans un second temps que la DRH pourra plaider pour une GRH plus innovante qui, en faisant directement participer les salariés à l'amélioration de la performance collective, l'inscrira au cœur de la stratégie de l'entreprise.

L'AP représente donc un enjeu crucial de la DRH puisqu'elle est un outil qui, potentiellement, pourrait lui permettre de jouer réellement son rôle en développant, dans un partenariat avec la Direction, une gestion stratégique des RH.

2.4 Un outil sur lequel se cristallisent les problèmes de management

Ce tableau sur les apports potentiels de l'AP impose de conclure sur un point spécifique et trop souvent ignoré. Finalement, les problèmes rencontrés par l'AP au cours de sa mise en œuvre sont des problèmes de management. Ils doivent donc être interrogés comme tels. Lorsque l'AP ne fonctionne pas bien, il ne faut pas forcément vouloir faire évoluer la technique utilisée. Il faut aussi *se demander de quels dysfonctionnements organisationnels ou managériaux sont révélateurs les problèmes rencontrés dans la mise en œuvre de l'AP.*

L'AP a donc pour dernière qualité d'être *un bon révélateur des problèmes de management.* Il nous reste à voir comment on peut dépasser le stade du simple repérage des problèmes pour passer à une réelle analyse de ceux-ci. C'est ce que nous allons faire maintenant en présentant notre grille d'analyse des dysfonctionnement de l'AP.

© Éditions d'Organisation

Comprendre le fonctionnement et les difficultés de l'AP : l'apport du management paradoxal[1]

---

1. Cette partie doit beaucoup aux écrits et aux réflexions de Pierre LOUART.

© Éditions d'Organisation

Le chapitre précédent, qui présentait les problèmes rencontrés dans la mise en œuvre de l'AP mais aussi les apports potentiels de cette technique managériale, pourrait porter au désespoir un lecteur attentif. Pour éclaircir les esprits, pour mieux cerner les problèmes qui se posent réellement et dégager des pistes de solutions, nous allons maintenant nous essayer au difficile exercice de « sortir le nez du guidon ». La conceptualisation que nous allons tenter nous permettra sans doute de trier parmi l'énorme quantité d'informations que nous propose la réalité et, partant, de mieux appréhender les causes, la nature réelle, des problèmes rencontrés. Pour cela nous ferons nôtre l'analyse qu'en donne P. Louart [1] :

« Les champs organisationnels sur lesquels s'applique la gestion vivent une double tension ; la première est celle des multiples réalités qui s'y jouent, s'y combinent et s'y affrontent ; la seconde est celle des représentations que les hommes, en tant que sujets ou objets de l'action collective, produisent de ces réalités ; les significations qu'ils construisent forment une polysémie, c'est-à-dire une pluralité de sens à la fois complémentaires et contradictoires ».

Même si ces deux éléments, les tensions organisationnelles et les perceptions qu'en ont les acteurs, agissent l'un sur l'autre de manière systémique, il nous est apparu plus probant de les distinguer pour les analyser.

---

1. LOUART P., in BRABET J., *Repenser la gestion des ressources humaines*, Paris, Economica, 1993, p.166.

© Éditions d'Organisation

1 Un outil AP en tension

Il existe, dans l'AP, une première série de tensions que l'on peut considérer comme étant liées à l'outil car elles en font intrinsèquement partie. Elles sont présentes de la conception jusqu'à la mise en oeuvre concrète de l'outil. Nous ne prétendons nullement ici faire le tour de cette question complexe, mais nous pouvons citer pour exemple des tensions organisationnelles que l'outil AP vient révéler :

Juger et développer L'AP constituant comme nous l'avons vu une sorte de curseur se déplaçant sur un axe entre deux pôles apparemment opposés (contrôler l'activité des salariés souvent dans des perspectives de réduction des coûts et développer les savoir-faire (améliorer la performance et donc laisser libre cours à l'initiative...).

Améliorer la performance collective et fixer des objectifs individuels L'AP a pour objectif final d'améliorer la performance globale de l'organisation et le moyen qu'elle utilise pour atteindre ce but est le plus souvent l'évaluation de la stricte performance individuelle.

Diffuser l'information et contrôler l'information Cette tension repose sur le fait que la direction demande aux N+1 de transmettre l'information (aussi bien ascendante que descendante) et en même temps de l'analyser, de la mettre sous contrôle. Si l'on considère l'information comme un flux permanent, on voit bien qu'il y a une tension qui s'instaure pour le N+1 qui doit être à la fois un facilitateur, un relais de transmission de l'information et également un contrôleur des données sortant de son

© Éditions d'Organisation

service (en particulier en ce qui concerne les résultats financiers et « tournés clients » : satisfaction...).

Être un expert technique et un manager

Contrairement à ce que l'on peut lire dans de nombreux manuels de management, l'AP n'entraîne pas de façon automatique une transformation complète de la relation hiérarchique. Elle ne transforme rien en elle-même, elle crée seulement un repère, une relation idéale qui peut favoriser le changement vers un nouveau mode de management des relations hiérarchiques, de l'organisation du travail et de la GRH.

LE PARADOXE FAIT SOUFFRIR CELUI QUI LE VIT. IL EST CONTRE-PRODUCTIF.

Auparavant, la relation hiérarchique idéale était celle de maître à élève. Puisque le chef était le meilleur technicien, il « savait » que ses collaborateurs ne « savaient » pas. En tant que détenteur de cette connaissance, il était légitime qu'il donne des ordres à ses collaborateurs afin de leur faire utiliser la meilleure méthode de travail. *L'AP promeut un mode complètement différent de relation hiérarchique.* La relation visée est celle où le N+1 et ses collaborateurs ont tous deux un même droit à l'expression. Le conflit d'intérêt ne disparaît pas de cette relation mais il est censé être encadré et régulé par les objectifs et les contrats passés entre le N+1 et ses collaborateurs. On n'est donc plus dans la situation où l'un est savant et l'autre ignorant. Tous les deux ont deux savoirs différents et complémentaires. Le N+1 sait «manager» tandis que les collaborateurs connaissent la technique du travail à réaliser.

Garantir la cohérence de l'organisation et utiliser des indicateurs contingents

L'AP pose la question de la cohérence de l'organisation. En diffusant la fixation des objectifs à tous les

© Éditions d'Organisation

niveaux des organisations, elle peut faire craindre une balkanisation de l'organisation même si elle affirme que cette diffusion des objectifs et des indicateurs est la meilleure solution pour mieux coordonner les services et les salariés.

S'inscrire dans le long terme et garantir les résultats à court terme L'AP vient révéler la tension qui existe dans toute organisation entre résultats à court terme (élément souvent valorisé dans les déroulements de carrières des cadres) et développement à moyen et long terme (maintien et développement des compétences des collaborateurs, du climat social, actions en faveur de l'environnement...).

Ces quelques exemples illustrent à quel point les exigences de performance toujours plus exacerbées induisent des moyens de plus en plus complexes qui combinent des exigences de qualité, de coût, de délais, de variété de produit, de flexibilité, de marketing interne et externe, d'image sur des secteurs non productifs à proprement parler comme l'environnement...

2 Des managers arrosés et souvent « arroseurs de paradoxes »

2.1 Face aux tensions souvent vécues comme des paradoxes, des comportements de managers très variés

Les quelques exemples cités ci-dessus nous montrent à quel point les comportements des managers sont pour certains ambigus en particulier s'ils ne font pas l'objet d'une clarification des attendus de la part de la direction et de la DRH.

© Éditions d'Organisation

Dans tous les cas, ils génèrent chez les managers des interprétations plurielles en fonction de leur capacité à comprendre ce qu'on attend d'eux, mais aussi, bien sûr, en fonction de leurs propres enjeux le plus souvent très personnels. En fait, l'AP

LE PARADOXE EST UNE CONTRADICTION QUI NE PEUT SE RÉSOUDRE NI PAR UNE HIÉRARCHISATION DES PRIORITÉS NI PAR UN COMPROMIS.

révèle des conflits de perception et d'enjeux [1] : devoir assumer ces situations qui mêlent des antagonismes apparents génère souvent des angoisses, suscite des peurs, des phobies, des colères... [2] de la part des managers.

On voit bien dès lors que les tensions de l'organisation rendues encore plus saillantes par l'AP sont vécues comme des contradictions, voire même des « paradoxes » [3]. En fait, ce vécu de contradiction ou de paradoxe dépend de la structure psychique de chacun ; certains étant très flexibles en dehors d'un noyau dur de valeurs essentielles alors que d'autres sont particulièrement rigides ce qui les conduit à des difficultés de choix permanentes. En fait, ces perceptions de « paradoxes » sont non seulement inhérentes aux contradictions organisationnelles dont nous venons de mentionner quelques exemples mais aussi, et encore davantage, aux aspects conflictuels du psychisme humain (besoins-désirs, objectivité-fantasmes, valeurs-pulsions, etc.). Ce ressenti de paradoxe peut également prendre corps

---

1. Cet aspect des enjeux sous-jacents des comportements managériaux sera, entre autres, l'objet des deux cas d'entreprises qui suivent.
2. LOUART P., *op. cit.*, p. 171.
3. *« Les "paradoxes" sont des contradictions intrinsèques au réel ou à l'action collective. Ils participent à la constitution de la réalité, en y introduisant des tensions d'ordre logique (incompatibilités, antagonismes, coexistence d'éléments supposés inconciliables, etc.). Comme on ne peut s'en débarrasser, il faut trouver des expédients pour décider ou gérer à travers eux. Dans une entreprise par exemple, "la compétitivité, la légitimité et la sécurité sont à satisfaire conjointement, sans qu'il soit possible de les hiérarchiser autrement que de manière transitoire" »*, in KOENIG G., *Management stratégique : paradoxes, interactions et apprentissages*, Paris, Nathan, 1996.
Pour Y. BAREL, *Le paradoxe et le système*, Presses Universitaire de Grenoble, rééd.1989 : *« On a affaire à un paradoxe chaque fois que l'on rencontre une situation dans laquelle il est nécessaire de faire, de dire ou de penser une chose et le contraire de cette chose. On peut dire aussi que le paradoxe s'exprime dans la double obligation de choisir et de ne pas choisir entre deux ou plusieurs solutions à un problème donné. »*

© Éditions d'Organisation

dans l'incompréhension que l'on peut avoir d'un phéno-mène ou lorsque notre environnement nie ou disqualifie notre perception ou nos choix d'action.

Le plus souvent, les différents types de ressentis de paradoxes donnent lieu à des oscillations de comportements de la part des managers qui peuvent, elles aussi, être perçues comme paradoxales par les managés.

2.2 Les réponses des managers face aux paradoxes organisationnels

Même si, encore une fois, la réalité est toujours complexe et ne peut se réduire à des schématisations simplistes on peut néanmoins dresser un inventaire des oscillations comporte-mentales des managers appréciateurs et de leurs effets sur les appréciés. Il est bien évident que l'ensemble des tensions organisationnelles et des comportements induits forment en fait un système dont nous séparons ici les éléments pour une meilleure compréhension.

© Éditions d'Organisation

Juger et développer

Cette injonction, peut être vécue comme « paradoxale » et elle produit alors des comportements qui peuvent osciller entre les champs suivants :

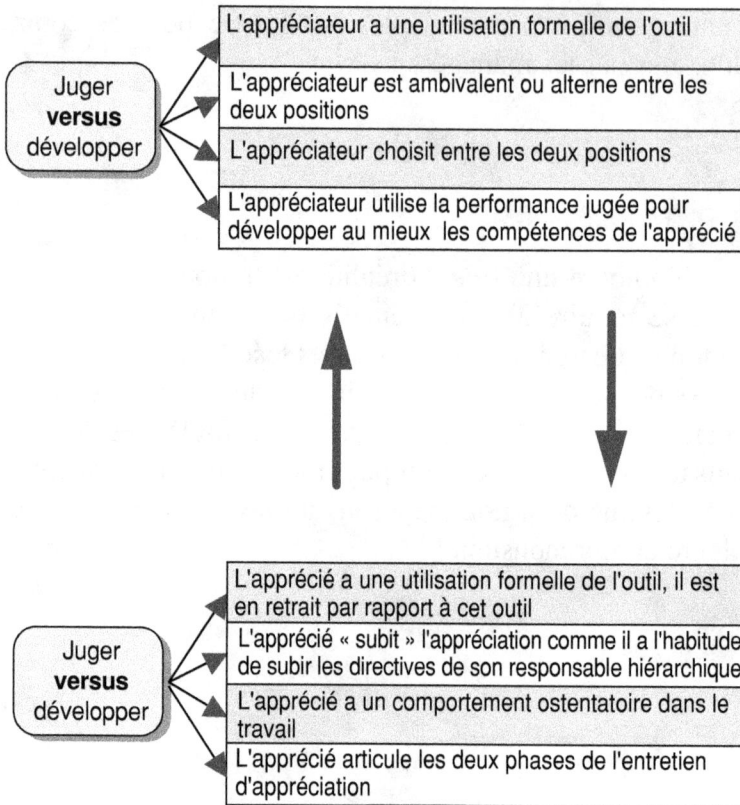

Juger **versus** développer
- L'appréciateur a une utilisation formelle de l'outil
- L'appréciateur est ambivalent ou alterne entre les deux positions
- L'appréciateur choisit entre les deux positions
- L'appréciateur utilise la performance jugée pour développer au mieux les compétences de l'apprécié

Juger **versus** développer
- L'apprécié a une utilisation formelle de l'outil, il est en retrait par rapport à cet outil
- L'apprécié « subit » l'appréciation comme il a l'habitude de subir les directives de son responsable hiérarchique
- L'apprécié a un comportement ostentatoire dans le travail
- L'apprécié articule les deux phases de l'entretien d'appréciation

© Éditions d'Organisation

Améliorer la performance collective et fixer des objectifs individuels et développer Cette injonction vécue comme un paradoxe produit elle aussi des comportements nuancés qui font système :

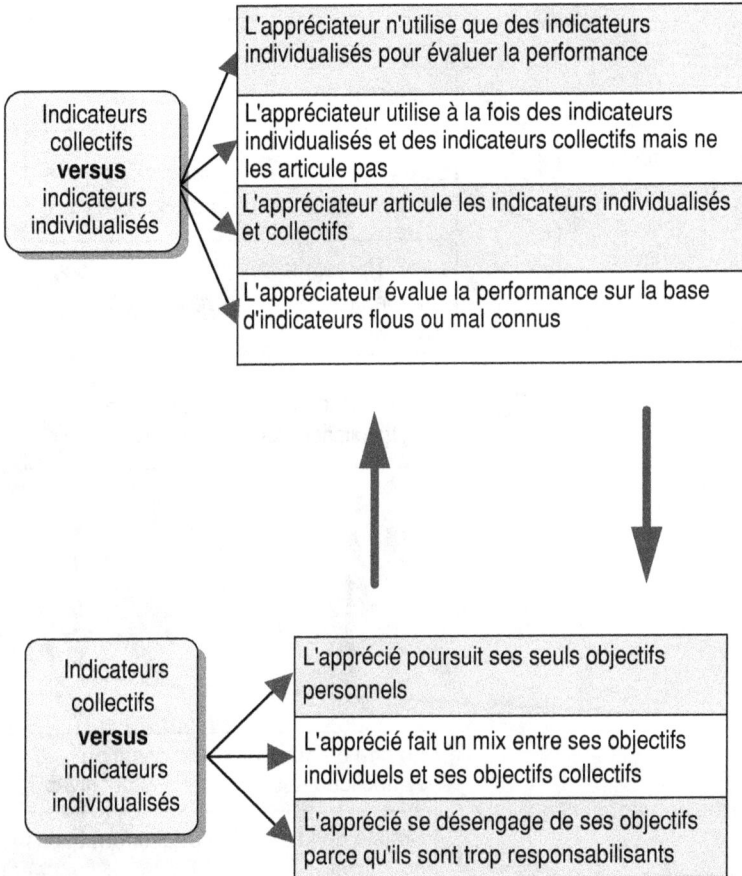

Diffuser l'information et contrôler l'information

Là encore, cette injonction paradoxale liée à une difficile gestion de l'information entraîne des comportements proches de ceux décrits ci-dessous :

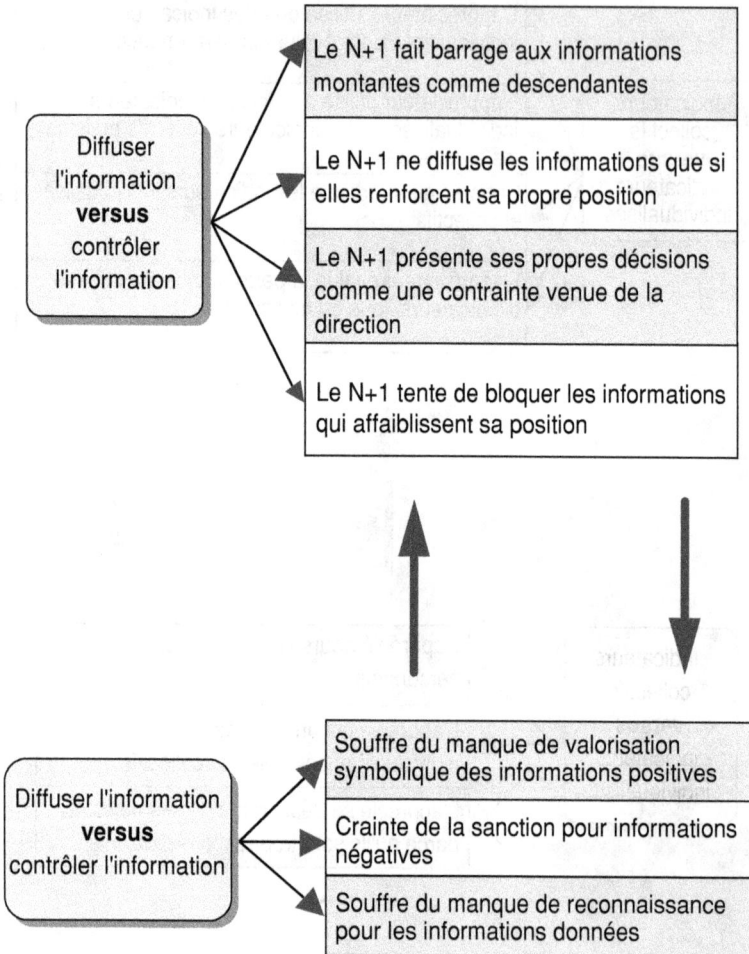

Diffuser l'information **versus** contrôler l'information

- Le N+1 fait barrage aux informations montantes comme descendantes
- Le N+1 ne diffuse les informations que si elles renforcent sa propre position
- Le N+1 présente ses propres décisions comme une contrainte venue de la direction
- Le N+1 tente de bloquer les informations qui affaiblissent sa position

Diffuser l'information **versus** contrôler l'information

- Souffre du manque de valorisation symbolique des informations positives
- Crainte de la sanction pour informations négatives
- Souffre du manque de reconnaissance pour les informations données

© Éditions d'Organisation

Être expert technique et manager

Enfin cette injonction paradoxale produit chez les appréciateurs et les appréciés, les comportements associés suivants :

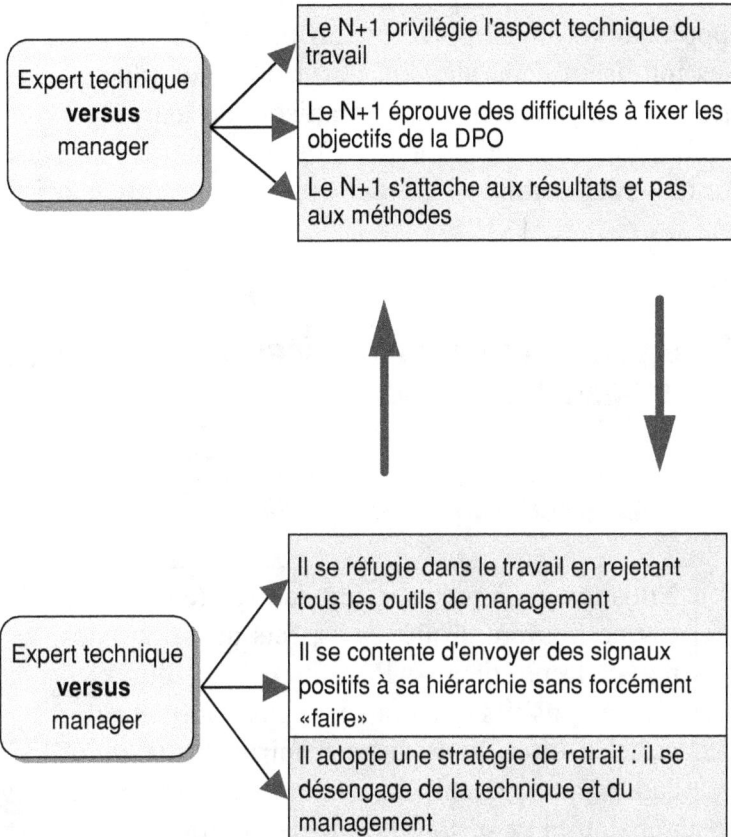

```
┌──────────────────┐      ┌─────────────────────────────────────┐
│ Expert technique │ ───▶ │ Le N+1 privilégie l'aspect technique│
│    **versus**    │      │ du travail                          │
│     manager      │ ───▶ ├─────────────────────────────────────┤
│                  │      │ Le N+1 éprouve des difficultés à    │
│                  │ ───▶ │ fixer les objectifs de la DPO       │
│                  │      ├─────────────────────────────────────┤
└──────────────────┘      │ Le N+1 s'attache aux résultats et   │
                          │ pas aux méthodes                    │
                          └─────────────────────────────────────┘
```

```
┌──────────────────┐      ┌─────────────────────────────────────┐
│ Expert technique │ ───▶ │ Il se réfugie dans le travail en    │
│    **versus**    │      │ rejetant tous les outils de         │
│     manager      │      │ management                          │
│                  │ ───▶ ├─────────────────────────────────────┤
│                  │      │ Il se contente d'envoyer des signaux│
│                  │ ───▶ │ positifs à sa hiérarchie sans       │
│                  │      │ forcément «faire»                   │
└──────────────────┘      ├─────────────────────────────────────┤
                          │ Il adopte une stratégie de retrait :│
                          │ il se désengage de la technique et  │
                          │ du management                       │
                          └─────────────────────────────────────┘
```

De la même façon, on retrouve des oscillations comportementales des managers autour d'autres tensions organisationnelles comme :

- Garantir la cohérence de l'organisation *et* utiliser des indicateurs contingents ;

© Éditions d'Organisation

- S'inscrire dans le long terme *et* garantir les résultats à court terme ;
- Planifier l'action *et* être flexible.

Au-delà de ces exemples de comportement caractérisés d'appréciateurs et d'appréciés, on peut noter que les paradoxes induisent généralement des sentiments plus ou moins conscients de malentendus, de trahison, de leurre, de colère, d'inhibition, de double jeu... Ces sentiments contagieux entre manager à managé conduisent parfois l'arroseur à être arrosé.

3 Deux pratiques d'AP analysées selon la grille du « management paradoxal »

3.1 L'appréciation du personnel chez PUBLISERV

> Nous tenons à préciser que dans cette étude de cas ne figureront que les aspects négatifs inhérents à l'entretien d'AP et non pas les multiples aspects positifs que nous y avons pourtant relevés. En effet, notre but est ici de tester notre cadre interprétatif (management paradoxal), mais aussi et surtout de mieux comprendre les difficultés telles qu'elles sont perçues par les opérationnels afin de pouvoir proposer des préconisations qui soient le plus possible conformes aux besoins des opérationnels.

Pour ce faire, nous présenterons dans un premier temps le dispositif d'appréciation tel qu'il a été initié. Ensuite, nous illustrerons chaque paradoxe au regard des résultats de nos investigations de terrain puis nous tenterons, pour chacune

© Éditions d'Organisation

d'entre elle, d'opérer une catégorisation socio-culturelle des comportements décrits.

Présentation du dispositif Chez PUBLISERV (voir annexe 2), l'appréciation du personnel, appelée appréciation du professionnalisme, date des années quatre-vingt-dix. L'AP s'inscrit dans la volonté forte de la direction de PUBLISERV d'améliorer et de reconnaître les compétences des salariés. Dans cette perspective, l'AP vise à :

- formaliser et structurer davantage l'appréciation des salariés ;

- asseoir les décisions d'évolution de la rémunération de chaque salarié dans son emploi (décision qui peut paraître extrêmement novatrice dans des entreprises sous statut où le mode d'avancement est basé sur un principe commun à tous : l'ancienneté).

En effet, en *objectivant* le système d'appréciation, l'AP vise à limiter la subjectivité inhérente à tout système d'appréciation et donc à individualiser l'appréciation des salariés (en fonction du travail, des compétences, des efforts fournis), de façon plus transparente, lisible à l'intérieur même de l'organisation. Pour lier l'appréciation et la reconnaissance, les nouveaux systèmes de classification des emplois augmentent le nombre de niveaux de rémunération. La plage d'évolution théorique attachée à chaque emploi connaît ainsi une amplitude de rémunération passant de 25 à 45 %[1].

UN EXEMPLE DE DYNAMISME DE LA GRH DANS UNE TRÈS GRANDE ENTREPRISE PUBLIQUE.

---

1. En dehors de l'AP qui concerne chaque salarié individuellement, les performances collectives sont également appréciées et rémunérées par le biais de l'intéressement et – pour les cadres – la performance individuelle via les rémunérations de disponibilité. Enfin, les contraintes inhérentes à chaque emploi (astreinte...) sont valorisées en temps et en rémunération et l'effet d'ancienneté continue à être pris en compte.

© Éditions d'Organisation

Concrètement, chez PUBLISERV on apprécie avant toute chose le *professionnalisme* c'est-à-dire *la qualité du travail dans la durée* : cela suppose la réalisation des objectifs avec la manière (comportement professionnel, compétences) sur une durée minimale de deux ans. Il existe néanmoins des seuils dans cette progression. Ceux-ci sont détectés *a priori* dans des repères activités compétences (RAC) et se traduisent par une promotion lorsqu'ils sont franchis. Si ce franchissement de seuil n'est pas avéré, alors, le salarié ne pourra prétendre qu'à une augmentation de son niveau de rémunération. On a donc fait le choix dans cette entreprise de promouvoir avant tout une *logique emploi* dans laquelle les évolutions professionnelles des salariés sont conditionnées par la réalisation de leurs objectifs. L'on a préféré tourner le dos à la *logique compétence* [1] telle qu'elle est pratiquée dans d'autres entreprises où les évolutions professionnelles sont conditionnées par l'acquisition de nouvelles compétences (y compris des compétences dont l'entreprise n'a pas besoin à l'instant *t*).

ICI, L'AP EST UN OUTIL BASÉ SUR LES EMPLOIS TYPES POUR DÉVELOPPER LA PERFORMANCE ET RENDRE CETTE PRATIQUE PLUS OBJECTIVE.

Dans les faits, il y a donc d'abord les descriptions et cotations d'emplois (environnement, finalités, missions et activités de l'emploi). Vient ensuite, à partir de la description d'emploi, l'élaboration du *Référentiel activités compétences* (RAC). Notons que si ce cadre national est commun à tous les sites, la méthodologie utilisée est ensuite laissée au libre choix de chacun d'entre eux. La méthode que nous vous présentons ici est celle d'un service de consultants interne utilisée dans de nombreux sites. Pour chaque emploi, sont définies les *activités clés*. Chaque activité clé est ensuite déclinée en *compétences clés*. Chaque compétence est ensuite associée à des *faits et actes observables*. Le RAC correspond au niveau du professionnel confirmé dans chacune des plages de rémunération. Il peut, dans certains emplois, y avoir plusieurs niveaux de professionnels confirmés en fonction des

---

1. A ce sujet, cf. notamment l'accord ACAP 2000, signé chez USINOR. *Cf.* parmi d'autres, le livre de Cécile DEJOUX, *Les compétences au cœur de l'entreprise*, Paris, Éditions d'Organisation, 2001.

© Éditions d'Organisation

besoins propres à chaque organisation. Dans le RAC, il est en effet possible de signifier plusieurs logiques d'évolution : variété des tâches et/ou profondeur des compétences. Ce RAC qui constitue la manifestation concrète de l'entrée des sites dans la phase AP, constituera l'élément charnière de l'appréciation. Pas toujours conscients de la logique inhérente à ce référentiel, certains sites ont d'ailleurs fait le choix d'apprécier les salariés presque exclusivement à partir de ce seul référentiel et de ne pas forcément tenir compte des résultats obtenus par le salarié. De notre point de vue, ceci est une erreur car, indépendamment de la « logique promotion sociale », les salariés doivent avoir la possibilité d'obtenir une promotion salariale. Or, dans la logique impulsée par la DRH au niveau national, le maintien ou l'amélioration du professionnalisme sur une période minimale de deux ans doit permettre de rémunérer les salariés au plus près de leurs résultats et comportement professionnel (puisque ces deux dimensions qualifient le professionnalisme du salarié).

Il est vrai aussi que la majorité des sites n'ont pas directement relié l'appréciation à la reconnaissance des salariés et continuent, de fait, à rémunérer les salariés *à l'ancienneté* comme par le passé. Car, on s'en doute, au-delà de l'absence de volonté politique de certains sites, on trouve la difficulté à faire passer l'idée, et surtout la pratique d'une *rémunération au mérite* auprès des salariés et de leurs représentants.

Voilà pour l'histoire et les principes. Mais dans la pratique effective de l'AP, qu'en est-il ?

Dans tous les cas, comme le reconnaissent nombre de fonctionnels RH et de Directeurs, l'AP a permis de provoquer des discussions, de mettre le dispositif (organisation du travail, missions confiées à chacun...) à plat. « *Cette méthode a le mérite de clarifier les emplois, de nous faire nous poser les bonnes questions sur les missions, l'environnement, les activités.* » Partant, on peut dire que l'AP a au moins permis d'instaurer une nouvelle dynamique où chacun connaît mieux sa place dans l'organisation et ce qui est précisément attendu de lui.

© Éditions d'Organisation

Le point de vue de la direction et des fonctionnels RH est majoritairement positif même si les effets de l'AP se manifestent surtout en termes d'efficacité du processus de gestion et moins en termes d'efficience des salariés. Il semble en effet que si l'organisation du travail est plus rationnelle et davantage connue de tous, en revanche, le travail effectif des salariés reste quant à lui inchangé. Ce qui se joue pour les appréciés est en effet beaucoup plus symbolique (valorisation symbolique...) que réel (leur travail avant et après le processus AP est le même, du moins, le considèrent-ils comme tel). Ainsi, même si l'objectif de premier rang est centré sur l'efficacité du travail, l'objectif atteint en premier lieu relève quant à lui du processus de gestion (redéploiement des filières techniques vers les filières commerciales, traitement de la formation comme un investissement – réduction rationnelle du budget formation en adéquation avec les orientations stratégiques des entreprises et les besoins concrets des salariés. En termes d'effets *concrets*, on peut aussi constater le recentrage des managers sur les préoccupations et les réalités du *terrain* (les démarches de responsabilisation des managers ayant le plus souvent favorisé un *management tournesol*, tourné vers le sommet de l'entreprise). Ces quelques exemples l'illustrent bien : les effets positifs de l'AP sont, pour l'instant essentiellement ressentis par ceux qui initient la démarche (la direction, les fonctionnels RH) et dans une moindre mesure par ceux qui la mettent concrètement en œuvre. Ces derniers restent encore majoritairement confrontés à des difficultés qu'il nous faut maintenant tenter de mettre à jour. Nous nous y essaierons dans le cadre du modèle interprétatif que nous avons tracé : *le management paradoxal*.

LES EFFETS POSITIFS DE L'AP SONT ESSENTIELLEMENT RESSENTIS PAR LES FONCTIONNELS RH ET LES APPRÉCIÉS.

© Éditions d'Organisation

Les paradoxes liés à l'outil

Juger et développer

L'appréciation pose une question cruciale : N+1 peut-il être vis-à-vis de N coach/entraîneur/développeur de talent *et* juge/appréciateur ? En d'autres termes, comment peut-il développer les compétences/aider *et* aussi décider des évolutions salariales et professionnelles ?

Chez PUBLISERV, c'est plutôt la dimension d'accompagnateur qui a été valorisée, et ce, pour plusieurs raisons :

- le marché de l'entreprise étant captif, elle était dans une logique de développement qui nécessitait l'amélioration des compétences des salariés ;

- le mode de gestion sous statut offrant des principes de traitement *commun* à tous, il assurait des possibilités d'évolution de carrière à l'ancienneté. Il ne s'agissait donc pas de juger qui que ce soit par une sanction négative.

Néanmoins, la dimension *juge* existe aujourd'hui bel et bien dans l'appréciation. Un apprécié témoigne :

« A l'entretien annuel on nous dit plutôt ce qui ne va pas, jamais ce qui va ; c'est normal parce que si on nous dit que ça va, on n'a rien à nous offrir derrière. N'empêche, de temps en temps, on aimerait bien avoir des félicitations. »

Un autre souligne aussi :

« Cet entretien est avant tout une obligation qui lie le manager à la direction, ce qui ne permet pas une véritable discussion sur le travail et génère des commentaires trop dirigés sur l'évolution de la personne. »

© Éditions d'Organisation

« A L'ENTRETIEN ANNUEL ON NOUS DIT PLUTÔT CE QUI NE VA PAS, JAMAIS CE QUI VA . C'EST NORMAL PARCE QUE SI ON NOUS DIT QUE ÇA VA, ON N'A RIEN À NOUS OFFRIR DERRIÈRE. »

167

On peut noter un réel malaise chez les appréciateurs à conduire les entretiens alors qu'*ils n'ont pas la main* sur l'affectation des avancements. Ils disent ne pas pouvoir apprécier positivement un salarié dans la mesure où ils n'ont rien à lui offrir en échange. On peut pourtant noter que, dans la limite de l'enveloppe qui lui est allouée, le chef de service tient compte de l'avis de l'appréciateur si cet avis est motivé, c'est-à-dire basé sur des faits et actes observables. Ce malaise est encore plus présent chez les managers de proximité qui conduisent les entretiens d'appréciation pour ces mêmes raisons mais aussi car ils n'ont pas été positionnés hiérarchiquement vis-à-vis des salariés. Ils exercent certaines attributions managériales sans que cela ait fait l'objet d'une communication, d'une information préalable des salariés. De plus, dans la mesure où ces managers de proximité sont souvent issus du rang et connaissent donc leurs subordonnés depuis de nombreuses années, ces derniers sont majoritairement réticents lorsqu'il s'agit d'avoir des entretiens avec eux ; ce qu'ils veulent pour la plupart, c'est un entretien avec « le chef », c'est-à-dire avec celui qui peut prendre des décisions en termes de promotion, d'organisation du travail, de gestion de carrière ; celui qui représente l'autorité.

Autre point saillant : les appréciateurs ont tendance à se poser en *juges* en situation collective (face au groupe), alors qu'en situation de face à face, ils se posent plutôt en développeurs. D'ailleurs, nombre d'entre eux le reconnaissent : « *On a du mal à tenir notre position hiérarchique en relation d'homme à homme.* » Mais lorsqu'ils arrivent à se poser en juges, un autre phénomène se produit comme le soulignent nombre d'appréciés : « *Au lieu de chercher à améliorer les choses, nos chefs cherchent plutôt des coupables à qui ils vont faire payer le fait que ça ne marche pas comme ils voudraient.* »

LES APPRÉCIATEURS ONT TENDANCE À SE POSER EN JUGES EN SITUATION COLLECTIVE, ALORS QU'EN SITUATION DE FACE À FACE, ILS SE POSENT PLUTÔT EN DÉVELOPPEURS.

Lorsque cette dimension de juge est effective, on peut néanmoins noter qu'elle s'assortit rarement d'une sanction (qu'elle

© Éditions d'Organisation

soit positive ou négative). En effet, peu d'encadrants font le lien entre l'appréciation du salarié et sa rémunération.

Concernant maintenant le positionnement de développeur, on peut noter que, concrètement, il ne s'agit en fait souvent que d'un rôle d'écoute active de la part de l'appréciateur. Pour la plupart d'entre eux, l'entretien constitue en effet un moment de dialogue privilégié où on fait le point sur tout (y compris et surtout la vie personnelle et le ressenti du salarié) et non pas forcément un moment d'appréciation des résultats, de définition d'actions de progrès (dans lesquelles figure la formation), de définition de nouveaux objectifs. Ainsi, la positon de développeur réside plus souvent dans l'écoute compassion du salarié que dans l'accompagnement actif de ce dernier.

Ils ont également la plupart du temps une conscience aiguë que leur crédibilité (que ce soit par rapport aux appréciés ou par rapport à la direction) repose sur la mise en œuvre effective de ces deux dimensions. Ainsi, même si les fonctionnels RH considèrent que *« la mise en place de l'AP évacue beaucoup de non-dits »,* il semble que les appréciateurs ne puissent assumer l'évacuation de ce non-dit (le plus souvent négatif) et, simultanément, l'accompagnement des salariés. D'ailleurs, on peut noter que dans les évolutions récentes de l'organisation managériale des sites, l'appréciateur aura de moins en moins ce rôle de coach qui sera de plus en plus dévolu à un salarié de maîtrise exerçant des activités de coaching. La mission d'accompagnement de l'appréciateur se réduira donc à un accompagnement strictement hiérarchique en matière de gestion de carrière.

LE PLUS SOUVENT, LES APPRÉCIATEURS ONT BEAUCOUP DE DIFFICULTÉ À ALTERNER ENTRE LE CONTRÔLE ET LE DÉVELOPPEMENT DES SALARIÉS.

Dans tous les cas, on le voit, les appréciateurs ont beaucoup de difficultés à alterner entre le contrôle et le développement des salariés. L'alternance entre ces deux positionnements hiérarchiques est souvent vécue comme paradoxale ; ces deux rôles sont pourtant précisément au cœur de la mission que la direction et les fonctionnels RH confient aux managers. On

© Éditions d'Organisation

attend précisément d'eux que, selon le contexte, ils jouent l'un et/ou l'autre des deux rôles tout en gardant en permanence la crédibilité que leur confère leur rôle hiérarchique. Ce premier paradoxe est d'autant plus exacerbé chez PUBLISERV qu'au sein même des managers appréciateurs se heurtent différentes cultures.

Ainsi, de manière schématique, on peut considérer qu'il y a les managers qui sont dans une logique de métier et les managers qui sont dans une logique de résultat. Pour les managers qui sont dans une logique de métier, « *le savoir-faire est central. Le critère de rémunération naturel est l'ancienneté et le temps de référence est le passé.* » Ces derniers, majoritaires, ont naturellement tendance à s'orienter vers le coaching, l'accompagnement des salariés qu'ils apprécient. A l'opposé, les managers qui sont dans une logique de résultat ont plutôt tendance à adopter le positionnement managérial de type juge qui sanctionne les résultats situés en-deçà des objectifs fixés. Ce positionnement, minoritaire est plutôt le fait des jeunes managers issus le plus souvent des écoles d'ingénieurs et très sensibilisés à la logique résultat (en partie pour satisfaire leur ambitions en termes de déroulement de carrière selon une idée très répandue chez les appréciés).

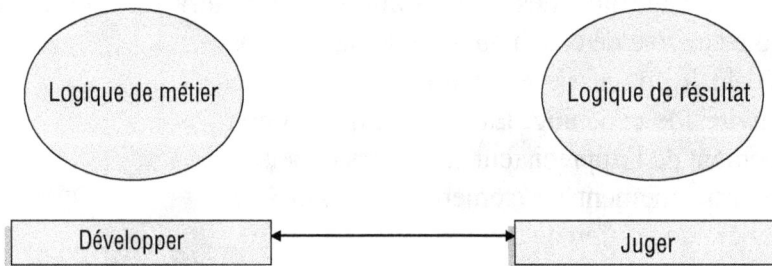

> Indicateurs collectifs et indicateurs individualisés

Autre paradoxe apparent de l'appréciation : on apprécie individuellement alors que l'on vise la performance collective. Cette appréciation collective suivie par le contrôle de gestion

© Éditions d'Organisation

est exclusivement quantitative et sans lien formel avec le travail effectivement réalisé.

Or l'appréciation individuelle peut, à l'égard de la performance collective, entraîner de nombreux biais. Ainsi, la responsabilisation des salariés sur certains objectifs peut nuire à leur participation « au collectif de travail ». Un salarié témoigne :

« Maintenant, chacun a ses objectifs, alors, on n'a plus le temps d'aider les collègues qui nous le demandent ou alors, quand on voit quelque chose à faire en dehors de notre mission, on ne le fait pas. Avant ce n'était pas comme ça : on s'entraidait et tout le monde se sentait concerné par le travail du groupe. Enfin... c'est l'évolution. Quelques-uns, dont je fais partie, tentent de résister mais ce n'est pas facile surtout que les jeunes qui arrivent sont complètement dans le nouveau moule. »

Mais ce n'est pas tout. Le fait que les salariés appréciés soient le plus souvent uniquement responsabilisés sur des objectifs strictement individuels comporte aussi des risques à moyen et long terme. En effet, dans nombre de pratiques d'appréciation, on ne favorise pas leur plurifonctionnalité (plus difficile à apprécier car les activités doivent alors être appréciées sur plusieurs postes selon une fréquence variable puisque dépendant des besoins de l'organisation). Cette baisse de plurifonctionnalité peut avoir des effets pervers tant au niveau de l'organisation que du salarié lui-même. Du point de vue de l'organisation, la diminution de la plurifonctionnalité peut favoriser la disparition de compétences qui peuvent lui être utiles. Du point de vue du salarié, la monofonctionnalité peut nuire à son déroulement de carrière : ascension professionnelle restreinte, ses compétences s'exerçant dans un seul champ d'activité ; capacités d'adaptation à d'autres postes limitées...

© Éditions d'Organisation

Ces biais, connus des opérationnels sont souvent contournés par les appréciateurs. En effet, ces derniers ne font pas toujours l'effort de responsabiliser les salariés à la fois sur des objectifs individuels mais aussi collectifs (transverses). Ainsi, les appréciateurs se plaignent d'un paradoxe qu'une fois encore ils contribuent à reproduire auprès des appréciés. Un appréciateur témoigne : « *Moi, j'ai mes objectifs pour le groupe et après je les répartis à chacun en fonction de ses compétences, de ses envies.* » Fort heureusement, d'autres pratiques managériales ont également cours :

« *On me donne les objectifs du groupe ; à moi de les traduire en objectifs individuels contributifs qui responsabilisent chacun sur des objectifs spécifiques, mais aussi sur des objectifs transverses. C'est à cette seule condition (combinaison d'objectifs individuels et transverses) que l'on favorise les bons résultats de l'ensemble du groupe durablement aujourd'hui et demain.* »

Autre paradoxe : pour les salariés, les objectifs sont assignés en terme d'activité alors que pour les managers, les objectifs concernent essentiellement leurs activités managériales.

Souvent, les managers appréciateurs ne traduisent pas les objectifs quantitatifs qui leur sont assignés en objectifs qualitatifs pour les salariés (moyens à mettre en œuvre pour atteindre les objectifs quantitatifs assignés) avec un plan d'action concret jalonné sur l'année. Il manque alors un lien entre objectifs assignés et travail effectivement réalisé par les salariés. Certains salariés témoignent de ce danger :

« *Tout comme les autres dispositifs managériaux (communication interne...), l'entretien d'appréciation est déconnecté de l'activité ; il y a d'un côté le travail (c'est ce qui intéresse les salariés et parfois leur hiérarchie si elle est bonne) et de l'autre des "choses" qui ne servent à rien (qui n'intéressent que la direction et les RH) !* »

© Éditions d'Organisation

Aussi, on voit que l'AP, sensée favoriser de meilleures performances peut, dans certaines conditions (si elle ne tient pas suffisamment compte de la réalité travail) avoir des effets contre-productifs.

Les objectifs assignés aux appréciateurs en termes de pratiques managériales peuvent renforcer les biais désignés ci-dessus. En effet, si le contrôle sur l'activité managériale s'exerce exclusivement sur des critères quantitatifs (par exemple le nombre d'entretiens réalisés), alors, les appréciateurs ont tendance à rester dans cette logique. En d'autres termes, ils auront tendance à privilégier le nombre d'entretiens d'AP conduits (au détriment éventuel de la qualité de ces derniers). Peu d'appréciateurs investissent suffisamment de temps pour améliorer leur pratique (par exemple, traduction des objectifs quantitatifs qui leur sont assignés en plans d'action concrets). Ce type de comportement managérial conduit nombre d'appréciés à manifester l'inutilité de l'AP pour eux. A la question *« A quoi sert l'entretien d'appréciation ? »*, nombre d'entre eux répondent : *« A satisfaire aux critères d'intéressement du site. Cet entretien serait très bien si on ne le bâclait pas pour arriver à 100 % d'entretiens réalisés. »*

Pour reprendre une typologie de ces pratiques en fonction des caractéristiques socio-culturelles des managers de PUBLI-SERV, on peut représenter à gros traits la perception de la majorité d'entre eux :

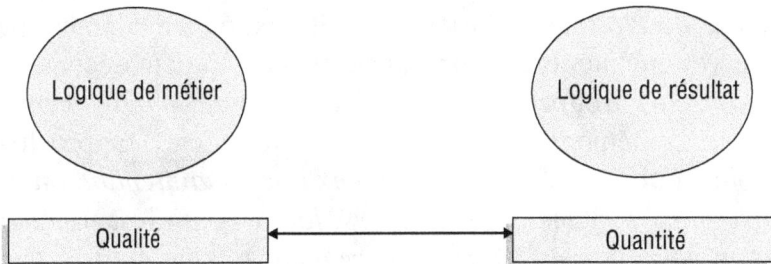

© Éditions d'Organisation

Les paradoxes liés au management

Diffuser l'information et contrôler l'information

Les nouveaux modes d'appréciation, basés sur des principes de transparence, équité, dialogue... remettent également très largement en cause la relation hiérarchique telle qu'elle existait jusqu'alors. En effet, cette pratique conduit les managers à sortir de logiques *descendantes* qui assuraient à nombre d'entre eux un certain pouvoir. En effet, *l'intouchabilité* de leur savoir en termes d'informations sur les orientations de l'entreprise, les possibilités d'évolution pour les salariés... assurait leur position de *dominateur*.

Aujourd'hui, il en va autrement dans les principes de l'AP et du management en général : le manager est sensé communiquer davantage les informations sur l'entreprise et sur la gestion des carrières aux salariés. Partant de là, les salariés sont censés prendre davantage en main leur carrière, leur travail (responsabilisation). Mais ces nouveaux rôles ne vont pas sans poser problème pour les deux parties.

LA DIFFUSION DE L'INFORMATION EST UN FACTEUR CRUCIAL DE LA DÉLÉGATION.

Pour les managers, cela correspond à une perte potentielle de pouvoir. Nos investigations nous ont montré que nombre d'appréciateurs en sont conscients et, de fait, ont plutôt tendance à conserver les informations qui pourraient donner plus de pouvoir aux salariés. Par ailleurs, on a également pu observer que nombre d'appréciateurs qui s'étaient déconnectés de leurs troupes pour *« évoluer dans le management »* ont énormément de difficultés à s'en rapprocher aujourd'hui : *« Moi, j'ai évolué, eux non ; maintenant, on ne parle plus le même langage alors, fatalement c'est très dur car je vois bien qu'ils ne comprennent pas ce dont je leur parle »*. Face à ces difficultés, on a également observé que nombre d'appréciateurs se réfugient dans la fonction de *juge* en se bornant au contrôle de l'activité et restent, de fait, dans

© Éditions d'Organisation

une logique de management pyramidal. Pire encore, on voit des managers qui présentent à leurs salariés en réunion d'information un modèle de pyramide inversée et qui, dans les faits, continuent à avoir des comportements autoritaires qui ne laissent aucune place à l'échange.

L'AP PRODUIT DES RÉACTIONS TRÈS CONTRASTÉES EN FONCTION DE L'IDENTITÉ SOCIO-PROFESSION-NELLE DES SALARIÉS.

Pour les appréciés, face à ces nouveaux modes de fonctionnement des managers, pour le moins ambivalents, le subordonné peut se mettre en retrait ou devenir acteur. De fait, l'AP part du principe d'une collaboration apprécié/appréciateur sur la gestion de la carrière du salarié. Or ceci remet profondément en cause l'ancien mode de gestion des carrières dans lequel le hiérarchique seul détenait ce rôle.

Ce paradoxe, comme le premier (juger et développer), peut être expliqué par la stratification socio-culturelle de PUBLISERV.

En effet, les appréciateurs qui sont dans la « logique de la fonction » sont influencés par les différents postes qu'ils ont successivement occupés. Pour eux, la carrière est centrale, la mobilité fonctionnelle et géographique bien acceptée. Cette logique est d'autant plus présente que la responsabilité hiérarchique est importante. Il en va de même pour les appréciés qui sont dans une logique technique, car la qualification de ces salariés est attestée par la formation (diplôme d'ingénieur, DUT, BTS...) et, pour eux, l'avenir est synonyme d'évolution.

En revanche, les appréciés qui sont dans une logique de métier sont davantage tournés vers le passé, centrés sur leurs repères identitaires de métier. Cet ancrage professionnel très fort a pour conséquence de les inciter à y rester et, le plus souvent, à être hostile à tout projet de changement dans leur activité professionnelle.

© Éditions d'Organisation

Parmi les appréciés acteurs, on peut noter des témoignages du type :

« L'appréciation est une composante importante de le gestion des ressources humaines. D'une part, elle permet de préciser à chaque salarié ce qui est attendu de lui, les objectifs qui lui sont fixés et de faire le point sur la façon dont il les a remplis, donc de clarifier ce que l'on pense de lui. Elle permet d'autre part de justifier les sanctions qui en découlent : avancements, rémunération de la performance... »

Ou encore :

« Le nouveau mode d'appréciation, parce qu'il est davantage formalisé, est un élément facilitateur de communication pour les salariés qui n'ont pas l'habitude de prendre la parole. »

A l'inverse, parmi les appréciés subordonnés en retrait, on se heurte à des manifestations fortes de résistance du type :

« Avec l'appréciation, on est dans le cas de figure où on nous offre une belle robe de mariée alors que l'on est en train de divorcer... »

« On nous a présenté le nouveau système de rémunération en nous disant : les salariés méritants seront récompensés. Mais ce qu'on peut craindre, c'est que ça se fasse à la tête du client. Aujourd'hui, même si le système est imparfait, il offre les mêmes possibilités à tous. »

« L'entretien annuel ne sert à rien puisqu'on n'a aucune perspective d'avenir ».

Cette difficulté de positionnement des appréciés soulève, par effet de cascade, des difficultés pour les managers :

« On annonce vouloir que chaque salarié connaisse précisément les objectifs qui lui sont assignés, qu'il prenne davantage son destin en main. Mais quelle est la faisabilité de ce projet dans des organisations de plus en plus complexes et

© Éditions d'Organisation

mouvantes ? De plus l'appréciateur, même lorsqu'il le peut, ne souhaite pas forcément être précis. »

Même si ces discours sont à prendre avec précaution car l'AP cristallise sur son nom tous les mécontentements qui peuvent apparaître dans une organisation, il ne faut pas prendre à la légère ces propos car ils sont révélateurs d'un inconfort général des utilisateurs de cet outil.

Expert technique et manager

L'ambivalence de rôles (expert technique et manager) est en fait un condensé de toutes les injonctions que vivent les appréciateurs. Selon qu'ils sont dans l'un ou l'autre des rôles, ils alterneront entre des pratiques qui sont le plus souvent paradoxales (en tout cas, vécues comme telles). Ainsi, on peut opérer une catégorisation des différentes actions managériales inhérentes à l'AP en fonction de ces deux rôles en suivant les deux structurations sous-jacentes principales (logique de résultat, logique de métier) :

© Éditions d'Organisation

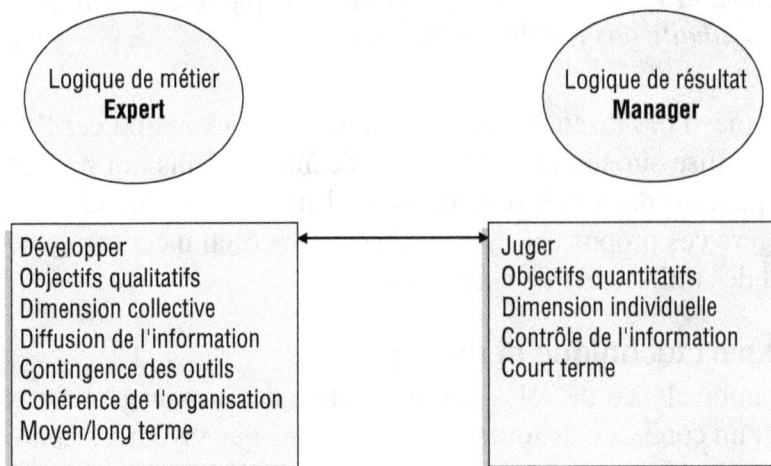

Cohérence de l'organisation et contingence

Autre injonction paradoxale et non des moindres : la direction, les fonctionnels RH attendent des appréciateurs qu'ils fondent leur appréciation sur des éléments extrêmement contextualisés, précis, le plus adaptés possibles au terrain (nature de l'activité, composition socio-culturelle des groupes...) et, dans un même temps, ils imposent aux appréciateurs un cadre (plus ou moins rigide) qui doit permettre d'assurer une cohérence pour l'ensemble de l'organisation.

Face à cela, les managers se retrouvent dans un cadre contraint dans lequel on leur demande d'innover. « *On n'a aucune marge de manœuvre et en même temps il faudrait que tous les outils collent à la réalité de terrain.* » Pour gérer ce paradoxe, l'attitude des appréciateurs est encore une fois triple. Il y a d'abord, ceux qui utilisent le cadre fixé sans tenter de l'adapter et qui, de ce fait, restent dans des logiques quantitatives. Il y a ensuite ceux qui tentent des ajustements. Il y a enfin ceux qui, essentiellement parce qu'ils se considèrent comme des techniciens et

© Éditions d'Organisation

refusent de se voir comme des managers, ne choisissent aucune des deux positions et se désengagent de leur rôle managérial.

Gestion à long terme et gestion à court terme

Ce paradoxe se manifeste chez PUBLISERV aux deux endroits liés à l'appréciation : l'efficacité du système de gestion et l'efficience des salariés. En ce qui concerne le lien entre appréciation et système de gestion, on assiste à deux paradoxes :

Premièrement, la cohérence du dispositif d'appréciation avec les autres logiques de gestion des ressources humaines fait que l'appréciation s'inscrit dans le développement des salariés sur le moyen et long terme (investissement formation, plan de carrière...). Or ces perspectives de développement des salariés ne correspondent pas forcément aux besoins de l'entreprise, besoins qui sont en permanence réévalués en fonction des pressions environnementales. Avec l'ouverture des marchés à la concurrence, la nécessité de se positionner sur de nouveaux marchés à l'international, on a d'un côté ce que les appréciateurs projettent pour les salariés et, de l'autre, la compétitivité incertaine de l'entreprise sur le moyen et long terme.

Deuxièmement, l'appréciation porte sur les résultats de l'année par rapport aux objectifs fixés l'année n − 1. Or, en fonction des pressions environnementales (concurrence, positionnement sur un nouveau marché...) et des changements internes (réorganisations, passage aux 35 h...) ces objectifs peuvent évoluer, être modifiés en cours d'année. Or, la rationalisation des processus d'appréciation et la lourdeur de leur gestion ne facilitent pas les modification en cours d'année. D'ailleurs, la procédure ne prévoit pas d'ajustement en cours d'année (que ce soit sur les objectifs quantitatifs ou qualitatifs).

En ce qui concerne l'efficience des salariés, les logiques court terme / long terme se heurtent essentiellement dans les objectifs assignés aux salariés. En effet, les salariés sont pour la

© Éditions d'Organisation

plupart très sensibilisés à la portée de leur travail sur le moyen et le long terme. Or les objectifs essentiellement quantitatifs qui leur sont assignés relèvent le plus souvent d'une logique à court terme. Dans les faits, les salariés appréciés regrettent de ne pas avoir suffisamment de temps, de disponibilité pour réaliser « des activités à haut rendement » ne se manifestant pas directement dans les résultats immédiats, mais qui peuvent produire des effets positifs à moyen et long terme. L'équilibre est difficile à trouver dans le management des hommes entre contrôle d'activité et autonomie des salariés. Or, on sait que les zones d'incertitude laissées aux salariés favorisent les comportement d'adaptation et d'innovation face à de nouvelles situations. L'AP qui rationalise l'activité des salariés à court terme peut nuire à des ajustements à moyen et long terme. Les périodes à venir nécessiteront toujours plus d'innovation et d'adaptation par rapport à un environnement organisationnel mouvant.

Nombre d'appréciateurs voient dans l'AP une sorte de « choc » entre deux temporalités : la logique du moyen et long terme induite par l'appréciation et la logique du court terme inhérent à la plupart des fonctionnements organisationnels.

Les paradoxes que nous venons de voir trouvent leur sens dans les différents principes de justification, les différents « mondes »[1] et les diverses stratégies que nous avons tentés de mettre à jour. Pour certaines, ces justifications sont consubstantielles à l'organisation (elles font partie des logiques en tension dans l'organisation), pour d'autres, en revanche, il incombe aux managers qui s'en plaignent de remettre du lien, du sens, de la cohérence là où, initialement (dans le choc du discours de leurs N+1 et des réalités de terrain) il n'y en a pas forcément. Car le rôle du management de proximité réside essentiellement dans la traduction des objectifs le plus souvent strictement quantitatifs en plans d'actions concrets,

---

1. Selon l'approche développée par les Conventionnalistes comme Boltanski et Thévenot (1991)

© Éditions d'Organisation

jalonnés dans le temps. A cet égard on peut se poser la question : dans quelle mesure les managers de proximité sont-ils victimes et/ou acteurs du management dit *paradoxal ? Les paradoxes que les appréciateurs ne parviennent pas à résoudre sont en fait, ce que la direction et les fonctionnels des ressources humaines attendent précisément d'eux : remettre du sens, du lien, de la cohérence dans les tensions de l'organisation auprès des salariés.*

Quoi qu'il en soit, malgré les nombreux points de difficultés évoqués ci-dessus, l'entreprise PUBLISERV continue à mettre en œuvre le processus AP. Pourquoi ? Essentiellement pour initier la dynamique mission/appréciation/reconnaissance qui a prévalu à la décision d'implantation de ce processus dans l'entreprise. Car, au-delà des effets immédiats, c'est la dynamique que l'on parvient à instaurer qui est importante.

© Éditions d'Organisation

3.2 L'appréciation du personnel chez PETRO

L'ENTREPRISE

Structure juridique
Filiale française possédée à 100 % par un groupe américain

Secteur d'activité
Pétrochimie

Clients
Industries de transformation du caoutchouc et du plastique (Michelin, ...) dans le monde entier.

Effectif
1000 personnes

LE SYSTÈME D'APPRÉCIATION

Caractéristiques générales

Appréciation qui fonctionne depuis 1968 (date de création de l'entreprise)
Appréciation de l'ensemble du personnel dans tous les métiers et à tous les niveaux hiérarchiques

Objectifs

Individualiser les rémunérations
Motiver
Gérer les évolutions professionnelles

Fonctionnement

La note attribuée par le N au N+1 à la fin de l'entretien est revue par le N+2 puis communiquée au service RH.
Lors des négociations salariales annuelles, un taux d'augmentation salariale est négocié pour chacune des 4 notes de l'appréciation.
La note attribuée lors de l'entretien détermine donc l'importance de l'augmentation salariale annuelle.
Elle fait aussi partie des critères utilisés pour attribuer les promotions.

© Éditions d'Organisation

L'entreprise étudiée dans ce cas est une grande entreprise (plus de 1000 salariés), filiale française d'un grand groupe pétrochimique américain. L'analyse du fonctionnement de l'AP dans cette entreprise est particulièrement instructive parce que l'appréciation individuelle du personnel fait depuis toujours partie de la culture de l'entreprise. On a souvent tendance à attribuer les dysfonctionnements de l'AP au fait que sa logique de contractualisation des objectifs et d'individualisation de la performance heurterait les modes traditionnels de la gestion des ressources humaines en France. Les salariés seraient habitués à une gestion plus collective et refuseraient l'AP pour cette raison.

Le cas de cette entreprise ne nie pas cette réalité, mais il montre qu'un changement d'habitude (accepter d'individualiser et de contractualiser les relations hiérarchiques) ne saurait suffire pour faire disparaître l'ensemble des dysfonctionnements de l'AP. Nous sommes même tentés d'aller plus loin en disant, sur la base de ce cas, qu'attribuer les dysfonctionnements de l'AP à des raisons culturelles est un moyen pratique mais un peu rapide, pour la DRH et la direction, de se « dédouaner » de leurs responsabilités dans le mauvais fonctionnement de l'AP.

Le raisonnement, souvent rencontré, selon lequel l'AP ne fonctionne pas bien parce que les N+1 ne savent pas manager nous paraît appartenir à la même catégorie des justifications hâtives. Lorsque le DRH de cette entreprise nous affirme : « *Un quart environ des N+1 managent réellement leurs collaborateurs* », comment oriente-t-il son action en fonction de cette réalité ? Malheureusement, il nous semble proche de penser que « *les gens sont ce qu'ils sont, on ne peut pas y faire grand-chose* » comme nous l'a susurré un cadre. N'est-ce pas une manière de fuir ses responsabilités ? Le DRH est justement là pour inventer les moyen d'impulser le changement dans l'entreprise. Si lui aussi cède au fatalisme, s'il estime que la seule solution serait de remplacer ces N+1 qui ne savent pas manager par des N+1 plus

UNE AP ACCEPTÉE DANS SON PRINCIPE, MAIS CRITIQUÉE DANS SA MISE EN ŒUVRE.

© Éditions d'Organisation

jeunes, moins techniciens, plus managers ..., qui va proposer une solution concrète pour que l'AP fonctionne mieux ?

Pour des raisons aussi bien sociales, qu'économiques, techniques ou organisationnelles, la direction ne peut se livrer à ce remplacement radical. La problématique de départ est d'analyser les dysfonctionnements de l'AP pour comprendre comment on peut les résoudre *en gardant le personnel actuellement salarié dans l'entreprise*. Le plus souvent, en effet, les entreprises sont mises en demeure d'améliorer l'AP en utilisant les ressources actuellement disponibles. Les leçons tirées de ce cas pourront donc être, en grande partie, généralisables.

Première période : une utilisation sereine de l'AP lorsqu'elle est dénuée d'enjeux

L'entreprise étudiée a été créée en 1968. Depuis l'origine, la direction a estimé, sous l'influence américaine, qu'il était indispensable d'utiliser un outil d'appréciation de la performance individuelle. Alors que l'AP va mettre beaucoup de temps à se mettre en place en France, en particulier pour les employés et les ouvriers, elle est présente depuis le tout début des années soixante-dix dans cette entreprise.

La longue histoire de cet outil est, comme dans la plupart des entreprises qui l'utilisent, jalonnée de multiples évolutions dans la technique utilisée. Ces évolutions parlent d'elles-mêmes. Elles sont révélatrices des nouveaux objectifs donnés au système (on change la technique pour atteindre ces nouveaux objectifs), des problèmes rencontrés (on change la technique parce qu'il y a des blocages dans le système), des solutions partielles trouvées mais aussi de nouveaux problèmes créés...

Les trente ans d'existence de cet outil débutent par une bonne vingtaine d'année de stabilité : on ne touche ni au fonctionnement ni à la technique de l'outil. Jusqu'au milieu des années quatre-vingt, il n'existe pas réellement de problème autour du fonctionnement de l'AP dans cette entreprise. Mais cette quiétude est, en

© Éditions d'Organisation

fait, trompeuse. Les caractéristiques de la situation économique pendant cette période ainsi que des effets bien spécifiques du premier paradoxe identifié dans notre grille d'analyse présentée ci-dessus (juger *et* développer) permettent d'avancer l'idée que cette quiétude cache en fait un désintérêt quasi général pour ce système ainsi que le choix, par les N+1, d'une position de pur développeur.

L'AP NE POSAIT PAS DE PROBLÈME TANT QUE LES SOLUTIONS PROFESSIONNELLES ÉTAIENT NOMBREUSES ET LES AUGMENTATIONS DE SALAIRES GÉNÉREUSES.

Cette période est, en effet, caractérisée par des augmentations salariales importantes, fréquentes (tous les trimestres environ dans cette entreprise) et collectives. Avec une inflation au moins égale à 10 %, la direction était en mesure de distribuer à tout le monde sans discrimination des augmentations salariales générales conséquentes. La question de l'individualisation de ces augmentations ne se posait pas réellement car les perspectives de promotions et de carrières étaient telles qu'elles soutenaient sans trop de difficulté la motivation des meilleurs salariés. L'AP fonctionnait sans problème parce que cet outil était dépourvu d'enjeux conflictuels et quasiment sans lien direct avec la gestion du personnel. Pendant ces vingt années, cet outil était donc plutôt, aux yeux des salariés français, une bizarrerie directement importée des États-Unis et dont ils ne voyaient pas l'intérêt. Cette quiétude va très rapidement disparaître dès que cet outil sera réellement utile et utilisé, c'est-à-dire dès qu'il sera investi d'enjeux réels.

Mais le rappel des conditions économiques et sociales des années soixante-dix ne suffit pas pour élucider les raisons pour lesquelles cette utilisation se passait aussi bien avant le milieu des années quatre-vingt et pourquoi elle est aussi délicate depuis. Pour cela, il faut analyser le rôle que joue le paradoxe *juger et développer* dans l'un et l'autre mode d'utilisation. En effet, les appréciations se passaient particulièrement bien parce que les hiérarchies avaient fait le choix, incitées en cela par le direction et la direction du personnel (qui ne s'appelait pas encore DRH), d'être de purs

© Éditions d'Organisation

développeurs et aucunement des juges. Plus concrètement, lorsqu'une hiérarchie estimait qu'un des membres de son équipe méritait d'être promu, elle remplissait avec lui le formulaire de l'AP. L'entretien avait donc bien lieu, mais le système était plutôt utilisé comme un moyen pour signaler à la direction du personnel qu'il existait dans cette équipe un élément motivé, dont les souhaits sont communiqués par le biais de l'AP et qu'il conviendrait de promouvoir.

L'AP fonctionne ici comme un outil de communication. Elle ne contient aucun enjeu conflictuel et le N+1 est dans une position simple de développeur qui favorise la promotion d'un individu dont il pense qu'il la mérite. Il n'y a pas dans ce cas de réelle évaluation de la qualité du travail passé.

On peut être tenté, étant donné le bon fonctionnement de l'AP dans ce cadre (on ne fait des entretiens qu'avec le personnel à potentiel), de tirer la conclusion que l'AP est un outil à réserver à ce type de population. Si l'on adopte ce point de vue, l'AP devient donc un outil intéressant pour signaler, sur des bases concrètes et objectives, le potentiel des individus. Elle se contenterait alors d'évaluer les potentiels sans porter de jugement sur les performances ou les résultats.

Cette interprétation nous semble avoir un fond de vérité. D'ailleurs l'entreprise étudiée suit cette logique puisque l'AP est actuellement utilisée de manière plus rapprochée (tous les six mois ou tous les trimestres) pour les personnes à potentiel car cela permet de mesurer plus précisément les progrès réalisés et d'informer en permanence la DRH sur les caractéristiques et les souhaits de son personnel à potentiel. Ce mode d'utilisation de l'AP peut donc correspondre aux prémices d'une politique de gestion des potentiels qu'il convient, sans doute, dans un second temps, de mieux construire.

Si cette utilisation est envisageable, en revanche, il paraît strictement impossible d'utiliser, aujourd'hui, l'AP comme cette entreprise l'utilisait pendant les années soixante-dix. En effet,

© Éditions d'Organisation

la quiétude qui régnait alors dans l'utilisation de ce système ne reposait pas tant sur le fait qu'on réservait l'entretien aux personnes à potentiel, mais plus sur le fait qu'il existait des opportunités de promotion. Finalement, la hiérarchie et les individus arrivaient d'autant mieux à se mettre d'accord que la première pouvait proposer de réels développements aux seconds. La structure organisationnelle (lignes hiérarchiques longues) et la croissance économique (ouverture de nouvelles unités de production aussi bien en interne qu'en externe) faisaient qu'il existait des possibilités de discussion et de récompense lorsqu'un N+1 et un salarié se mettaient autour d'une table pour utiliser l'AP. Pour le dire autrement, les N+1 avaient, à cette époque, fait le choix d'être de purs développeurs de leur équipe, parce que c'était possible, parce qu'ils avaient de réels développements à proposer. Du côté de l'offre de promotion, il existait donc des marges de manœuvre.

Cette situation confortable était encore renforcée par le fait que, du côté de la demande (les attentes des salariés), la pression n'était pas aussi forte qu'actuellement. Cette entreprise a toujours embauché des salariés fortement diplômés parce que sa technologie l'impose, mais le niveau des exigences a régulièrement progressé au cours de ces dernières années. Suivant en cela la croissance de l'offre – il y a de plus en plus de diplômés sur le marché du travail – cette entreprise est passée d'un recrutement de niveau CAP à un recrutement de niveau BTS. Les attentes des salariés en termes de progression de carrière s'en sont trouvées décuplées.

Les uns comme les autres débutent au coefficient 170 mais un titulaire du CAP embauché au début des années soixante-dix passait, au moins, trente ans au second coefficient de la filière de carrière en fabrication (185) alors que les BTS ne connaîtront le coefficient 170 que pendant le temps de leur apprentissage et ne resteront au coefficient 185 que jusqu'au premier anniversaire de leur embauche. D'individus qui restaient trente ans avec le même coefficient, on est donc passé à des

© Éditions d'Organisation

individus qui n'y restent qu'un an ! L'explosion de la demande de promotion est ici criante.

Cette rapidité du passage des BTS au coefficient 185 est imposée par la convention collective du pétrole qui régit cette entreprise, mais il se trouve peu de DRH qui oseraient laisser beaucoup plus longtemps ces diplômés à un niveau très faible de coefficient. Il s'agit là, en effet, d'individus à potentiel. Ne pas leur donner rapidement, en début de carrière, des promotions et des augmentations de salaire conséquentes est le moyen le plus sûr de les démotiver s'ils restent dans l'entreprise ou de les amener à démissionner [1].

LE RECRUTEMENT DE SURDIPLÔMÉS CONFRONTÉS À DES POSSIBILITÉS D'ÉVOLUTION LIMITÉES, FRAGILISE LE PROCESSUS D'AP.

La quiétude que donne l'utilisation de l'AP pour les seuls cas des personnes à potentiel n'est donc possible que dans le cas où l'offre est forte (on a beaucoup de promotions à proposer aux individus) et la demande modérée (tous les salariés ne demandent pas à se développer en même temps et jusqu'au même niveau). Or, depuis le milieu des années quatre-vingt, cette situation doublement favorable n'existe plus dans la majorité des entreprises. Faire de la hiérarchie des purs développeurs n'est donc plus une option possible pour obtenir une utilisation sans problème de l'AP.

---

1. Pour nous, il conviendrait sans doute de mener une réflexion sur la pertinence d'une embauche à un tel niveau de diplôme pour des emplois en fabrication. Embaucher à ce niveau permet d'avoir l'assurance que les salariés pourront s'adapter rapidement en cas d'évolution de la technologie, mais c'est aussi l'assurance d'avoir d'importantes demandes de promotions. Ce type d'embauche n'est donc possible que si l'entreprise est en mesure de proposer des développements individuels et une gestion réellement dynamique des carrières. Or ce n'est ni toujours le cas ni toujours possible. L'entreprise étudiée est incapable de répondre positivement à des demandes de promotion fortes. Dans ce cas, ne faut-il pas envisager de revoir à la baisse le niveau de diplôme exigé à l'embauche afin d'avoir un niveau d'adaptation et d'apprentissage suffisant, mais surtout des demandes de promotion plus faibles ?

© Éditions d'Organisation

Deuxième période : l'AP comme outil de l'individualisation

La seconde étape dans la vie de ce système débute donc au milieu des années quatre-vingt. L'entreprise initie une politique d'individualisation des rémunérations. Avec la politique de rigueur menée par le gouvernement et la baisse de l'inflation, les augmentations salariales sont moins larges et moins fréquentes. Du coup, la direction cherche des critères pour répartir équitablement une masse salariale moins importante qu'auparavant. L'AP est l'outil privilégié de cette politique. Comme ce système est censé mesurer la performance individuelle, il est logique que la note donnée constitue le critère déterminant le pourcentage d'augmentation « au mérite ».

Dès cet instant, l'objectif de l'AP dans cette entreprise change complètement. Alors qu'auparavant, elle était utilisée en vue de développer les plus performants, désormais, elle vise surtout à justifier des augmentations salariales différenciées. Cet outil se charge alors d'enjeux forts : le salaire et son évolution. Ce changement d'objectif produit ses premiers effets : on voit apparaître les premiers formulaire d'AP non cosignés par les salariés. Alors qu'auparavant, ces formulaires étaient systématiquement cosignés par les trois parties (N, N+1 et N+2) qui signifiaient ainsi leur accord, les formulaires non cosignés par les salariés montrent que des tensions apparaissent entre N et N+1. Les critères utilisés pour juger de la performance annuelle n'apparaissent donc plus comme réellement équitables.

C'est ici qu'intervient la première modification technique. La première analyse fut que les salariés ne cosignaient pas parce qu'ils estimaient que la note donnée par les N+1 n'était pas équitable. On a pensé que le N+1 n'ayant que trois critères (autonomie, quantité et qualité du travail) pour juger un travail, il ne pouvait le faire d'une façon précise, il ne pouvait tenir compte de toutes les spécificités du travail d'un individu. D'où les désaccords et les formulaires non cosignés. Ainsi, un salarié nous déclarait : « *Franchement, je ne vois pas comment*

© Éditions d'Organisation

trois indicateurs peuvent rendre compte de 220 jours d'efforts, de réussites, de problèmes ou d'échecs. »

De trois critères, l'entreprise est alors passée à douze (communication, relationnel, etc.) afin d'élargir le nombre des dimensions jugées pendant l'entretien annuel (voir annexe 2). Toujours avec l'objectif d'affiner le jugement du N+1 et de permettre des comparaisons plus faciles, l'entreprise a abandonné l'appréciation écrite et générale sur les trois critères pour passer à une notation plus mathématique. Quatre notes sont possibles pour évaluer chaque dimension (+, =, -, --). La note + signifie que cette dimension du travail est parfaitement maîtrisée, = signifie que la maîtrise correspond au minimum exigé, – signifie qu'il y a du relâchement et une démotivation par rapport à cette dimension du travail, enfin, -- est une note qui signale un manque grave dans un domaine donné.

OUTIL D'INDIVIDUALISATION DE LA GRH, L'AP EST DEVENUE UN ENJEU : ELLE A ÉVOLUÉ, MAIS RESTE CRITIQUÉE.

Avec, d'une part 12 dimensions au lieu de 3 et, d'autre part, une notation à 4 niveaux au lieu d'un avis qualitatif, la direction pensait disposer d'une matrice (4 x 12) suffisamment étendue pour arriver à un affinement du jugement des N+1. Ce système devait permettre de trouver un terrain d'accord entre les managers et les membres de leur équipe. Malheureusement, il n'en fut rien. Le changement apporté dans la technique de l'évaluation n'eut pas l'effet escompté. Le nombre de formulaires non cosignés par les salariés a peu diminué à la suite de cette innovation.

Mais il n'y eut pas réellement d'analyse de cet échec dans l'entreprise. Celle-ci aurait été porteuse d'avancées intéressantes puisque, comme nous l'apprend la grille d'analyse construite dans le chapitre précédent, les dysfonctionnements apparus dans l'utilisation de l'AP sont vraisemblablement liés à la déstabilisation du binôme N/N+1 que produit la tension *juger et développer*. Avant le milieu des années quatre-vingt,

© Éditions d'Organisation

le N+1 était un pur développeur ». Avec l'individualisation des salaires, la direction lui demande d'être beaucoup plus *juge*, puisqu'il faut différencier les performances pour différencier les salaires. Il est même très vraisemblable que les N+1, déstabilisés par ce paradoxe, soient passés d'un extrême à l'autre sans transition et soient devenus de purs juges.

L'analyse de cet échec de l'évolution dans la technique du système aurait donc permis de voir que ce n'est pas tant la technique utilisée que la tension réelle juger et développer – contenue dans l'outil – qui est responsable des dysfonctionnements de l'AP.

Cependant il existe aussi d'autres clignotants qui n'ont pas été analysés par la direction. Les formulaires non cosignés sont effectivement un premier symptôme, mais surtout, il fallait s'interroger sur le faible nombre de formulaires qui remontent à la DRH. En effet, malgré les demandes répétées de la DRH, le taux de retour de ces formulaires est resté très faible (environ 10 %). Alors que les augmentations salariales sont censées être déterminées par la note donnée lors de l'entretien annuel, dans les faits, 90 % d'entre elles sont fixées sans référence réelle à cette note puisque les entretiens n'ont pas été réalisés ! Cette inversion de la chronologie a un effet destructeur sur la crédibilité du système car les notes ne sont plus considérées comme équitables. Elles sont données, comme les augmentations salariales « à la tête du client », selon le bon vouloir du N+2.

De plus, il faut s'interroger sur la faiblesse du taux de retour des formulaires. Celle-ci montre clairement que la généralisation du système – les entretiens se font avec l'ensemble du personnel et plus seulement avec les individus à potentiel – pose problème.

Premier problème : cela demande plus de temps. La DRH, par exemple, nous semble sous-estimer largement le temps réellement nécessaire pour préparer et réaliser les entretiens

© Éditions d'Organisation

d'appréciation annuelle dans une organisation où les équipes sont de plus en plus larges.

Second problème : c'est un exercice difficile car il est plus délicat d'avoir un entretien en vue de différencier la performance de deux individus qu'en vue de proposer un développement à un individu, comme cela a été le cas jusqu'au milieu des années quatre-vingt.

Troisième problème : comme nous le montre notre grille d'analyse en termes de tension, on peut penser que la faiblesse du taux de retour des formulaires d'AP en est la conséquence logique si cette tension n'est ni repérée ni gérée. En particulier, ce dysfonctionnement de l'AP est directement lié aux paradoxes *informer et garder son pouvoir hiérarchique* et *technicien et manager*. Cette nouvelle insistance de la DRH sur la nécessité d'utiliser ce système pose donc problème.

Mais dans cette entreprise l'analyse n'a pas été faite. On a préféré imposer un pourcentage d'entretiens obligatoires parce que le top management pensait que ce problème était lié au fait que les N+1 faisaient preuve de mauvaise volonté, qu'ils n'avaient pas le courage de taper du poing sur la table, bref, qu'ils n'osaient pas « *dire leurs quatre vérités à leurs collaborateurs* ».

POUR OU CONTRE DES OBJECTIFS CHIFFRÉS DE RÉALISATION DES ENTRETIENS ?

Cet argument utilisé pour expliquer les blocages rencontrés par l'AP nécessite d'être discuté point par point, mais avant cela il nous paraît indispensable de revenir sur les effets, pervers ou positifs, induits par les pourcentages imposés. La DRH ne se contente plus de demander à tous les N+1 de réaliser des entretiens d'appréciation avec leurs collaborateurs, elle leur impose d'en réaliser avec tous et dans un temps imparti relativement court (deux mois). Un moment de dialogue avec la hiérarchie, un moment pour faire le point sur les activités passées et pour construire ensemble le futur peut-il être imposé ?

© Éditions d'Organisation

Cette contradiction ne nous semble pas irréductible. Seule une vision angélique et utopique de cet outil peut nous faire considérer que c'est avant tout un moment de dialogue, souhaité par les deux parties, et qu'il suffit de le proposer aux individus pour qu'ils s'en saisissent. Comme nous l'avons précisément montré dans notre seconde partie, la réalité est tout autre. Les embûches présentes sur le chemin de l'AP sont si nombreuses, elles demandent tant d'efforts pour être surmontées, que cet outil ne peut faire sa place de lui-même.

Il convient donc de mettre en place des stimulants. Les meilleurs stimulants sont, de toute évidence, les stimulants positifs. Tous les leviers de la GRH doivent être sollicités dans cet objectif. Le plus évident est la formation. Tout le monde conçoit, en effet, qu'il n'est pas simple de conduire un entretien d'appréciation si on n'y a pas été formé. Pourtant nous avons vu de nombreuses entreprises qui ne prennent pas assez au sérieux cette étape. Il faut dire que les coûts afférents à de telles opérations de formation sont conséquents. Les N+1 sont nombreux, la formation ne peut se faire en une heure. Mais dans ce domaine plus que d'autres, il est nécessaire d'engager des moyens si l'on veut atteindre son but.

L'entreprise étudiée vient de distribuer à l'ensemble des N+1 un fascicule de plus de cinquante pages sur « *Comment conduire l'entretien d'appréciation* ». Le DRH explique très clairement sa démarche : « *Nous avions fait, il y a quatre ou cinq ans une formation spécifique à la conduite de l'entretien d'appréciation. On a pensé qu'il était temps de faire une piqûre de rappel parce qu'on continue à avoir beaucoup de difficultés à voir revenir les feuilles d'appréciation à temps.* » Quant au choix de la méthode utilisée – le support papier et non la formation par jeux de rôles par exemple – son discours laisse entendre que le coût a eu une influence prépondérante dans le choix.

© Éditions d'Organisation

« Il m'est difficile de justifier de très importantes dépenses pour un outil de gestion qui existe depuis très longtemps. On sait que ça ne marche pas parfaitement, mais on a aussi d'autres priorités. On veut que notre personnel apprenne à parler anglais ce qui devient essentiel aujourd'hui. Ça correspond aussi à une forte dépense en formation et je ne peux pas me permettre de multiplier les gros budgets. J'ai des comptes à rendre au siège... »

Cette logique est parfaitement cohérente mais les entretiens réalisés avec les N+1 montrent que cette *piqûre de rappel* parfaitement justifiée s'est transformée en un coup d'épée dans l'eau. Beaucoup d'entre eux nous ont montré avec dédain ce document et l'opinion générale pourrait être résumée par ce responsable de maintenance qui nous disait : *« De toute façon les RH ne nous écoutent pas. Ça fait des années qu'on leur dit qu'on a pas le temps de faire les entretiens (...) Pour tout vous dire, les entretiens, pour moi, c'est le pire moment de l'année. Et vous croyez que c'est avec ce document que ça va être plus facile ? Depuis des années, la paperasse nous a envahis. Je passe plus de temps à remplir des papiers qu'à travailler... »* Dans un contexte difficile – les N+1 voient leur rôle évoluer de celui de technicien vers celui de manager – le choix de cette méthode de formation s'est donc révélé catastrophique. Échaudés par les déboires rencontrés dans l'utilisation de l'AP, les N+1 se sont désintéressés d'un mode de formation qui ne tenait pas compte de leurs attentes et besoins.

Si la formation est un levier important qui doit être actionné de manière adéquate, les autres leviers de la GRH aussi doivent être utilisés et en particulier la politique de rémunération. Dans cette entreprise, les N+1 se sentent nettement plus proches de leurs équipes que du N+2 qui, dans la majorité des cas, est un cadre. Les multiples reproches qui sont adressés aux N+2 (*« On ne les voit jamais »*, *« Ils ne sont là que pour récolter les lauriers. Quand ça se passe mal, tu ne risques pas de les voir... »*, *« De toute manière, ils ne savent même pas ce*

© Éditions d'Organisation

qu'on fait tous les jours. Ce qui les intéresse ce sont les résultats et puis surtout pas de vagues... Ils ont trop peur de se faire mal voir par leur chef ») nous semblent aller au-delà de la simple critique. Les N+1 ont le sentiment de ne pas appartenir au même monde, d'être méprisés par les N+2. Finalement, aux yeux des N+2, ils restent des ouvriers même s'ils ont bien réussi leur carrière puisqu'ils sont responsables d'équipe.

Cette situation ne saurait disparaître du jour au lendemain. Néanmoins la politique salariale peut jouer un rôle dans un renversement des perceptions. Pour l'instant, les N+1 ont des salaires très proches de ceux de leurs collaborateurs. Il serait intéressant de voir si une politique visant à rapprocher le salaire de ces N+1 de ceux des N+2 serait de nature à limiter ces effets de « caste ». N'y a-t-il pas, en effet, un paradoxe à demander à des N+1 de se comporter comme des cadres alors qu'ils sont payés presque comme leurs collaborateurs ?

L'AP doit en principe être reliée également aux évolutions professionnelles. Or, celles-ci sont assez problématiques dans cette entreprise pour les N+1 à qui on demande de réfléchir avec leurs collaborateurs, lors de l'entretien d'appréciation, aux possibilités de carrières que l'on peut leur dégager. Or les N+1, eux-mêmes, n'ont que peu de perspectives de carrière crédibles ! Il est alors assez logique qu'ils aient du mal à convaincre leurs collaborateurs du bien-fondé des projets de développement qu'ils construisent ensemble quand eux-mêmes ne croient même pas à leurs chances de carrière personnelle.

Il convient donc, premièrement, de solliciter tous les stimulants positifs possibles pour faciliter l'utilisation de l'AP. Mais, ensuite, l'obligation de réaliser les entretiens, qui fait partie des stimulants négatifs, a aussi son utilité car il évite les comportements de fuite de la part des N+1 ou des collaborateurs. Hélas ! les rendre obligatoires peut déboucher sur une utilisation purement formelle de l'entretien. Les deux parties évitent d'y aborder les sujets qui fâchent, ils fournissent des

© Éditions d'Organisation

informations qui ne rendent pas compte de la réalité, etc. L'obligation empêche au moins les N+1 de repousser indéfiniment les entretiens. A un moment ou à un autre, ils les réalisent et on constate une amélioration progressive de la qualité des entretiens (effet d'apprentissage).

Notre grille de la gestion des paradoxes nous permet de comprendre ce qui se passe réellement avec l'AP et de pouvoir rassurer les dirigeants de cette entreprise : tous leurs N+1 ne sont pas des couards. Si certains d'entre eux ont effectivement quelques difficultés à passer du rôle de meilleur technicien à celui de manager, la plupart d'entre eux sont très efficaces et de bonne volonté. Il faut simplement leur apprendre à vivre avec les tensions inhérentes au management et à l'AP.

Les paradoxes liés à l'outil

Juger et développer

Tout d'abord, nous l'avons souligné, la tension *juger et développer* permet d'expliquer pourquoi un outil qui fonctionnait bien pendant les années soixante-dix s'est mis à moins bien fonctionner après. Mais cette tension existe toujours et de nombreux entretiens se passent avec difficulté à cause d'elle.

La conséquence que nous avons constatée le plus couramment et, sans doute, la plus dommageable pour le fonctionnement de l'AP, est le *ritualisme* ou le formalisme. Décontenancé par ce paradoxe, le N+1 considère que l'outil est contradictoire donc sans intérêt. C'est ainsi qu'un chef de quart affirme :

« A mon avis, ce système n'apporte pas grand-chose. Je ne dois pas être le seul à le penser, vous n'avez qu'à voir le nombre de personnes qui remplissent la feuille sans même avoir

© Éditions d'Organisation

rencontré leurs subordonnés. Moi, souvent, je fais l'effort de les rencontrer mais, bon, on n'a pas grand-chose à se raconter. »

Le plus souvent, il en informe son collaborateur au cours de l'entretien. Dès lors, le système est complètement décrédibilisé. L'entretien d'appréciation, s'il a lieu, se résume à un remplissage formel des supports destinés à être communiqués à la DRH. Aucune discussion réelle sur la tenue des objectifs ou les souhaits de développement futur ne se tient. La ritualisation de l'AP décrédibilise alors l'ensemble de la politique d'individualisation salariale et toute la GRH.

Lorsque le N+1, pour une raison ou une autre, décide de « jouer le jeu », le paradoxe *juger et développer* produit alors d'autres effets. On s'aperçoit, par exemple, que des N+1 déstabilisés alternent entre les deux positions de juge et de développeur ou sont ambivalents sur leur position. Par exemple, l'un d'entre eux nous a dit :

« Moi, je n'ai jamais bien compris en quoi consistait l'entretien d'appréciation. C'est un peu comme si on nous demandait d'avoir deux têtes. Notre première tête est faite pour sanctionner le travail fait au cours de l'année passée. Là vraiment on cherche à savoir si les objectifs donnés l'année précédente ont été atteints. Éventuellement, on discute pour savoir s'il y a de bonnes raisons pour lesquelles certains objectifs n'auraient pas été atteints. Et puis, quelques minutes après, on devrait prendre sa seconde tête. Là, on oublie tout ce qu'on a dit jusqu'ici et on réfléchit au développement du collaborateur, comment on peut le valoriser, le développer... Moi, je suis désolé mais je n'ai qu'une seule tête alors je suis bien obligé de faire les deux choses en même temps... »

© Éditions d'Organisation

Le rôle du collaborateur est également délicat à tenir. Pensant être face à un N+1 en position de développeur, le collaborateur peut être amené à dire ouvertement ses difficultés et ses faiblesses. Il espère alors que, grâce à ce discours franc, son N+1 lui donnera les moyens de pallier ces manques. Si, à cette occasion, le N+1 adopte une position de juge ou même s'il est ambivalent, c'est-à-dire que tout en aidant le collaborateur à combler ces faiblesses, il utilise ce discours franc pour forger son jugement sur le travail passé de son collaborateur, ce dernier va se sentir floué. Il pensait qu'on allait l'aider or son N+1 utilise la franchise de ce discours pour émettre des doutes sur la qualité du travail réalisé. L'un d'entre eux résumait ce problème en constatant : *« Tu dis ce que tu penses et puis, ça te retombe dessus ! »*

« ÊTRE JUGE ET COACH, C'EST COMME AVOIR DEUX TÊTES : MOI, JE SUIS DÉSOLÉ, JE N'EN AI QU'UNE... »

Cette aventure ne se produit pas deux fois. Lorsque les collaborateurs voient que leur N+1 alterne entre les deux positions ou qu'il est ambivalent, ils se mettent en retrait par rapport à l'AP. L'un d'entre eux affirmait ainsi :

« A partir du moment, où ton chef veut faire un entretien annuel avec toi, il faut bien que tu y ailles. Si tu as quelque chose à demander, tu peux toujours essayer de lui dire à ce moment-là, mais il n'est pas sûr qu'il t'écoute. Mais, si tu n'es pas vraiment intéressé, eh bien ben tu y vas pour lui dire ce qu'il a envie d'entendre. Ça ne mange pas de pain comme on dit et ça lui fait plaisir... »

Ils ne jouent donc pas réellement le jeu de l'AP. L'échec est, dans ce cas, moins grave que dans le cas du ritualisme évoqué ci-dessus. Néanmoins, la situation est préoccupante. En effet, lorsque les collaborateurs sont en retrait par rapport à cet outil, ils ont tendance à avoir des comportements « ostentatoires » dans le travail et dans l'entretien : ils montrent qu'ils savent faire lorsque le N+1 est présent, mais ils ne le font plus forcément quand il est absent. Ou même ils

© Éditions d'Organisation

mentent sur le travail réalisé, tirent la couverture à eux dans le cas des tâches collectives, etc. Ces derniers comportements ne sont possibles que si le N+1 est trop éloigné de son équipe pour connaître réellement les contributions de chacun. Malheureusement, avec le raccourcissement des lignes hiérarchiques et l'élargissement des équipes, cette situation, et donc ces comportements, sont de plus en plus probables.

La dernière attitude repérée chez les N+1 – le choix de l'une ou l'autre position – semble encore moins grave parce qu'elle n'empêche pas forcément le fonctionnement du système. Elle est néanmoins préoccupante car, en fait, elle ampute l'AP. Si le N+1 est pur juge, on retrouve la possibilité du comportement de retrait du salarié (comportement ostentatoire dans le travail, mensonge sur les activités réalisées, etc.). Si le N+1 est pur développeur, le système et le N+1 sont décrédibilisés car, même lorsque le salarié sait que son travail est moyen ou mauvais, son N+1 lui dit, afin de l'encourager, qu'il est bon. De plus, le salarié est lui aussi déresponsabilisé. S'il n'a pu atteindre ses objectifs, c'est peut-être parce que le système, ou quelqu'un l'en a empêché. Il n'y a pas de remise en cause possible puisque le N+1 dit toujours à tous ses collaborateurs qu'ils sont bons.

La liste des conséquences de cette injonction paradoxale sur le comportement du N+1 et de ses collaborateurs montre combien il est important de l'identifier, d'en faire prendre conscience aux N+1 par la formation et de la gérer.

Indicateurs collectifs et indicateurs individuels

Autant la première injonction paradoxale était très présente dans le discours des N+1 et des salariés interviewés, autant celle-ci est, en apparence, moins problématique. Elle semble moins présente, moins handicapante dans les expériences des N+1. Mais, en fait, elle est moins visible parce qu'elle n'est pas strictement exprimée sous cette forme. Elle se cache derrière toutes les critiques que les

© Éditions d'Organisation

uns et les autres font à la technique du système. Lorsqu'un ouvrier nous dit : « *Je ne vois pas comment les douze dimensions choisies permettent d'évaluer la qualité de mon travail* », ou lorsque la responsable d'une équipe de comptables déclare : « *Moi, ce que j'aimerais, c'est pouvoir récompenser l'ensemble de mon équipe collectivement pour la qualité du travail qu'ils effectuent tout au long de l'année. Or, dans ce système qui me demande de différencier la performance de chacun, moi, je ne m'y retrouve pas* », ils subissent directement les effets de ce paradoxe perçu. Ces critiques seraient, en effet, très largement atténuées si l'AP pouvait s'appuyer sur un travail approfondi de traduction des objectifs quantitatifs et collectifs que sont les tableaux gestionnaires utilisés pour gérer chaque service en des objectifs qualitatifs et individualisés ou spécifiés pour des petits groupes. Ce dernier type d'objectifs permettrait une meilleure visualisation et récompense du travail réalisé et donc ferait disparaître les effets néfastes de cette injonction paradoxale.

Les paradoxes liés au management Alors que nous venons de voir les conséquences concrètes des deux premiers paradoxes (juge/coach, indicateurs quantitatifs-collectifs *versus* indicateurs qualitatifs-personnalisés), ceux-ci ne sont que peu déstabilisants par rapport à ceux que nous avons identifiés dans le domaine du management. Le premier a trait à la *diffusion de l'information* dans les équipes et le second au *mode de relation hiérarchique* qu'il convient de développer. Ces deux derniers remettent profondément en cause le fonctionnement actuel de l'entreprise et leurs effets pervers sont très importants.

Informer et garder son pouvoir hiérarchique

L'AP est un outil paradoxal parce qu'il demande au N+1 de parler d'égal à égal avec ses collaborateurs, c'est-à-dire, en particulier, de les tenir informés aussi précisément qu'il l'est lui-même sur le fonctionnement, sur la stratégie et les perspectives à long terme de l'entreprise. Or, cet outil oublie que

© Éditions d'Organisation

l'information est le cœur de la légitimité du pouvoir hiérarchique. La technique a été longtemps prépondérante. Elle reste importante pour asseoir une autorité hiérarchique (en particulier en France) mais, au moins dans cette entreprise, elle n'est plus le seul pilier de l'autorité hiérarchique. De plus en plus, au-delà du savoir technique, les connaissances et l'information jouent un rôle fondamental dans la distinction entre les collaborateurs et les N+1. Finalement, on est un responsable légitime parce qu'il y a des choses que l'on sait, aussi bien sur le plan technique qu'économique ou stratégique, que nos collaborateurs ignorent.

Or l'AP prétend vouloir modifier cet édifice déjà fragile. Sur ce thème, les expériences difficiles voire traumatisantes sont légions. Presque tous les N+1 racontent des expériences similaires à celle de ce responsable de maintenance :

« Pour nous, je trouve que ce n'est pas très facile de savoir ce qu'on doit dire et ce qu'on doit garder pour nous. Ça m'est arrivé plusieurs fois de ne pas diffuser une information au prétexte qu'elle était confidentielle et de m'apercevoir que les gars avaient quand même eu l'information par ailleurs, par les bruits de couloir. Ça veut dire que quelqu'un d'autre, quelque part dans l'entreprise a parlé. Du coup, c'est difficile de rester crédible vis-à-vis de son équipe, quand des trucs comme ça arrivent... L'information, c'est vraiment un problème. En fait, on nous demande d'être des filtres, il ne faut pas qu'on diffuse les informations sensibles, mais personne ne nous a jamais dit ce qu'était une information sensible. »

Les N+1 ont donc acquis un rôle de plus en plus important dans le filtrage et la diffusion des informations descendantes ou montantes, mais ils se sentent démunis face à une gestion de l'information qui peut remettre en cause leur rôle hiérarchique. En particulier, nous avons pu constater que cette question de l'information introduisait une certaine méfiance dans la relation hiérarchique. Ainsi, un responsable de l'atelier nous a dit : *« Le*

© Éditions d'Organisation

problème avec cette question de l'information, c'est que notre équipe a tendance à nous faire moins confiance. Lorsqu'on leur dit : "Je ne sais pas, je n'ai pas cette information", ils comprennent : " J'ai l'information, mais je ne veux pas vous la donner." Du coup, vous devez vous justifier en permanence, on pense toujours que vous cachez quelque chose. »

Du côté des salariés, les critiques pleuvent sur « *les chefs qui retiennent l'information, même quand elle nous concerne directement* » qui «*nous font croire qu'ils ne savent rien alors qu'ils sont au courant depuis longtemps*» ou qui «*disent qu'ils ne peuvent rien faire car tout est imposé d'en haut alors que souvent on s'aperçoit que ce sont bien eux qui ont décidé les choses qui se passent dans l'équipe.* » Bref, l'information est devenue, dans cette entreprise au moins, un des fondements de la relation hiérarchique et l'AP bouscule cette autorité puisqu'elle demande un dialogue et une diffusion large de l'information. Cette injonction « paradoxale » est une cause importante des dysfonctionnements de l'AP.

Expert technique et manager

Cette question de l'information rejaillit sur le thème plus général de la relation hiérarchique. Le DRH de l'entreprise étudiée est conscient du fait que l'AP ne peut fonctionner que si elle peut s'appuyer sur un nouveau type de relation hiérarchique.

« Il est sûr que l'appréciation ne se passera bien que lorsque les N+1 seront devenus de vrais managers. Jusque là, il ne pourront voir dans cet outil qu'une contrainte. C'est pareil pour l'outil « Déclic[1] ». On vient de le mettre en place. Il est destiné à faciliter le dialogue entre le N+1 et son équipe. Il est pratique et simple mais tant que les N+1 ne manageront pas vraiment leur équipe, ils ne verront pas l'utilité de cet outil.

---

1. « Déclic » est un outil simple qui aide le responsable hiérarchique à identifier, avec son équipe, les points faibles dans le fonctionnement de l'équipe et propose des solutions concrètes pour y remédier.

© Éditions d'Organisation

Ils continueront de le subir alors que notre objectif est de les aider à dialoguer. »

Pourtant, ce même DRH, lorsqu'il constate qu'il y a trop de dysfonctionnements de l'AP, s'empresse de modifier les aspects techniques du système. Ainsi, l'entreprise est passée, par exemple, d'une appréciation qualitative générale à une notation alphanumérique à 4 niveaux. Le responsable concerné ne fait pas le lien avec le type de relation hiérarchique qui existe entre les N+1 et leurs collaborateurs dans son entreprise. Il sait que les N+1 sont plus portés sur la technique que sur le dialogue, il sait aussi que ce n'est pas le type de relation hiérarchique dont a besoin l'AP pour fonctionner et pourtant il ne fait que très rarement le lien entre cette réalité et les problèmes qu'il rencontre dans la mise en œuvre de ce système.

L'AP NÉCESSITE UN MANAGEMENT DE PROXIMITÉ COHÉRENT AVEC SA PRATIQUE (FOND ET FORME).

De l'extérieur, on se rend vite compte du fait que plutôt que de s'occuper de la technique de l'AP, du dispositif formel, il serait plus avisé de réfléchir aux moyens à utiliser pour faire évoluer cette relation hiérarchique. On peut sûrement pronostiquer que le changement dans la technique ne résoudra aucun problème puisque ce n'est pas là que se situe le problème le plus crucial. Finalement, quel que soit l'outil utilisé, l'entretien annuel ne peut être que ritualisé si, pendant le reste de l'année, la relation hiérarchique est basée sur des ordres donnés et si le N+1 et ses collaborateurs n'ont aucune habitude du dialogue.

L'AP peut avoir pour ambition de promouvoir cette pratique du dialogue mais elle ne peut survivre si elle reste le seul îlot de « dialogue » dans l'ensemble de l'année. Elle peut, éventuellement, impulser cette pratique mais si celle-ci n'est pas rapidement relayée par une diffusion générale dans le management quotidien tout au long de l'année, l'AP va perdre son pouvoir dynamisant.

© Éditions d'Organisation

Finalement donc, une des grandes causes des dysfonctionnement de l'AP peut être trouvée dans le fait qu'elle suppose, pour fonctionner, l'existence d'un nouveau type de relation hiérarchique. Tant que celle-ci n'existe pas, au moins à l'état embryonnaire, dans l'entreprise considérée, la réflexion pour l'amélioration de l'AP doit porter sur ce sujet et pas sur la technique utilisée dans ce système. Comme ce nouveau management est minoritaire, voire totalement absent, les N+1 ont tendance à penser qu'il est impossible à mettre en œuvre alors qu'il n'en n'est rien.

Les paradoxes liés au contexte de l'outil

Avant de pouvoir présenter les conséquences concrètes de ce dernier type de paradoxes, il nous faut avancer un peu plus dans l'histoire de l'entreprise. Nous avons vu que l'AP s'était chargée d'enjeux plus forts autour de la rémunération et de la carrière lorsqu'a été mis en place l'individualisation des salaires dans cette entreprise. Une nouvelle étape a été franchie, il y a quelques années, lorsque les augmentations salariales annuelles ont été hiérarchisées en fonction de la note obtenue lors de l'entretien d'appréciation. Auparavant, la négociation salariale annuelle débouchait sur un taux d'augmentation salariale spécifique à chaque population de salariés (ouvriers et employés, agents de maîtrise, cadres). Depuis 1993, la catégorie des « ouvriers et employés » a quatre taux différents en fonction de la note obtenue à l'appréciation (*besoins dépassés, besoins largement atteints, besoins atteints, besoins non atteints*).

Ce lien plus étroit établi entre le résultat de l'appréciation et la politique de rémunération pouvait, au départ, être vu comme une avancée vers une GRH plus intégrée, où les différentes politiques RH seraient plus articulées. Mais ce lien très mécaniste entre la note de l'évaluation et le pourcentage d'augmentation a occasionné une recrudescence des critiques adressées

© Éditions d'Organisation

au système (cf. la tension *indicateurs quantitatifs et collectifs* et *indicateurs qualitatifs et individuels*). Il a rendu encore plus dommageables les conséquences incontrôlées des autres paradoxes (cf. *juger et développer*). Surtout, ce lien va, dans cette entreprise, à cause de tension court terme et long terme, avoir des effets pervers graves.

Court terme et long terme

Le lien strict entre appréciation et rémunération a été perverti à cause des nécessités de la gestion à court terme. Alors que normalement l'appréciation devait déboucher sur une note ainsi qu'une prévision de développement pour chacun des salariés, le développement est négligé et la note est dévoyée. Le développement de l'individu n'est possible et crédible que si l'on peut développer une gestion à moyen ou long terme, mais cette entreprise est, actuellement, obnubilée par la gestion à court terme.

> LE DÉVELOPPEMENT DE L'INDIVIDU N'EST POSSIBLE ET CRÉDIBLE QUE SI L'ON PEUT DÉVELOPPER UNE GESTION À MOYEN OU LONG TERME.

Plus grave encore, alors que ce devait être la note qui devait permettre le taux d'augmentation salariale, on est peu à peu passé à un système où les notes sont prédéterminées avant l'entretien. L'explication de ce retournement est simple. La note est fixée à l'avance parce que le N+1 s'est vu allouer un budget d'augmentation salariale qui lui enlève toute latitude quant à la détermination de la note d'appréciation. Pour respecter l'enveloppe d'augmentations salariales (qui baisse de 6 % par an, en moyenne), le N+1 est donc contraint de déterminer à l'avance la note qu'il pourra mettre au salarié avec qui il fait l'entretien. Si, par hasard, il ne parvenait pas à faire accepter à son collaborateur la note qu'il a prévue pour lui, le N+2 se chargerait de modifier cette note après l'entretien. Comme l'enveloppe est faible, l'entretien consiste donc souvent en un affrontement où le N+1 tente de démontrer au salarié que son travail n'est pas aussi bon qu'il le pense ou qu'il aurait pu mieux le réaliser [1].

© Éditions d'Organisation

Contingence et cohérence de l'organisation

Cette tension qui demande à l'entreprise de faire à la fois des indicateurs spécifiques pour mesurer précisément la qualité de chaque travail, mais aussi de garder une cohérence globale, pose des problèmes dans tous les domaines y compris celui de la GRH. Ainsi, pour prendre deux exemples opposés, le service informatique et le bureau d'études considèrent que les principes les plus efficaces pour gérer leur personnel sont, pour le premier service, le principe du potentiel et, pour le second, le modèle de la convention collective.

Pour cette raison, le responsable du service informatique peut affirmer avec force :

« De mon point de vue, il est indispensable de tenir compte du marché du travail. Mon problème est simple. Si je ne donne pas à mes gars un coefficient suffisant, ils cherchent une place dans une autre boîte où ils seraient mieux payés. Je suis donc bien obligé de garder la cadence si je veux conserver ces compétences ici. Du coup, tous les systèmes RH qui tentent de m'enfermer dans des critères figés me gênent. J'ai besoin de souplesse et de réactivité, pas d'un carcan. Il ne faut pas oublier que l'informatique n'est pas un métier comme un autre... »

A l'inverse, un agent de maîtrise du bureau d'études argumente :

« Franchement, je ne comprends pas pourquoi les RH nous font tout ce cinéma avec l'appréciation. Que je sache, on a toujours comme base la convention collective, donc je suis pour qu'on l'utilise. Les définitions de postes qui y sont faites me conviennent tout à fait, alors pourquoi a-t-on besoin de chercher plus loin ? »

---

1. Ce type de dérive semble particulièrement fréquent quelles que soient les entreprises étudiées.

© Éditions d'Organisation

La DRH se trouve écartelée entre ces deux logiques. Dans tous les cas, les outils qu'elle met en place sont critiqués. En effet, les règles globales de GRH sont toujours un compromis entre la gestion en fonction du marché et la gestion en fonction de la convention collective et/ou l'équité interne (système interne de rangement des postes).

Pourtant, il est difficile de critiquer les revendications de ces deux services lorsqu'on se place de leur point de vue. Le responsable informatique craint de voir partir ses meilleurs éléments s'il ne les rémunère pas suffisamment. Dans un contexte où les chasseurs de têtes démarchent les salariés jusque sur leur poste de travail, il est difficile de critiquer le choix d'une politique salariale agressive et une gestion dynamique des carrières. Pour cela, l'évaluation du potentiel de l'individu lui paraît être le meilleur critère d'évaluation. Les règles de promotion à l'ancienneté proposées par la convention collective lui paraissent forcément insuffisantes ou trop mécaniques. Même les règles globales de la GRH ne sont pas adaptées à son cas particulier parce que, bien que plus souple que la convention collective, elles restent trop grossières et systématiques pour donner lieu à une gestion très fine des salaires et des carrières, en réponse aux caractéristiques mouvantes du marché externe.

Inversement, les agents de maîtrise du bureau d'études plaident pour l'utilisation pure et simple de la convention collective car celle-ci présente, à leurs yeux, l'avantage de détailler les différents paliers de l'évolution des savoir-faire techniques d'un dessinateur. Ce faisant, ils contestent la volonté de la DRH qui insiste sur l'importance des compétences relationnelles qu'elle considère comme étant un complément indispensable de l'acquisition des savoir-faire plus directement professionnels. Ces agents de maîtrise considèrent, sur la base d'éléments facilement vérifiables que ces compétences relationnelles ne sont pas réellement cruciales dans un service qui, sur le fond, vit très replié sur lui-même. On voit,

© Éditions d'Organisation

dans cette description, l'écart saisissant qui existe entre les souhaits du service informatique et ceux du bureau d'études. La DRH est néanmoins contrainte de gérer ces différents types de services. Il y a là une source majeure de tensions. Toutefois, leur analyse permet de mieux comprendre pourquoi l'AP se voit toujours reprocher d'être en décalage avec la réalité, d'être une usine à gaz... Les N+1 considèrent souvent que l'AP est un outil inutile parce qu'ils subissent de plein fouet la tension dialectique *contingence et cohérence de l'organisation*.

© Éditions d'Organisation

4

Préconisations

© Éditions d'Organisation

Comme on l'a vu précédemment, les blocages de mise en œuvre de l'AP tiennent à trois facteurs :

- l'instrumentation choisie ;
- la relation hiérarchique dans laquelle elle s'inscrit ;
- le contexte organisationnel.

On ne peut efficacement agir sur ces facteurs qu'en analysant, derrière l'instrument, les acteurs ou le contexte, les enjeux et les logiques d'usage qui sont souvent en tension. Il est en effet indispensable que les acteurs parviennent à un consensus sur le sens à donner à ces trois référentiels et sur leur articulation.

Pour donner davantage de lisibilité à notre propos, nous avons fait le choix d'organiser nos préconisations autour de quatre axes :

- Un prérequis : l'expression des tensions, des paradoxes organisationnels ;
- La conception et la mise en œuvre d'un processus AP faisable [1] ;
- La conception et la mise en œuvre d'un processus AP applicable [2] ;
- La mise sous contrôle « ouvert » de la pratique de l'AP.

---

1. Selon la définition du *Petit Robert*, la faisabilité est le caractère de ce qui est faisable compte tenu des possibilités techniques et économiques.
2. Selon la définition du *Petit Robert*, l'applicabilité est le caractère de ce qu'il est possible d'appliquer à quelque chose ou à quelqu'un.

© Éditions d'Organisation

1 La mise en expression des tensions et contradictions organisationnelles

Bien que les hommes préfèrent souvent les clartés réductrices à des vérités incertaines, il nous semble que la mise en expression des tensions organisationnelles favorisera l'acceptation de la complexité du réel par les différents acteurs impliqués : la direction, les fonctionnels RH et les opérationnels (appréciateurs et appréciés).

1.1 Accompagner les managers dans la construction d'une vision interactive avec les appréciés

De nouveaux principes de pensée

La complexité cognitive invite les managers à penser l'organisation de manière paradoxale et à remettre en cause les principes rationnels basés sur la dualité (blanc ou noir). Sortir de la réalité univoque et entrer dans « le monde des possibles » n'est pas chose spontanée et aisée pour tout le monde. En fait, l'entretien d'AP devrait permettre de « parler », de faire connaître et de reconnaître les contradictions ressenties par chacun des acteurs. Dans ces conditions, il permettrait de construire, entre acteurs, un compromis mêlé d'humour autour de :

- « Accordons-nous sur ce que nous pouvons contrôler ensemble » ;

- « Dédramatisons, voire même rions ensemble de tout ce qui est discordant, saugrenu, mais sur quoi nous n'avons que peu d'emprise (sauf le pouvoir d'être d'accord d'en rire, ce qui est fondamental pour l'étayage de soi, le plus « solide » psychiquement ayant la possibilité d'affirmer le plus faible) ;

- Cette vision interactive conduira bien évidemment les parties à faire des compromis qui sont parfois seuls à pouvoir enrichir la relation de l'autre partie à la réalité (les objectifs

© Éditions d'Organisation

ambitieux, la concurrence qui menace, les projets de redéploiement...) avec des effets positifs sur l'équilibre de la personne et sur la qualité des décisions et des actions [1].

De nouveaux principes d'action

Cette nouvelle posture d'esprit doit amener les managers à développer des principes d'action qui dépassent les seuls principes de cohérence et d'enchaînement des actions. Ce nouveau mode de pensée complexe doit les aider à la fois à distinguer et à conjuguer, bref, à relier ce qui jusqu'alors paraissait disjoint comme, par exemple, les réductions budgétaires et la création de valeur.

CE MODE DE PENSÉE COMPLEXE DOIT PERMETTRE DE RELIER CE QUI PARAÎT DISJOINT.

Pour les fonctionnels RH, il s'agit alors de faire preuve de créativité pour organiser des mises en situation permettant aux managers de passer du *ou...ou* au *et....et* (court terme *et* long terme, juge *et* coach…).

Mais à ce nouveau mode de fonctionnement s'ajoute une autre difficulté, celle de l'urgence car les managers éprouvent souvent des difficultés à l'injonction de faire plusieurs choses à la fois. Pour cela, les fonctionnels RH peuvent les aider à ne pas vouloir tout résoudre en même temps, à établir des priorités, à négocier et/ou faire de arbitrages. *Reposer les problèmes, négocier le sens et définir les priorités*, c'est la réponse organisationnelle à la question des contraintes croisées. Elle est rarement innée et souvent considérée par les managers comme impraticable ; aux fonctionnels RH de faire montre de créativité et d'innovation dans ce domaine en fonction du contexte et des acteurs.

Dans cette perspective, l'accompagnement des managers peut essentiellement se faire via des jeux de rôle de l'entretien d'AP et du coaching individuel et/ou collectif lui permettant de cheminer vers la prise de conscience de sa propre rationalité et de ses ressorts mais aussi vers d'autres types de structuration mentale et culturelle.

---

1. LOUART P., *op. cit.*, p. 177.

© Éditions d'Organisation

1.2 Accompagner les managers dans la réduction des paradoxes

Face à la complexité et à l'incertitude qui amènent souvent des perceptions de « paradoxes » comme nous l'avons vu, les fonctionnels RH peuvent aider les managers à les « réduire » :

- En les aidant à changer de mode de raisonnement pour sortir des flous cognitifs. En effet, « *certains* paradoxes *n'ont ce statut que dans la mesure où certaines personnes se plaisent à le leur conférer. En général, cette attitude leur évite de trancher, de décider ou de compléter leur information (...). Tout cela procède d'une formation défensive permettant un immobilisme qu'on peut ensuite rationaliser* »[1] ;

- En développant des *outils de maîtrise et de coordination de l'action et de la planification.* On peut pour exemple citer la déclinaison de tableaux de bord de contrôle de gestion en tableau de bord de pilotage de l'action. Ce type de travail permet de réduire considérablement les paradoxes comme « favoriser la performance collective et fixer des objectifs individuels ». En effet, le tableau de bord de pilotage permet de fixer à chacun des objectifs individuels en lien direct avec la performance attendue du groupe[2].

1.3 Accompagner les managers dans la gestion des paradoxes

Certains paradoxes sont consubstantiels à l'organisation ; ils lui sont même indispensables. Ils sont la manifestation de la vie, une source fondamentale de créativité.

CERTAINS PARADOXES SONT CONSUBSTANCIELS À L'ORGANISATION ; ILS SONT LA MANIFESTATION DE LA VIE.

Généralement, il semble que nombre des effets pervers des paradoxes viennent d'une insuffisance d'explication de la part

---

1. LOUART P., *op. cit.*, p. 173.
2. Cf. exemple de tableau de bord de pilotage en annexe 4.

© Éditions d'Organisation

de la direction et/ou des RH. Par exemple, les managers se plaignent souvent d'être soumis à des objectifs réputés négociables mais qui en fait ne le sont pas. En fait, une explication du type : « *Vous ne pouvez pas fixer la nature et le niveau des objectifs qu'on vous fixe, en revanche, nous pouvons échanger sur les différents chemins possibles pour y parvenir, ce qui deviendra finalement votre objectif dans l'action* », peut changer considérablement la perception de la situation.

Lorsque la réduction de la complexité n'est pas possible, que les « paradoxes » demeurent[1], les fonctionnels RH peuvent alors aider les managers à prendre conscience de ces réalités en menant des actions de plusieurs types :

- S'il s'agit d'un problème de compréhension de données particulièrement complexes, innovantes, les fonctionnels RH peuvent initier des démarches de « recadrage » des perceptions essentiellement à base d'explication, de questions-réponses, mais aussi de mises en situations individuelles et/ou collectives permettant de prendre conscience des « paradoxes » organisationnels via des situations de la vie personnelle notamment. L'idée étant ici de résoudre des conflits cognitifs souvent liés à la pauvreté de raisonnement.

- S'il s'agit d'un problème de conflit de rationalité explicite ou implicite, les fonctionnels RH peuvent initier des démarches comme la mise en débat des paradoxes, des réunions d'échanges sur les difficultés à manager....

Ces techniques permettent à chacun des acteurs d'exprimer son ressenti et à chacun de reconnaître la réalité de l'autre (surtout si elle est différente de la sienne).

Mais les fonctionnels RH peuvent également avoir un rôle dans la détection et l'alerte sur des cas de managers victimes d'un stress ou d'une tension qui peut être dommageable pour

---

1. « *On peut qualifier ces "paradoxes" d'"objectifs" en ce sens qu'ils structurent les situations telles qu'on peut les observer ou en juger* », LOUART P., *op. cit.*, p. 177.

© Éditions d'Organisation

leur santé physique et mentale. Il s'agit alors pour le fonction-nel RH d'être au plus près du terrain, d'organiser un système de veille afin de capter les signaux de risque. Lorsque ces signaux clignotent, le fonctionnel RH doit en alerter le méde-cin du travail, le N+1 du manager en danger ou, selon le con-texte et ses compétences propres en psychologie, tenter d'entrer en relation avec le manager afin de mieux le com-prendre et l'aider. Il peut, encore mieux, faire le nécessaire pour que ce manager bénéficie de l'accompagnement d'un coach car, en la matière, le positionnement externe favorise souvent l'expression de la parole intérieure et donc et le début de la libération des maux.

Dépasser, transcender les paradoxes sont les raisons d'être essentielles, constituantes du management. Et il s'agit là bien plus d'adaptation, de comportement que de technique. Aussi, le fonctionnel RH doit-il accompagner le management sur ce passionnant chemin de la vie humaine dans l'organisation.

2 Les pistes d'amélioration concernant la faisabilité de l'AP

2.1 La conception de l'AP

Fixer la visée

La visée [1] est l'élément sur lequel nous devons le plus insister car, bien qu'elle semble être une évidence – quel chef d'entreprise envisa-gerait d'acheter une machine coûteuse sans déterminer, avant l'achat et la construction, l'objectif visé ? – elle *est* souvent implicite, voire complètement oubliée.

Fixer les objectifs permet d'effectuer les premiers choix dans l'élaboration de l'outil à construire pour l'appréciation. Ceux-ci sont souvent multiples. On cherche, ainsi, le plus souvent, à

---

1. AUBRET J., GILBERT P., PIGEYRE F., *Savoir et pouvoir : les compétences en question*, Paris, PUF, 1993.

© Éditions d'Organisation

construire une appréciation qui soit aussi bien une récompense, une sanction qu'une base pour le développement individuel. Clarifier la visée de l'outil ne permet aucunement de résoudre cette ambivalence mais elle permet de hiérarchiser les objectifs multiples et, donc, de les communiquer de la façon la plus claire possible aux salariés. En effet, que l'appréciation ait des objectifs multiples et, parfois, contradictoires, est un fait indubitable.

Toutefois, il semble qu'une part du brouillard qui se développe autour de cet outil provient du fait que les objectifs visés ne sont pas clairement hiérarchisés, communiqués et assumés : développer les compétences, améliorer les performances, développer un management de proximité, objectiver l'individualisation des rémunérations ... Comme on l'a vu, les objectifs de l'AP sont souvent difficiles à clarifier car ils font l'objet d'enjeux sous-jacents pluriels. Néanmoins, on doit tendre vers la fixation d'une visée qui permette d'éviter les principaux pièges de l'AP (objectifs non partagés entre fonctionnels RH et opérationnels, entre appréciateurs et appréciés...). Elle permet aussi d'avoir un retour critique sur cette pratique. En effet, on ne peut évaluer la réussite ou l'échec d'un outil, on ne peut quantifier son apport *a posteriori*, que si on lui avait fixé, *a priori*, des objectifs précis. Ceux-ci correspondant à la visée, on peut donc dire que définir la visée d'un outil de gestion, c'est aussi commencer à se donner les moyens d'en évaluer la pertinence, d'en contrôler le développement et d'en définir les pistes d'amélioration.

Dans tous les cas, l'appréciateur doit au moins rester fixé sur les visées concrètes suivantes :

* **Échanger** avec l'apprécié sur le bilan de l'année écoulée, explorer comment mieux travailler ensemble ;

* Lui **fixer** de nouveaux objectifs et préciser avec lui un plan d'action ;

* L'**évaluer** afin d'alimenter les décisions de GRH ;

© Éditions d'Organisation

- **Établir** avec lui un plan d'Action de professionnalisation ;
- **Développer** et **reconnaître** le professionnalisme du salarié.

Construire l'AP comme un contrat

La grille d'analyse présentée ci-dessus a mis en évidence que l'AP ne peut fonctionner tant que les enjeux qu'elle recouvre n'ont pas été élucidés. Une fois que ceux-ci le sont, il faut construire des règles du jeu qui permettent de contrôler ces enjeux. Dans la plupart des entreprises, actuellement, l'AP ne fonctionne pas bien parce qu'on n'a pas clarifié les règles du jeu qui la régissent.

Tant que ce cadre n'a pas été défini, la neutralisation du système est la solution la plus logique, la plus sage. Qui serait assez inconscient pour toucher une « bombe » dont il ne connaît pas le mécanisme ? La comparaison avec l'AP n'est pas trop forte car ses enjeux (salaires, carrières, etc.) sont réellement explosifs. Mais cette solution de la neutralisation du système est aussi la moins efficace car elle rend cet outil inutile. Il faut donc y remédier en définissant les règles du jeu de l'utilisation de l'AP.

CONSIDÉRER LE MANAGER ET LE SALARIÉ COMME PARTENAIRES NE VA PAS DE SOI.

L'AP prend la forme d'un contrat s'il y a un engagement sur des éléments concrets de la part des deux parties. Dans ce schéma, la hiérarchie s'engage fermement sur un développement professionnel, des formations ou des apprentissages en situation de travail tandis que les salariés s'engagent à s'investir dans les nouveaux rôles que leur hiérarchie leur demande de prendre en charge.

Mais la rédaction d'un contrat implique d'acquérir de nombreuses compétences. En particulier, il faut :

- Savoir le rédiger (une formation à l'entretien est nécessaire) ;

© Éditions d'Organisation

- Savoir le négocier (les deux parties doivent apprendre à évaluer l'importance de leurs engagements) ;

- Pouvoir le négocier (la hiérarchie doit avoir un minimum de marge de manœuvre dans la rémunération, la carrière ou la formation pour pouvoir réellement établir un contrat) ;

- Pouvoir l'appliquer (le contrat ne doit pas être remis en cause au nom d'intérêts supérieurs économiques ou organisationnels) ;

- Pouvoir le faire respecter (le système de sanction en cas de non-respect du contrat est un élément indispensable à son bon fonctionnement. Les sanctions doivent pouvoir toucher toutes les parties signataires afin qu'aucune ne puisse se défausser sans dommages).

Ce mode « d'AP-contrat » suppose des garde-fous contre l'arbitraire ou l'iniquité. Ceux-ci sont à inscrire dans des règles :

- de répartition des rôles : apprécié, appréciateur, N+2, fonctionnels RH, direction ;

- de répartition des moyens et des informations ;

- de fonctionnement : lien précis entre appréciation et rémunération, carrière et formation, voies de recours, etc.

Ces règles doivent être connues de tous et légitimes pour être appliquées et respectées.

Veiller à l'adéquation entre objectif poursuivi et méthode déployée

Comme nous l'avons montré dans la première partie du chapitre 2, les objectifs que l'on poursuit par le biais de l'AP ne sont pas toujours assortis de moyens cohérents. Ainsi, on peut voir des entreprises qui visent l'amélioration de la performance et qui, assez paradoxalement, mettent en place des dispositifs d'appréciation uniquement basés sur des référentiels de compétences et de

© Éditions d'Organisation

comportement professionnel alors que l'on s'attendrait plutôt à trouver en premier lieu des référentiels de résultats.

Éviter l'usine à gaz

Nombre d'opérationnels se plaignent de la lourdeur du dispositif. Aussi, autant que faire se peut, il faut veiller à simplifier le plus possible les supports afin d'en faciliter l'utilisation. Par exemple, on peut supprimer les notations à 5 niveaux pour les réduire à 2 ou 3 niveaux : attention toutefois aux notations à 3 niveaux qui favorisent le recours au niveau intermédiaire qui ne facilite pas la prise de décision managériale après l'entretien. Notons aussi que si les notations à 2 niveaux peuvent parfois paraître caricaturales (c'est *bon* ou *mauvais*) pour des appréciés aux yeux desquels la réalité revêt beaucoup plus de nuances, en revanche, ce type de notation binaire favorise le décompte des bons aspects et de ceux qui sont à améliorer. Ce faisant, la prise de décision s'en trouve favorisée.

Mettre l'AP en cohérence avec les autres processus RH

L'étude des systèmes complexes[1] montre qu'une bonne coordination est une des principales clés de la performance économique des entreprises. Les résultats de l'AP sont potentiellement très importants. Mais ces études nous ont aussi appris que cette clé est aussi la plus difficile à obtenir parce qu'elle implique de décupler l'attention portée aux outils de gestion utilisés. En effet, ceux-ci ne sont pas seuls responsables de la réussite, ils ne sont que le support de politiques, de volontés managériales, etc. En revanche, ils peuvent être responsables des échecs puisque leur mauvaise construction risque d'empêcher la remontée des informations, la diffusion des bonnes pratiques ou la communication des politiques de la direction.

AVANT MÊME D'AMÉLIORER L'AP, IL FAUT VEILLER À SON ARTICULATION AVEC LES AUTRES POLITIQUES.

---

1. LEMOIGNE J.-L., *La modélisation des systèmes complexes*, Paris, Dunod, 1990.

© Éditions d'Organisation

Concrètement, cette focalisation sur la construction des outils de gestion exige des fonctionnels RH, de fixer la date à laquelle doit avoir lieu l'entretien, afin de pouvoir utiliser les informations remontées par l'AP pour alimenter les autres processus RH (rémunération, formation, recrutement, plans de mobilité…). Plus précisément, cette date doit tenir compte :

- des calendriers de la planification, du budget et de la fixation des objectifs qui, dans le cadre de l'AP sera déclinée en tableau de bord de pilotage spécifiant la nature et le jalonnement des actions à accomplir ;

- de la date du plan de formation afin que les actions de professionnalisation à réaliser puissent y être intégrées ;

- de la date des augmentations salariales et des promotions afin que l'AP, si elle est liée à la rémunération, n'en soit pas trop déconnectée. Une trop grande séparation génère en effet insatisfaction et démobilisation.

Si une telle mise en cohérence ne paraît pas toujours possible, on peut alors dissocier dans le temps, dans la forme et le contenu l'appréciation/jugement de l'appréciation/développement. D'ailleurs nombre de praticiens défendent l'idée d'une séparation des entretiens-jugements liés à la rémunération et des entretiens/développements liés à des actions de professionnalisation et de développement personnel.

2.2 La formalisation de l'AP

La formalisation des supports de l'AP

Le support d'entretien comporte traditionnellement :

- **Le bilan de l'année.** Ce bilan peut, comme nous l'avons vu dans la première partie du chapitre 2, porter sur plusieurs

© Éditions d'Organisation

objets (les résultats, les compétences, le comportement professionnel...) ;

- **La définition et fixation des objectifs à venir ;**

- **Une action de professionnalisation ;**
  À cet égard, trois types d'objectifs peuvent être distingués et, ce faisant, structurer utilement cette étape :

OBJECTIFS POUR	IL S'AGIT DE ...
Résoudre un problème	Combler un écart entre une situation jugée non satisfaisante par rapport à la situation attendue. Par exemple lorsqu'un collaborateur n'a pas les compétences suffisantes pour tenir son emploi.
Réaliser un progrès	Améliorer la performance du collaborateur en qualité et en quantité.
Inscrire l'action de l'apprécié dans la stratégie de l'organisation	« Tirer tous dans le même sens », c'est-à-dire contribuer aux objectifs généraux prioritaires de l'entreprise, en poursuivant des objectifs individuels cohérents.

- **Orientation professionnelle (mobilité géographique et fonctionnelle) ;**
  Mais la formalisation peut aussi d'exercer sur d'autres objets tels que :

  ⇨ les supports de formation appréciateurs,

  ⇨ les supports de formation appréciés,

  ⇨ un guide pour renseigner la grille d'entretien,

  ⇨ les supports de communication pour que les appréciateurs puissent faire un feed-back aux appréciés sur le contenu des entretiens.

Cette formalisation est importante tant sur le fond que sur la forme car le côté attractif des documents produits participe directement à une utilisation plus spontanée et plus impliquée de l'AP.

© Éditions d'Organisation

| **La formalisation des objectifs** | Elle doit satisfaire quelques règles de bon sens. Ils doivent être en particulier : |

- réalistes (c'est-à-dire en rapport avec des moyens, matériels et/ou humains, existants ou pouvant être obtenus), mais ambitieux ;

- concrets ;

- mesurables (assortis de faits et actes observables) ;

- assortis de délais et de dates.

Cette étape est décisive pour la crédibilité de l'AP auprès des appréciés. Les fonctionnels RH peuvent jouer leur rôle de prestataire de service pour leurs clients internes (les opérationnels). L'apport des RH ne se situe pas nécessairement dans la connaissance qu'ils ont de l'activité, mais plutôt dans des apports méthodologiques. Par exemple, s'agissant de la fixation des objectifs pour des salariés ne bénéficiant pas d'un contrat individuel d'objectif, les fonctionnels RH peuvent animer des groupes de travail composés de managers et d'experts du domaine considéré afin de traduire les objectifs de groupe (objectifs de résultats le plus souvent strictement quantitatifs) en objectifs contributifs individuels (objectifs de pilotage correspondant à la traduction des objectifs de résultat en plan d'action concret jalonné sur l'année).

2.3 La communication de l'AP

Celle-ci est, en premier lieu, de la responsabilité des DRH. Ceux-ci doivent en priorité s'assurer qu'ils peuvent s'appuyer sur une minorité de personnel consciente des enjeux : des « agents de changement ». Pour cela, la réflexion des fonctionnels RH peut être guidée par la réponse à deux questions :

- les agents de changement ont-ils le réalisme et les aptitudes techniques nécessaires pour que l'appréciation soit appropriée au contexte et aux objectifs organisationnels ?

© Éditions d'Organisation

- les « agents de changement » ont-ils la force, l'autonomie et les qualités relationnelles requises pour rassembler les forces en présence sur des projets communs ?

À partir de la réponse à ces questions, les fonctionnels RH pourront faire l'inventaire des intervenants potentiels.

Que le processus de communication soit lourd (oral avec l'ensemble des salariés répartis en groupes restreints) ou plus léger – écrit adressé à un nombre limité, le plus souvent comité de direction et appréciateurs –, il doit dans tous les cas permettre une communication sur la mise en œuvre concrète. Il est en effet indispensable qu'avant l'entretien, la hiérarchie ait présenté à chaque individu ce qu'il attend de lui. Lors de l'entretien, ce n'est en effet pas le moment d'en débattre : toute ambiguïté doit être levée avant cette rencontre.

Fédérer la ligne hiérarchique autour de principes fondamentaux

Au-delà de l'entretien lui-même, le processus de l'appréciation suppose que soient traduits dans la réalité un certain nombre de principes qui doivent permettre de consolider et homogénéiser le positionnement managérial de chacun :

- Un principe d'**exemplarité** de la ligne hiérarchique ;

- Un principe de **constance** de l'intérêt qu'on a pour ses collaborateurs : bien sûr, l'entretien est un moment privilégié pour focaliser son attention, mais cela a d'autant plus de sens et d'impact que, toute l'année, on s'est intéressé à eux et à ce qu'ils font. Plus globalement, il s'agit donc de respecter un principe de cohérence entre les paroles et les actes, les comportements toute l'année et pendant l'entretien ;

- Un principe de **confiance** mutuelle : celle du responsable dans les capacités et dans la volonté de ses collaborateurs ; celle des appréciés dans le respect des engagements de la part de leur manager ;

© Éditions d'Organisation

- Un principe de **réalisme :** la relation inter-hiérarchique doit être structurée autour d'éléments concrets, observables, permettant d'apprécier les réussites et les erreurs tangibles ;

- Un principe de **franchise** : l'appréciateur doit dire à l'apprécié ce qui va et ne va pas, précisément. Avec la même franchise, l'appréciateur doit prendre en compte les remarques de l'apprécié ;

- Un principe de **respect :** il appartient au responsable de sanctionner positivement et négativement les performances et les actes de ses collaborateurs et non de remettre en cause leur personnalité.

Lors de la mise en œuvre de tout nouveau processus, il est souhaitable que le positionnement *affiché* de tous les membres de l'encadrement soit homogène afin qu'il n'y ait pas de contradiction ou incohérence qui vienne d'emblée gripper le processus.

Former les opérationnels

La formation des appréciateurs et des appréciés constitue une étape essentielle trop souvent considérée comme une simple formation à la conduite de l'entretien. La formation des appréciateurs améliore, effectivement la qualité de la conduite de l'entretien. Mais, elle permet aussi de les sensibiliser aux différentes dimensions de l'AP :

- sur le plan technique : nécessité de traduire les objectifs de groupe en objectifs individuels contributifs ;

- sur le plan managérial : impact de l'AP sur le mode de management (pilotage de l'activité du groupe, suivi régulier, management de proximité...). Les appréciés ont en effet, avec l'AP, un rôle plus actif à jouer dans le management.

De manière plus fertile encore, la formation à l'AP peut aussi s'exercer sur d'autres questions sous-jacentes et déterminantes

© Éditions d'Organisation

comme les dimensions éthiques et managériales de cet outil ; elle peut enfin porter sur un
accompagnement des opérationnels dans la
mise en œuvre.

IL NE S'AGIT PAS
DE FORMER
LES OPÉRATIONNELS,
MAIS DE LEUR APPRENDRE
À APPRENDRE
LES MODIFICATIONS
DE RELATIONS
HIÉRARCHIQUES
QUI SE JOUENT
DANS CE PROCESSUS.

Il ne s'agit donc pas simplement de les former mais bien plutôt de leur apprendre à
apprendre les modifications de relations hiérarchiques qui se jouent dans ce processus. Au-delà de la
formation à la conduite de l'entretien, il est donc également
nécessaire de procéder à des formations-actions managériales nécessaires à la pratique de l'entretien d'appréciation.

Finalement, les fonctionnels RH jouent un rôle décisif dans
l'accompagnement, méthodologique et psychologique, des
opérationnels dans les différentes phases nouvelles et souvent
complexes de l'AP (objectifs formalisés, observation régulière du travail (points d'étapes), suivi rigoureux des observations de terrain (tableau de bord de pilotage), etc.

Cette formation doit, pour sensibiliser les appréciateurs aux
conditions de l'entretien, aborder les points suivants [1] :

Conditions sur le plan matériel :

❑ Moment et lieu adéquats ;

❑ Ne pas être dérangé pendant l'entretien ;

❑ Durée d'environ une heure et demie.

Conditions sur le plan relationnel :

❑ Climat de confiance ;

❑ Parler librement ;

❑ Poser des questions et/ou objections précises et constructives.

Elle doit aussi leur préciser les différentes étapes de l'entretien :

---

1. Ces points sont très largement inspirés des supports de formation proposés par
I.R.H. Conseil dans certaines unités EDF-GDF SERVICES.

© Éditions d'Organisation

PHASES	MOYENS-STYLE
0. Convoquer l'apprécié au préalable	– Informer le salarié quinze jours à l'avance. Lui donner la possibilité de bien préparer son entretien. ⇨ Lui préciser les documents utiles : fiche d'entretien, description d'emploi, contrat de groupe, contrat individuel, lettre de mission...
1. Accueillir l'apprécié, présenter le déroulement.	– Le mettre à l'aise, courtoisement. – Créer un climat propice à la prise de recul, à la réflexion et à l'échange. – Rappeler le but de l'entretien. ⇨ Présenter le plan du formulaire qui sera rempli au fur et à mesure. Indiquer la durée.
2. Apprécier le professionnalisme de l'individu	– Apprécier la qualité de son travail et ses compétences. – Lui demander de s'auto-évaluer. L'encourager. – Lui faire part de son appréciation. Être précis aussi bien pour le positif que pour le négatif. ⇨ Lui laisser toute latitude pour s'exprimer.
3. L'inciter à s'exprimer	– Lui poser des questions ouvertes : pourquoi pensez-vous que... comment... quand...? L'aider à analyser la situation. ⇨ Accepter de remettre en cause nos propres présupposés.
4. Rechercher une vision partagée	– Synthétiser résultats et explications pour trouver une appréciation commune de la période écoulée, dans les différents domaines.
5. Envisager l'année à venir	– Engager cette phase avec des questions ouvertes : « et votre avenir, comment le voyez-vous ? » Le cas échéant, formuler ses propositions. ⇨ Envisager plusieurs scénarios, leurs conséquences. ⇨ Formuler de nouveaux objectifs ⇨ Recenser les propositions du collaborateur ⇨ Recenser les souhaits du collaborateur en termes de mobilité géographique ou fonctionnelle
6. Construire l'avenir : formuler des objectifs et les moyens adéquats	– Traduire la volonté en objectifs réalistes et stimulants. ⇨ Définir et lister les moyens, délais et dates. ⇨ Identifier les besoins de professionnalisation et envisager la façon de les traiter : projet de plan d'action de professionnalisation.
7. Conclure l'entretien	– Finaliser le compte rendu d'entretien. Le lui remettre, pour lecture avant signature. ⇨ Résumer ensemble. ⇨ Lui rappeler notre volonté de l'aider : « réussir ensemble ».

OBJECTIF DE SORTIE :

> **Établir un projet de plan d'action de professionnalisation véritablement concerté, pour le développement du professionnalisme du collaborateur**

© Éditions d'Organisation

Cette formation doit, enfin, sensibiliser les appréciateurs à la philosophie et l'éthique de l'AP. Par exemple, cette partie de la formation doit apprendre aux appréciateurs à se poser la question *: « Quelle appréciation porte-t-on sur les résultats de l'activité du collaborateur ? »* Car c'est bien cette question qui se pose et non pas : *« Que pense-t-on de lui ? »* Contrairement à ce que font de nombreux appréciateurs, c'est bien à la première question qu'il convient de répondre et pas à la seconde.

De même, il faut ancrer dans l'esprit des appréciateurs que la hiérarchie ne doit pas faillir à son obligation : dire ce qu'elle pense. Cette situation présuppose de sa part une attitude forte d'écoute et de remise en confiance du collaborateur, afin d'ouvrir un véritable dialogue. Elle est donc délicate, mais indispensable.

© Éditions d'Organisation

Quelques questions peuvent guider la réflexion de l'appréciateur, dans la phase de préparation de l'entretien :

Phase de préparation de l'entretien

1 Ai-je communiqué sur les objectifs individuels et/ou contributifs du collaborateur que je vais recevoir en entretien ?

2 Connaît-il précisément ses objectifs ?

3 Quels sont ses résultats par rapport à ses objectifs ? Analyse et explication des écarts.

4 Quels moyens a-t-il mis en œuvre pour atteindre ses résultats (compétences et comportements) ?

5 De quelle délégation bénéficie-t-il ? Quelles initiatives peut-il prendre ? Les prend-il ?

6 Quels sont les obstacles susceptibles de réduire son efficacité ? Quelle est leur origine ?

7 Quels sont ses principaux points forts ? Ses principaux points faibles ?

8 Comment puis-je l'aider à mieux utiliser ses aptitudes et surmonter ses difficultés ?

9 Puis-je mieux le responsabiliser dans son emploi actuel ?

10 Quelles capacités et quelles dispositions a-t-il pour d'autres emplois ?

11 Quels sont ses besoins de professionnalisation, pour réduire ses faiblesses dans son emploi actuel, étendre ses responsabilités, ou pour lui confier un autre emploi ?

12 Quelles sont mes aptitudes managériales susceptibles d'entraver son efficacité ?

Favoriser d'autres modes d'appréciation comme le 360° Pour compléter l'appréciation hiérarchique, nombre d'entreprises ont recours à d'autres pratiques qui permettent non seulement d'asseoir la crédibilité de l'appréciation portée mais aussi, et surtout, « parlent » aux salariés. Le 360° qui consiste à recueillir l'avis de tous clients d'un salarié (internes comme

© Éditions d'Organisation

externes) sur la qualité de son travail fait partie de ces outils. En effet, la satisfaction des clients internes ou externes manifeste efficacement la qualité du travail de l'apprécié et constitue donc une source prometteuse d'information. De nombreuses raisons plaident en faveur de l'utilisation de cette technique :

- l'accent mis sur la gestion et l'amélioration continue de la performance nécessite une appréciation continue et ne dépendant pas seulement de la vision hiérarchique ;

- le développement du travail en équipes autogérées et l'accent sur la qualité totale encourage l'écoute des avis des pairs et des clients ;

- les instruments d'appréciation et les logiciels informatiques permettent de traiter des informations multiples et, accessoirement, provenant de plusieurs sources ;

- bien que coûteux, les processus 360° représentent un coût limité par rapport aux centres d'appréciation[1] très utilisés par les anglo-saxons.

Par ailleurs, notons à l'actif de cette pratique qu'elle favorise aussi le feed-back et aide les managers à acquérir une meilleure connaissance d'eux-mêmes et surtout des impacts de leurs dispositifs managériaux sur les appréciés (système d'information, de délégation...).

2.4 La gestion de l'AP

L'AP comporte différentes phases lors desquelles l'ensemble des acteurs devront procéder à des arbitrages. Il convient donc de les décomposer et d'en repérer les enjeux pour mieux les maîtriser. Pour cela, plusieurs étapes peuvent structurer la réflexion :

---

1. Assessment Centers.

© Éditions d'Organisation

- Quel sera le cycle de l'appréciation ? Tous les trimestres ou semestres ? Tous les ans ? Tous les deux ou trois ans ? Ou selon le besoin ?

- Quel sera l'ordonnancement de l'appréciation (de haut en bas, de bas en haut, non ordonné) ? L'expérience montre que l'implantation de tout nouveau processus est favorisée par des pratiques *exemplaires* venant du haut.

- Quel sera le moment de l'appréciation : échéancier fixe [1], variable, ou lors d'occasions spéciales ?

- Qui sera dépositaire des comptes rendus d'appréciation (l'apprécié, l'appréciateur N+1, le N+2, les RH) ?

- Qui aura accès à ces comptes rendus ? L'apprécié, le N+2, les fonctionnels RH, les collègues ? Et, dans ce cas, certaines informations pourront-elles rester confidentielles si l'apprécié le désire ?

- Y aura-t-il des voies de recours pour l'apprécié s'il est en désaccord avec son appréciation ? Si oui auprès de qui ? Le N+2, les fonctionnels RH, la direction ?

- Quelles seront les suites données à l'entretien d'appréciation ? Plan de professionnalisation, plan de mobilité, rémunération, licenciement ?…

- Qui assure la gestion des informations récoltées ? L'appréciateur lui-même, le N+2, les RH ? Et, dans le cas où plusieurs de ces acteurs sont impliqués dans le traitement des informations recueillies, comment se répartissent les rôles ?

Autant de questions que l'on doit se poser avant la mise en œuvre de l'AP. Même après avoir répondu à chacune d'entre elles, l'implantation de l'AP demeure une opération risquée qu'il est préférable, dans tous les cas, de tester sur un groupe pilote restreint.

---

1. Lorsque la date est fixe, elle se situe plutôt autour de la fin de l'année ou à la date anniversaire d'entrée dans l'entreprise.

© Éditions d'Organisation

Mais la réflexion ne saurait se limiter à ces considérations techniques. En effet, cette analyse de la technique est une condition nécessaire, mais pas suffisante. Même si les problèmes techniques sont parfois difficiles à dépasser, ils ne représentent pas les obstacles les plus ardus : le problème se situe, en fait, plutôt au niveau des rationalités technico-économiques et socio-politiques en jeu dans l'AP[1].

LE PROBLÈME SE SITUE AU NIVEAU DES RATIONALITÉS TECHNICO-ÉCONOMIQUES ET SOCIO-POLITIQUES EN JEU DANS L'AP[1].

Pour mettre en place l'AP, il faut partir de l'organisation. Par exemple, l'un des principaux bénéfices attendus de l'AP est l'amélioration du dialogue inter-hiérarchique. Avant de la mettre en place, il faut donc se demander : pourquoi a-t-on besoin d'un outil – l'AP – pour améliorer le dialogue ? Pourquoi ne fonctionne-t-il pas naturellement ? Ce questionnement permettra de prendre conscience et d'analyser les problèmes organisationnels et relationnels que l'on rencontre dans la mise en œuvre de l'AP.

Les outils de l'appréciation doivent être adaptés au contexte de l'entreprise, simples à utiliser pour l'encadrement mais surtout ils ne constituent que l'aboutissement de la démarche préparatoire à la mise en œuvre d'un système d'appréciation[2]. Ainsi, l'effervescence qui entoure la rédaction des supports masque souvent l'absence de réflexion préalable sur les orientations de l'appréciation. La technicité des outils ne doit pas suppléer la réflexion sur les buts et les enjeux visés par l'outil.

Les choix techniques n'étant pas une garantie de l'efficacité de l'AP, nous allons maintenant examiner quelles peuvent être les conditions d'applicabilité de l'AP.

© Éditions d'Organisation

---

1. LOUART P., *Succès de l'intervention en gestion des ressources humaines*, Paris, Ed. Liaison, 1995 ; CADIN L., GUÉRIN F., PIGEYRE F., *Gestion des Ressources Humaines. Pratique et éléments de théorie*, Paris, Dunod, 1999.
2. GALAMBAUD B., *Des hommes à gérer*, Paris, EME, 1983.

3 Les pistes d'amélioration concernant l'applicabilité de l'AP

3.1 Définir les enjeux pour les salariés

Clarifier la visée permet de communiquer à l'ensemble du personnel les enjeux, et donc les défis, que contient l'appréciation du personnel. Ceci est d'autant plus crucial, que de nombreux auteurs montrent que, sans enjeux, l'appréciation devient un rituel vide de contenu et qu'elle perd donc sa raison d'être.

3.2 S'assurer de l'engagement véritable de la direction

L'engagement de la Direction doit se manifester à trois endroits principaux :

- communication « avec force de conviction » du processus auprès de la ligne managériale ;

- exemplarité en termes de pratique d'AP (les appréciateurs de niveau N sont aussi appréciés) ;

- accompagnement/coaching des opérationnels appréciateurs sous leur responsabilité.

3.3 Innover dans la mise en œuvre et sortir du cadre pré-établi

Si l'observation d'un certain nombre de règles est souhaitable, en revanche, considérant ce cadre, il faut aussi en sortir en privilégiant plus particulièrement deux axes :

- développer des modèles ouverts avec des zones d'ajustement mutuel (laisser place à des modes de régulation conjointe...) ;

© Éditions d'Organisation

- favoriser la confrontation active entre les besoins des opérationnels (efficacité des salariés essentiellement) et les besoins des fonctionnels RH plutôt orientés vers l'efficacité du processus de gestion essentiellement dans une interaction permanente avec les évolutions organisationnelles (nouveaux besoins organisationnels, nouvelles procédures de travail...).

Un outil est d'autant plus applicable qu'il ouvre le « monde des possibles »[1] à différentes utilisations. Il ne s'agit pas ici de laisser l'incertitude et le flou envahir la gestion des ressources humaines, mais de laisser aux acteurs des marges de manœuvre pour définir l'utilisation qu'ils souhaitent faire des outils de gestion qui leur sont proposés. Sur ce thème, la rationalisation ne doit pas être cherchée à tout prix ; une certaine forme d'irrationalité est en effet consubstantielle à la GRH[2]. Un esprit rationnel pensant créer l'outil parfait se retrouverait en effet rapidement confronté à des difficultés de mise en œuvre dues notamment aux stratégies d'acteurs et à leur capacités d'apprentissage...

3.4 Examiner l'acceptabilité de l'AP

Les fonctionnels RH se doivent aussi d'examiner l'acceptabilité du projet de mise en œuvre de l'outil. Un outil RH est acceptable à partir du moment où les acteurs sur lesquels il porte pensent que « *ça va marcher* » et où *ils le désirent* : outil intéressant ou nécessaire pour eux ; outil dans lequel ils trouvent un intérêt. Pour cela, les salariés ont besoin de comprendre le pourquoi et le comment de l'appréciation... Il est donc conseillé de communiquer dans un mode relationnel ouvert en laissant des possibilités d'apprentissage collectif (nécessité de

---

1. En référence à Umberto ECCO.
2. Cette idée a notamment été développée par le courant de GRH réflexive dont notamment J. BRABET, (1993) ; N. ALTER, *La gestion du désordre en entreprise*, Paris, L'Harmattan, 1990 ; ENRIQUEZ, *L'organisation en analyse*, PUF, Paris, 1992.

© Éditions d'Organisation

tenir compte des trajectoires des acteurs) avec des phases de négociation ou, du moins, de régulation (conjointe).

3.5   Adopter une approche contextualisée

Opérer un diagnostic de l'existant

Pour contextualiser un outil, il faut, avant toute chose, faire un diagnostic de l'existant. Celui-ci permet d'établir un processus répondant à la fois à la stratégie définie par la direction mais aussi aux besoins réels des salariés. Il va de soi que l'inventaire des besoins des opérationnels ne porte pas uniquement sur l'outil, mais aussi et surtout sur leur mode de management, leurs valeurs.

Établir un référentiel des objectifs assignés à l'AP

Pour établir un référentiel des objectifs assignés à l'outil, il faut établir des priorités entre des objectifs qui peuvent être contradictoires : en tant que médiateur, l'outil appréciation fournit-il plutôt des informations qui permettent de monter en professionnalisme et/ou d'individualiser les augmentations salariales et/ou de favoriser la mobilité (fonctionnelle ou géographique)...

Sensibiliser les appréciateurs à la gestion des paradoxes qu'ils vivent

Pour cela, il est d'abord nécessaire de les repérer, ensuite de les *mettre en débat*[1] et enfin de sensibiliser les managers au fait que, précisément, ce que l'on attend d'eux, c'est qu'ils gèrent ces paradoxes[2]. Cette gestion implique différentes dimensions :

---

1. En communication, la technique de la « mise en débat » correspond à une pratique notamment développée et mise en œuvre à EDF-GDF dans les années quatre-vingt-dix.
2. Pour une présentation des principaux « paradoxes » organisationnels liées à l'AP, on se référera au chapitre 1 de la partie III.

© Éditions d'Organisation

- la prise de conscience de ces paradoxes ;

- la déclinaison, la traduction par les managers de la stratégie en action [1] ;

- le développement personnel des managers appréciateurs afin de les aider à avoir un positionnement hiérarchique (dire les points négatifs aux appréciés, dire clairement à l'apprécié les raisons pour lesquelles il n'aura pas de promotion...) sans développer de sentiment de malaise ou de culpabilité.

3.6 Adopter une véritable démarche participative

La participation des opérationnels à l'AP est indispensable et peut se traduire de différentes manières. Ils peuvent, par exemple travailler à une définition commune du support d'entretien ou des critères d'appréciation, des plans d'actions à décliner pour atteindre les objectifs... Cette participation, si elle est effective, c'est-à-dire si les opérationnels s'approprient véritablement le processus permet de diminuer les biais psychologiques inhérents à l'AP [2], et d'obtenir un outil considéré comme plus juste, plus équitable par les appréciés.

Plus fondamentalement, cette démarche consiste à co-construire les outils d'appréciation avec les opérationnels. Pour cela, les équipes de travail seront intégrées dans le dispositif d'élaboration de l'AP. Le but est ici de faire construire par une majorité de salariés leur propre AP en fonction de leurs contraintes de travail et leur culture (culture de métier, d'école...).

LA CO-CONSTRUCTION DES OUTILS DE GESTION EST UNE NÉCESSITÉ, MAIS ELLE EST TRÈS EXIGEANTE : ÉCOUTER LE POINT DE VUE DE L'AUTRE, C'EST REMETTRE LE SIEN EN QUESTION.

---

1. Ce qui se traduit concrètement essentiellement par deux faits :
   .La déclinaison de concepts stratégiques du type « satisfaire la clientèle » en plans d'actions concrets (services à proposer en fonction des caractéristiques de la clientèle, amélioration dans le mode de gestion...) ;
   .La déclinaison/traduction des objectifs budgétaires quantitatifs en tableau de bord de résultat et de pilotage.
2. Nous avons examiné ces biais dans la première partie du second chapitre.

© Éditions d'Organisation

Cette co-construction de l'AP correspond, en fait, à un choix dans la philosophie même de l'AP. En préconisant ce type de construction, nous proposons, en fait, de concevoir l'AP moins comme un contrôle fondé sur un jugement censé être rationnel, mais davantage comme un co-développement fondé sur la confiance mutuelle (entre fonctionnels RH et opérationnels).

Ce nouveau mode de co-construction des outils de gestion doit permettre de concevoir et mettre en œuvre l'outil sous un mode de coordination et de négociation qui renforce *l'acceptabilité sociale* du dispositif. Pour cela, les outils de gestion doivent tenir compte des identités professionnelles des individus. Dans tous les cas, comme l'ont montré nombre de sociologues, si l'appréciateur et l'apprécié ne se reconnaissent pas et ne reconnaissent pas leur identité professionnelle [1] dans le référentiel de leur appréciation, ils auront tendance à mal renseigner, voire même à ne pas l'utiliser du tout.

Même si ce choix philosophique n'est pas fait par tout le monde, il est clair que dans tous les cas, un nouvel équilibre doive être trouvé entre l'effort de rationalisation, de contrôle de la direction (notamment développé dans nombre d'entreprises publiques ou para-publiques, hôpitaux, collectivités locales et territoriales....) et la nécessité pour cette même hiérarchie de laisser de l'autonomie aux salariés (tendance renforcée par l'apparition des nouvelles technologies).

3.7 Mettre à plat les tabous de l'organisation

L'AP constitue, comme on l'a vu, un processus carrefour où se mêlent nombre de paradoxes managériaux. A ce titre, elle constitue aussi une opportunité rare dans l'organisation pour *mettre à plat* et/ou *mettre en débat* ses tabous, le *refoulé* de l'organisation, tout ce

---

1. Ce concept d'identité professionnelle a particulièrement été développé par R. SAINSAULIEU. Pour approfondir cette notion, on pourra consulter l'ouvrage d'I. FRANCFORT, F. OSTY, R. SAINSAULIEU, M. UHALDE, *Les mondes sociaux de l'entreprise*, Paris, Desclée de Brouwer, 1995.

© Éditions d'Organisation

dont on ne parle pas [1]. Ces tabous sont nombreux ; on peut néanmoins en lister quelques-uns qui sont particulièrement récurrents dans le discours des opérationnels :

- l'exemplarité des membres du comité de direction dans leurs pratiques managériales ;

- le manque de considération des « chefs » pour leurs troupes (pas de bonjour, etc.) ;

- des chefs davantage préoccupés par leur carrière que par le travail de leur troupe ;

- le lien entre *faire ce qu'on écrit ou dit* et *écrire ou dire ce que l'on fait* ;

- la relation hiérarchique versus la relation d'égal à égal prônée par l'AP (manifestée par un tutoiement démagogique ou une responsabilisation cordiale...) ;

- le mode de coopération/concurrence dans le groupe (la concurrence/émulation ou la concurrence contre-productive ?) ;

- le lien entre l'activité et le contrôle d'activité (réalisation des objectifs quantitatifs au détriment du qualitatif, falsification de tableaux de bord, etc.).

3.8   Éviter la mode du changement

Enfin, notre dernière recommandation sera d'éviter toute frénésie dans le changement. Celui-ci n'est possible que si les salariés conservent des repères précis sur ce qu'ils sont appelés à devenir et sur les moyens que la direction peut leur allouer pour passer de leur travail et statut actuel à celui qui est visé (D'Iribarne, 1989). La direction doit donc travailler en priorité à la définition de ces repères. De plus, en se fixant un but réel et concret, elle s'assure de ne pas succomber à une quelconque mode managériale qui, bien que coûteuse en temps, énergie et

© Éditions d'Organisation

---

1. *Cf.* MORGAN G., *Images de l'organisation*, Paris, Eska, 1990.

argent, se trouverait assez vite remplacée par une autre qui viendrait démoder et faire oublier la précédente [1].

4 Les pistes d'amélioration concernant le contrôle ouvert de l'AP

Le travail du fonctionnel RH étant d'être un élément intégrateur global, il doit s'appuyer sur les tensions organisationnelles et, pour cela, définir un mode de contrôle de mise en œuvre de l'AP qui permette de réinterroger régulièrement à la fois les critères mêmes du contrôle mais aussi et surtout le système AP tel qu'il a été conçu. Il faut pour cela que les quelques éléments classiques que nous mentionnons ci-après soient considérés dans un esprit d'ouverture du système de contrôle vers « *l'objectivité relative au débat collectif et à l'intersubjectivité* » [2] *comme nous l'avons vu plus haut.*

4.1 Opérer des boucles de retour systématiques (feed-back)

A toutes les étapes d'implantation, il est nécessaire que les fonctionnels RH examinent la validité de l'appréciation. Elle implique un minimum de cohérence entre l'AP et l'organisation qui s'en sert. Elle exige aussi l'examen de la technicité de l'outil. Ce critère sert à évaluer les instruments de gestion du point de vue de leur construction et de leur mise en œuvre.

---

1. Cette remarque s'applique aussi au changement dans les outils de gestion utilisés pour réaliser l'appréciation. À la suite d'un changement dans l'outillage de l'appréciation, de nombreuses déconvenues proviennent du fait que l'on ne s'est, bien sûr, pas suffisamment interrogé sur les raisons de l'échec de l'outil précédent mais aussi, et on l'oublie trop souvent, du fait que l'on n'a pas évalué réellement si le nouvel outil permettait de mieux atteindre les buts que l'on s'est fixés.
À ce sujet, voir G. TRÉPO, « Modes de management et évolution des entreprises », in *Enjeu humain*, CEPP, 1988 ; ou encore « Introduction and diffusion of management tools : the example of quality circle and total quality control », *European Management Journal*, vol. 5, n° 4, Winter 1987.
2. LOUART P., *op. cit.*, p.179.

© Éditions d'Organisation

4.2 Concevoir et mettre en œuvre un dispositif de contrôle du processus d'appréciation

Ce contrôle de mise en œuvre effective de l'AP doit se faire sur deux axes : quantitatif et qualitatif.

Au niveau quantitatif, on peut par exemple examiner le nombre d'entretiens qui ont été conduit. Ces informations peuvent être directement centralisées par les appréciateurs. Mais on peut aussi les recueillir par le biais d'un questionnaire distribué auprès d'un échantillon représentatif du personnel. Cette seconde méthode permet aussi de recueillir des informations qualitatives sur les conditions du déroulement des entretiens (« *J'ai été convoqué à l'avance, mon entretien a duré au moins une heure et demie, un compte rendu de l'entretien m'a été remis... »*) et sur la satisfaction des salariés (« *L'AP favorise le dialogue hiérarchie-salarié, elle est utile pour le plan de formation, l'évolution professionnelle, etc. Je souhaite qu'elle soit reconduite tous les ans. »*)

Mais une analyse qualitative fine ne peut se satisfaire de ces seules réponses obtenues par questionnaire. Il peut donc aussi être utile de sonder, par voie d'entretien, les appréciateurs (par exemple un par service) afin de les interroger sur les difficultés rencontrées, les opportunités utilisées mais aussi les risques de cet outil. De même, des entretiens avec les appréciés permettent de recueillir leur ressenti et leurs suggestions sur les améliorations possibles. En tout état de cause, ce contrôle doit permettre de faire un retour (dans un mode de gestion de projet) au comité de direction et d'opérer des réajustements dans le dispositif de mise en œuvre (fond et forme) afin d'assurer un ajustement du dispositif aux réalités du terrain.

Lorsqu'on n'en est qu'au commencement de la mise en œuvre, la vérification est difficile. Aussi doit-on également définir des critères selon lesquels on met ce contrôle en place :

© Éditions d'Organisation

Critère de conformité : examen du rapport entre le prescrit et le réalisé et de l'affectation de moyens suffisants à l'atteinte des objectifs fixés par les recommandations.

Critère d'efficacité : examen des résultats par rapport aux objectifs (utilisation maximale des moyens mis en œuvre).

Critère de cohérence : examen de l'adaptation des moyens mis en œuvre pour atteindre les objectifs visés par les recommandations, pour transmettre à l'ensemble des salariés les techniques et valeurs prônées par l'AP.

Critère de pertinence : en fonction du contexte global de l'organisation, examen de la congruence, des moyens et des objectifs fixés par la mise en application des recommandations.

Critère d'efficience : examen des ressources par rapport aux résultats (ce critère porte sur l'utilisation optimale des moyens et des ressources).

Bref, pour être effectivement mise en œuvre, l'AP suppose de l'information sur l'outil et sa mise en œuvre, des compétences : savoir préparer, mener, synthétiser ; prendre une décision.... et un engagement réciproque sur :

- la préparation (formation préalable, préparation de l'entretien en tant que tel...) ;

- la conduite (attitude d'ouverture, respect des engagements pris à l'année n–1, formalisation des objectifs de l'année N+1...) ;

- le suivi de l'entretien (formalisation et mise en œuvre du plan d'action de progrès défini – formation, missions complémentaires, coaching, tutorat – respect des engagements pris en termes de rémunération, affectation à un emploi...).

© Éditions d'Organisation

L'ensemble de ces conditions vient très largement impacter le management qui doit, ce faisant, sortir de la logique *légitimité technique* pour entrer dans la logique *légitimité managériale*.

Rappelons pour conclure les règles d'équité procédurale [1] et de justice *interactionnelle* [2] qui sous-tendent tout le management « moderne », déjà citées pages 19 à 21.

Thibault et Walker (1975) dans leur recherche fondatrice trouvent que la perception de justice procédurale dépend de la possibilité pour les personnes de se faire entendre, présenter leur point de vue ou, mieux, de disposer d'un droit de vote ou de veto (Principes 1 à 6).

EXIGENCES DU PROCESSUS	
PRINCIPE 1	Ne pas être biaisé : l'intérêt particulier d'une partie ne doit pas l'emporter.
PRINCIPE 2	Être consistant dans le temps et dans l'espace à partir des mêmes données, la décision sera la même.
PRINCIPE 3	Être basé sur des informations pertinentes et justes.
PRINCIPE 4	Être amendable : les erreurs peuvent être corrigées en usant d'un droit d'appel.
PRINCIPE 5	Être représentatif : les points de vue des différentes parties prenantes doivent être pris en compte.
PRINCIPE 6	Comporter des principes éthiques/moraux qui doivent être annoncés et respectés.
PRINCIPE 7	Respecter la dignité des parties.
PRINCIPE 8	Expliquer et justifier avec sincérité les évaluations et décisions prises.

1. LAVENTHAL G.S., KARUZA J., & FRY W.R., « Beyond fairness : a theory of allocation preferences », *Justice and social interaction,* New York : Springer-Verlag, p. 167-218, 1980.
2. BIES R.J., SHAPIRO D.L. and CUMMINGS L.L., « Causal accounts and managing organizational conflict : is it enough to say it's not my fault ? » in *Communication Research,* 15, p. 381-399, 1988.

© Éditions d'Organisation

Bien sûr la destination hiérarchique ne va pas toujours correspondre au point de vue des collaborateurs. Shapiro (1993) a trouvé que la façon de communiquer des hiérarchiques est importante : la patience, l'écoute et l'empathie augmentent la confiance et la perception d'équité procédurale chez les collaborateurs (principes 7 et 8).

© Éditions d'Organisation

CONCLUSION

Quelques pistes de réflexion
pour continuer à améliorer la pratique

En fait, il en va de l'AP comme du management *moderne* en général : il y a le monde tel que les directions et les fonctionnels RH le voient et le monde tel qu'il est vécu par les opérationnels.

En effet, malgré le discours des fonctionnels sur l'appréciation (des objectifs à la fois informationnels, organisationnels et motivationnels) et les moyens déployés (formalisation de supports d'entretien, formation des appréciateurs et des appréciés, traduction des objectifs de groupe en objectifs individuels contributifs, élaborations de référentiels d'activités ou de compétences...), l'AP suscite encore de nombreuses insatisfactions à tous les niveaux de l'organisation.

Notre étude nous a permis de montrer que :

- *les fonctionnels RH et les directions considèrent ce système coûteux et générant peu d'effets.* Dans tous les cas, ses effets sont difficilement mesurables ;

- *les appréciateurs appréhendent l'AP comme une lourde charge de travail supplémentaire,* comme une pratique leur imposant un positionnement hiérarchique ambigu (être à la fois juge et coach). Ils y voient une pratique semée de nombreuses difficultés de mise en œuvre ;

© Éditions d'Organisation

- les opérationnels appréciés mettent en évidence l'écart entre le dispositif qu'on leur présente (objectivité, transparence, qualité du dialogue...) et les pratiques qu'ils *subissent* : discours managérial « langue de bois », objectifs implicites de réduction de la masse salariale, de justification de décisions de licenciement, etc.

Ces insatisfactions ont deux causes principales :

La première est liée à l'outil lui-même. Ainsi, bien qu'elle ne soit qu'un élément dans le processus d'appréciation, l'instrumentation est loin d'être neutre car elle est porteuse de logiques sous-jacentes plus ou moins conscientes. De plus, la complexité d'un outil d'appréciation, les contraintes de son utilisation et de sa maintenance peuvent entraîner des difficultés de prise en main pour les opérationnels appréciateurs et pour les fonctionnels RH. Aussi, même si ces derniers tentent de surmonter ces difficultés par une formation et une information de plus en plus intensives des appréciateurs et parfois même des appréciés, la prise en main de l'outil lui-même reste difficile. Par exemple, il reste difficile d'élaborer des référentiels qui soient tout à la fois cohérents et représentatifs des activités de l'ensemble des salariés. Les activités sont difficiles à cerner, à découper en séquences et, lorsqu'on y parvient, c'est parfois sous un mode de formulation tellement complexe qu'il n'autorise pas le partage et la diffusion.

Même si nombre des difficultés relevées dans l'outil sont surmontables, il nous faut noter que, malgré son importance, la validité technique de l'outil appréciation est une condition nécessaire mais pas suffisante à la mise en œuvre d'un processus AP. La validité technique de l'AP est en effet une condition de sa faisabilité. Mais il faut aussi et surtout que le processus AP satisfasse à des conditions d'applicabilité, qu'il ait une *validité sociale*. Car n'est-ce pas ce que l'on vise : que le processus soit appliqué à des salariés ? Cette validité sociale se nourrit de plusieurs éléments :

© Éditions d'Organisation

- sa crédibilité dans la prédiction de l'avenir professionnel des salariés ;

- la qualité des relations appréciateurs-appréciés durant l'année ;

- la connaissance par les deux parties des conditions économiques et sociales dans lesquelles se déroule l'entretien.

Pour synthétiser, on peut dire que, comme tout autre outil RH, l'AP fait l'objet d'interprétations et pratiques déviées :

- des attentes excessives, chacun ayant tendance à vouloir en faire un *outil magique* ;

- un ritualisme conduisant à une utilisation de l'outil indépendamment des objectifs initialement poursuivis ;

- une absence de lien avec l'ensemble du processus de GRH (GRH intégrée et dynamique).

La seconde source d'insatisfaction concerne les conditions de mise en oeuvre dans lesquelles les opérationnels vivent des contradictions. D'où notre cadre interprétatif sur les injonctions paradoxales réelles ou perçues.

Pour les appréciateurs, ces contradictions sont essentiellement dues au fait qu'ils connaissent et/ou maîtrisent rarement le cœur de leur métier de manager : opérer des ajustements, des mises en cohérences là où règnent l'incohérence et le chaos, traduire en plans d'action opérationnels des objectifs conceptuels, strictement financiers et quantitatifs...

Pour les appréciés, ces insatisfactions sont essentiellement dues aux contradictions relevées dans ce dispositif, contradictions qui sont en fait révélatrices de celles inhérentes au management dit moderne : il se prétend participatif et se révèle en fait souvent coercitif. Le dispositif d'AP n'y échappe pas et l'équilibre général dans sa mise en œuvre entre contrôle gestionnaire et autonomie des salariés est difficile à trouver.

© Éditions d'Organisation

Les systèmes d'appréciation, tels qu'ils sont définis et pratiqués constituent des *dispositifs-carrefours rassemblant et articulant de nombreux éléments contradictoires.*

Ainsi, il existe un écart irréductible entre l'appréciation telle que les directions et les fonctionnels RH la voient et l'appréciation telle qu'elle est effectivement pratiquée et vécue par les opérationnels. Cet écart ne semble pas pouvoir être supprimé : est-il même souhaitable qu'il le soit ? Car il correspond aussi à l'image que les opérationnels se font de la direction et des fonctionnels...

Dès lors, face à l'utilisation massive de l'AP par les entreprises, on peut se poser la question : pourquoi maintenir une pratique gestionnaire qui suscite autant de difficultés de mise en œuvre et d'insatisfactions ? Essentiellement pour deux raisons. La première est que le courant de pensée managérial dominant reste marqué par des ersatz humanistes. De ce fait, l'entretien représente encore aujourd'hui la possibilité d'un dialogue hiérarchique/salarié dans le processus de décision, contact qui humanise cette décision (quelle qu'elle soit) car elle donne l'opportunité à l'apprécié de s'exprimer, de comprendre les tenants et les aboutissants de la décision prise. Il peut également donner le sentiment à l'apprécié qu'il est jugé pour lui-même, tel qu'il est et non pas à partir de signes de performances purement objectifs. De plus, dans un environnement organisationnel particulièrement mouvant, la confiance et l'authenticité des rapports hiérarchiques peuvent se jouer à partir des référentiels d'appréciation (surtout si ces derniers sont basés sur l'activité réelle) ; c'est dans tous les cas ce qu'il faut continuer à voir dans l'AP.

La seconde est que les difficultés exprimées par les opérationnels correspondent globalement aux raisons qui incitent les fonctionnels RH et les directions à maintenir voire même à étendre les pratiques d'appréciation (management paradoxal, justice procédurale, etc.).

© Éditions d'Organisation

Ce dispositif reste donc, malgré ses nombreuses difficultés de mise en œuvre et incohérences intrinsèques, un formidable outil managérial qui peut favoriser la mise en lien, voire même en cohérence, de logiques actuellement antagonistes. Des pratiques renouvelées pourraient s'organiser autour de la dialectique de la nouvelle fonction RH : entre la gestion organisationnelle conduite par la direction et les cadres opérationnels de l'entreprise et la gestion conduite en partie par et pour le collaborateur.

Pour que l'AP fonctionne, il faut faire en sorte que se rejoignent dans une approche dialectique les deux systèmes dominants cette pratique : l'orientation humaniste et l'orientation productiviste. L'AP ne peut en effet fonctionner que si l'on concilie les besoins et les contraintes des entreprises avec les besoins et projets d'évolution des salariés.

L'AP est au cœur de l'évolution du métier de manager. Autrement dit, elle est un des points essentiels sur lesquels se focalisent d'un côté la volonté de changement (de la part des directions et des fonctionnels RH) et, de l'autre, les résistances au changement (de la part des opérationnels appréciateurs et appréciés). Il faut continuer à la mettre en œuvre car tous les acteurs y sont attachés pour différentes raisons. Sa raison d'être se situe à la croisée des chemins entre la performance de l'entreprise, son efficience (résultats aux meilleurs coûts) et le besoin identitaire et symbolique qu'ont les salariés d'avoir un retour sur ce qu'ils font, sur ce qu'ils sont.

Reste donc aux fonctionnels RH à se donner les moyens de cette ambition en agissant à la fois sur la mise en œuvre de l'outil, mais aussi et surtout sur les conditions psycho-sociales dans lesquelles il s'insère. Un moyen pour tendre vers cette finalité est probablement de considérer l'appréciation comme un contrat entre deux parties (l'appréciateur et l'apprécié) basé sur des régulations non plus seulement de contrôle, mais sur des régulations par ajustement mutuel, valeurs, projets

© Éditions d'Organisation

partagés, etc. Le 360° ne serait-il pas d'ailleurs une manifestation de ce nouveau type d'AP ?

Nous avons tenté de penser globalement, mais en gardant toujours en point de mire un mode de formalisation qui permette d'agir localement en fonction du contexte externe et interne de chaque entreprise et des individus qui la composent, de sa rationalité socio-politique et technico-économique, de sa stratégie et de son histoire.

En d'autres termes, il s'agit de penser globalement pour agir localement. C'est cela que l'on appelle la « glocalisation ».

© Éditions d'Organisation

Annexes

Annexes

Annexe 1 :

Questionnaire HEC-ANDCP
sur la perception de l'AP par les DRH

Questionnaire sur le dispositif d'appréciation des salariés adressé aux DRH des organisations de plus de 700 salariés

Si votre organisation utilise des systèmes d'évaluation différents selon les catégories de personnel, veuillez indiquer les caractéristiques de celui qui concerne le plus grand nombre de salariés

1 –   Votre organisation dispose-t-elle d'une procédure d'appréciation des salariés ?

❑ Oui   ❑ Non   Si non passer à la question n° : 16

Si oui concernant les cadres, depuis quelle année ? _____
Si oui concernant les non-cadres, depuis quelle année ? _____

2 –   Quels sont les objectifs de votre dispositif d'appréciation ? (plusieurs réponses possibles)

❑ Instaurer un dialogue entre niveaux hiérarchiques
❑ Faciliter la mise en œuvre des objectifs de l'organisation
❑ Gérer les rémunérations
❑ Gérer les évolutions professionnelles   Numéroter vos réponses
❑ Aider au développement des salariés   de 1 à n
❑ Gérer les compétences   selon l'importance
❑ Autre ....   (1 désignant l'objectif premier)

3 –   Qui est apprécié ? (plusieurs réponses possibles)

❑ Les individus   ❑ Les non cadres   ❑ Les cadres supérieurs
❑ Les équipes   ❑ Les cadres   ❑ Autre_____

4 –   Qui apprécie « M. x » de niveau « n » ? (plusieurs réponses possibles)_____

❑ Le N + 1   ❑ Les clients externes   ❑ Les subordonnés (N - 1)
❑ Le N + 2   ❑ Les « clients internes » ❑ Les pairs(même niveau)
❑ L'ensemble des N + 1   ❑ Autre_____

5 –   Qu'est-ce qui est apprécié ? (plusieurs réponses possibles)

❑ Les résultats/ objectifs ————————————————————
❑ Les savoir-faire opérationnels et la maîtrise du poste ————————
❑ Les aptitudes relationnelles ————————————————
❑ Les connaissances professionnelles (Principes techniques)————————
❑ Les aptitudes cognitives (démarche intellectuelle...) ————————
❑ Le potentiel————————————————————————
❑ Autres ————————————————————————

© Éditions d'Organisation

6 – Disposez-vous d'un référentiel des compétences ? (par métiers postes ou fonctions)

❑ Oui   ❑ Non

Si oui, quel est son principe d'utilisation ?
_____
_____
_____
_____

7 – Y a-t-il eu clarification et explicitation des rôles, responsabilités et délégations en amont de l'appréciation ?

❑ Oui   ❑ Non
_____
_____

8 – Qui est destinataire de la synthèse de l'appréciation ?

	Totalement ?	Partiellement ?
❑ La personne concernée ?	❑	❑
❑ Le « N + 1 » ?	❑	❑
❑ Le « N+2 » ?	❑	❑
❑ Le DRH ?	❑	❑
❑ Autre ?	❑	❑

_____
_____

9 – Sous quelle forme se présente la synthèse de l'appréciation ?

❑ Un commentaire qualitatif
❑ Une notation globale à 4 niveaux ou plus
❑ Une notation globale à moins de 4 niveaux
❑ Autre ? _____
_____
_____

10 – La notation doit-elle respecter une distribution forcée
(ex: 10 % dans la catégorie supérieure ; 10 % dans l'inférieure)

❑ Oui   ❑ Non   _____
_____

© Éditions d'Organisation

11 – Quelle est la fréquence d'appréciation d'un salarié ?

❑ Trimestrielle
❑ Semestrielle
❑ Annuelle
❑ Autre _____

12 – Votre dispositif d'appréciation a-t-il atteint ses objectifs ? _____
(Ne répondre que pour les objectifs que vous avez identifiés à la question n° 2)

	pas du tout	Dans une faible mesure	Dans une large mesure	en totalité
- Instaurer un dialogue entre niveaux hiérarchiques	❑	❑	❑	❑
- Faciliter la mise en œuvre des objectifs de l'organisation	❑	❑	❑	❑
- Gérer les rémunérations	❑	❑	❑	❑
- Gérer les évolutions professionnelles	❑	❑	❑	❑
- Aider au développement des salariés	❑	❑	❑	❑
- Gérer les compétences	❑	❑	❑	❑
- Autre_____	❑	❑	❑	❑

13 – La procédure d'appréciation a-t-elle eu des effets non prévus initialement ?

❑ oui   ❑ Non   Si oui, lesquels ?

❑ Ajouter une procédure en décalage avec la réalité et la diversité des situations de travail ?
❑ Renforcer la méfiance entre les niveaux hiérarchiques ?
❑ Démotiver les personnels les moins bien notés ?
❑ Inciter les salariés à minimiser leurs objectifs ?
❑ Individualiser au détriment du travail d'équipe ?
❑ Renforcer le rôle de la DRH ?
❑ Autres ?———————————————————————————
_____
_____

14 – Dans les deux ans à venir, envisagez-vous de modifier la procédure d'appréciation ?

❑ oui   ❑ Non

Pour quelles raisons ? ——————————————————————————
_____
_____

De l'abandonner ?

❑ Oui   ❑ Non

Pour quelles raisons ? ——————————————————————————
_____
_____

© Éditions d'Organisation

15 – Quelle appréciation globale portez-vous sur l'efficacité de cet outil de management ?

_____
_____
_____
_____
_____
_____
_____
_____
_____
_____
_____
_____
_____
_____
_____
_____

16 – Quelles sont les caractéristiques de votre organisation ?

Dénomination de votre organisation : _____
Effectif de l'unité pour laquelle vous avez répondu : _____ Effectif Total : ___
❑ Secteur privé   ❑ Secteur public ou para-public
❑ Origine française ❑ Origine étrangère

Les résultats de l'enquête et son analyse statistique vous seront adressés
dans le courant du mois de mai, si nous obtenons votre réponse avant le : 21 mars 1998

© Éditions d'Organisation

Annexe 2

Deux exemples d'AP : PUBLISERV et PETRO

PUBLISERV

Fiche d'entretien d'appréciation du professionnalisme

Année : ....

NOM de l'appréciateur : ....

Prénom de l'appréciateur : ....

Service ou Agence : ....

NOM de l'apprécié : ....

Prénom de l'apprécié : ....

GR : ....

Emploi : ....

Position d'Emploi M3E : ....

GF : .... NR : ....

Sommaire de la fiche

1 Bilan de l'année écoulée
1.1 Appréciation de la qualité du travail dans la durée
   1.1.1 Appréciation des résultats
   1.1.2. Appréciation du comportement professionnel
1.2 Appréciation des compétences
1.3 Appréciation de la progression de l'apprécié
1.4 Commentaires du bilan de l'année écoulée
2 Définition des objectifs de l'année à venir
3 Projet d'actions de professionnalisation de l'apprécié
4 Proposition d'évolution de la rémunération
Orientation Professionnelle
Mobilité fonctionnelle
Mobilité géographique

Fiche d'entretien d'appréciation du professionnalisme

© Éditions d'Organisation

© Éditions d'Organisation

1 - BILAN DE L'ANNEE ECOULEE

1.1 Appréciation de la qualité du travail dans la durée
1.1.1 Appréciation des résultats

OBJECTIFS	INDICATEURS	RESULTATS OBTENUS			EXPLICATION DE L'ECART	
		OUI	NON	A VERIFIER	COMMENTAIRES DE L'APPRECIATEUR	COMMENTAIRES DE L'APPRECIE
Objectifs individuels (lié(s) à un contrat individuel)						
1		☐	☐	☐		
2		☐	☐	☐		
3		☐	☐	☐		
4		☐	☐	☐		
5		☐	☐	☐		
Contribution aux Objectifs du GR (lié(s) à un contrat de groupe)						
1		☐	☐	☐		
2		☐	☐	☐		
3		☐	☐	☐		
4		☐	☐	☐		
5		☐	☐	☐		
Mission (s) complémentaire (s)						
1		☐	☐	☐		
2		☐	☐	☐		
3		☐	☐	☐		

Fiche d'entretien d'appréciation du professionnalisme

1 - BILAN DE L'ANNEE ECOULEE

1.1.2 Appréciation du comportement professionnel : *exemple de grille appréciation du comportement professionnel*

	Critères de comportement professionnel *	1	2	3	4	Commentaires de l'Appréciateur	Commentaires de l'Apprécié
1	Sens du client						
2	Respect des règles du jeu						
3	Exemplarité						
4	Esprit d'équipe						
5	Solidarité avec les membres des autres GR						
6	Ponctualité						
7	Adaptation aux changements						
8	(à renseigner par l'Appréciateur)						
9							
10							
11							
12							
13							
14							
15							

* *Appréciation : 1 : Très bien - 2 : Bien - 3 : Moyen - 4 : Médiocre*

Fiche d'entretien d'appréciation du professionnalisme

© Éditions d'Organisation

© Éditions d'Organisation

1 - BILAN DE L'ANNEE ECOULEE

1.2 Appréciation des compétences (cf. R.A.C.)

ACTIVITES CLES	COMPETENCES CLES	FAITS ET ACTES OBSERVABLES	REALISATION		
			En quantité	En qualité	A vérifier
			OUI | NON	OUI | NON	

Commentaires de l'Appréciateur

Commentaires de l'Apprécié

Fiche d'entretien d'appréciation du professionnalisme

1 - BILAN DE L'ANNEE ECOULEE

1.3 Appréciation de la progression de l'apprécié

Y A-T-IL EU PROGRESSION DE L'AGENT DANS SON ACTIVITE ?	+	-	=
Dans l'atteinte des résultats			
Dans le comportement professionnel			
Dans les compétences déployées			

Commentaires de l'Appréciateur	Commentaires de l'Apprécié

Fiche d'entretien d'appréciation du professionnalisme

© Éditions d'Organisation

© Éditions d'Organisation

1 - BILAN DE L'ANNEE ECOULEE

1.4 Commentaires du bilan de l'année écoulée

	APPRECIATEUR	APPRECIE
Principaux points forts		
Principaux points faibles		

Actions de professionnalisation
- Réalisées
  - acquis
  - manques
- Non réalisées
  - pourquoi ?		

Fiche d'entretien d'appréciation du professionnalisme

2 - DEFINITION DES OBJECTIFS ATTENDUS POUR L'ANNÉE A VENIR

	INDICATEURS	OBJECTIFS FIXES PAR LA HIERARCHIE	PROPOSITIONS ET OBSERVATIONS DE L'AGENT
Objectifs individuels (liés à un contrat individuel) 1			
2			
3			
4			
5			
Contribution aux objectifs du GR (liés à un contrat de groupe) 1			
2			
3			
4			
5			
Mission(s) complémentaire(s) 1			
2			
3			

Fiche d'entretien d'appréciation du professionnalisme

© Éditions d'Organisation

© Éditions d'Organisation

3 - PROJET D'ACTIONS DE PROFESSIONNALISATION

	PROPOSITION DE LA HIERARCHIE	
	POURQUOI ?	QUOI ? (préciser quelle action)
FORMATION	....	....
IMMERSION	....	....
COACHING	....	....
TUTORAT	....	....
MISSION(S) COMPLEMENTAIRE(S) PROFESSIONNALISANTE(S)	....	....

OBSERVATIONS DE L'AGENT ....
....

4 - PROPOSITION D'EVOLUTION DE LA REMUNERATION

Une proposition d'évolution de la rémunération peut-elle être envisagée ?   OUI ☐   NON ☐

Date de l'entretien :

Nom et signature de l'appréciateur :   Signature de l'apprécié :

(La signature ne vaut pas accord, elle atteste simplement que l'entretien a bien eu lieu)

Fiche d'entretien d'appréciation du professionnalisme

ORIENTATIONS PROFESSIONNELLES Feuillet à retourner au SRH : Mme X...

MOBILITE FONCTIONNELLE

Nom : .... Prénom : .... Agence/service : ....

Emploi : .... GF : .... GR : ....

Expression de l'agent :

Souhaits de l'agent dans son domaine d'activités actuel :

....

....

Souhaits de l'agent dans d'autres domaines d'activité :

....

....

Commentaires de la hiérarchie : ....

....

....

....

....

MOBILITE GEOGRAPHIQUE (à renseigner par les agents mobiles)

Expression de l'agent :

Sur le groupement de Centre Méditerranée....................................

....

Sur d'autres régions : ....

....

Commentaires de la hiérarchie : ....

....

....

....

Contrainte(s) à la mobilité : Enfant(s) scolarisé(s) : ☐

Agent propriétaire : ☐ Autres motifs : ....

Conjoint salarié : ☐

Date de l'entretien :

Nom et signature de l'appréciateur : Signature de l'apprécié :

Fiche d'entretien d'appréciation du professionnalisme

© Éditions d'Organisation

© Éditions d'Organisation

Guide pratique d'entretien d'appréciation du professionnalisme

COMMENT REMPLIR LA FICHE D'ENTRETIEN D'APPRECIATION DU PROFESSIONNALISME ?

- La fiche d'entretien d'Appréciation Du Professionnalisme est conjointement renseignée par l'Appréciateur et l'Apprécié.
- Chaque partie en conservera donc un exemplaire.

Sommaire

1 Bilan de l'année écoulée
1-1 Appréciation de la qualité du travail dans la durée
    1-1-1 Appréciation des résultats
    1-1-2 Appréciation du comportement professionnel
1-2 Appréciation des compétences
1-3 Appréciation de la progression de l'apprécié
1-4 Commentaires du bilan de l'année écoulée
2 Définition des objectifs de l'année à venir
3 Projet d'actions de professionnalisation de l'apprécié
4 Proposition d'évolution de la rémunération
Orientation Professionnelle
    Mobilité fonctionnelle
    Mobilité géographique

PARTIE	CONTENU	COMMENTAIRE	UTILISATION
1ère PARTIE **BILAN DE L'ANNEE ECOULEE**	**1-1 APPRECIATION DE LA QUALITE DU TRAVAIL DANS LA DUREE** 1-1-1 APPRECIATION DES RESULTATS	Les objectifs fixés à l'agent peuvent être individuels et / ou contributifs. Ils sont individuels si l'agent bénéficie d'un contrat individuel. Ils sont contributifs aux objectifs du GR dans tous les cas, car tous les agents bénéficient d'un contrat de groupe. « A vérifier » signifie que sur cet objectif, l'appréciateur n'est pas en mesure d'apprécier l'atteinte de l'objectif : - l'apprécié n'a pas eu la possibilité de réaliser cet objectif, - il y a discordance entre la vision de l'appréciateur et celle de l'apprécié	⇨ L'appréciateur FORMALISE a minima 5 objectifs individuels et / ou 5 objectifs contributifs et 3 missions complémentaires (s'il y a lieu) ⇨ Le hiérarchique PORTE SON APPRECIATION : - en terme de résultats atteints Oui ☐ - en terme de résultats non atteints Non ☐ - en terme de résultats imprécis à Vérifier ☐ ⇨ L'appréciateur et l'apprécié ont la possibilité de commenter (appréciation qualitative) les résultats obtenus.
	1-1-2 APPRECIATION DU COMPORTEMENT PROFESSIONNEL	Grille synthétique des principaux critères de comportement professionnel.	Le hiérarchique coche son appréciation sur l'échelle proposée pour chacun des critères énoncés dans la fiche d'entretien. Il ajoute des critères spécifiques à l'emploi de l'apprécié, au regard des exemples contenus dans le support de formation Appréciateurs.

	1-2 APPRECIATION DES COMPETENCES (RAC)	- Dans le prolongement et la logique de M3E chaque agent dont l'emploi est décrit bénéficie de Repère Activité Compétences (R.A.C.) correspondant :
		
		  - les activités clés et les compétences clés : "coeur de l'emploi" ou activité(s) stratégique(s) pour l'unité,
		
		  - les faits et actes observables (batterie d'indicateurs sur laquelle se fonde l'appréciation).
		
		- Pour les agents dont l'emploi n'est pas encore décrit en M3E, ils ne bénéficieront pas d'une appréciation des compétences mais auront un entretien sur l'ensemble des autres thèmes. (appréciation de la qualité du travail dans la durée, de la progression ....)
			La hiérarchie porte son appréciation en terme de réalisation :
			- Quantitative Oui ☐ Non ☐
			- Qualitative Oui ☐ Non ☐
			- Imprécise à Vérifier ☐
			
			L'appréciateur renseigne obligatoirement une des deux colonnes (quantitatif ou qualitatif), pas nécessairement les deux.
			
			L'appréciateur et l'apprécié ont la possibilité de commenter (appréciation qualitative) la réalisation des faits et actes observables.

© Éditions d'Organisation

© Éditions d'Organisation

PARTIE	CONTENU	COMMENTAIRE	UTILISATION
1ère PARTIE **BILAN DE L'ANNEE ECOULEE**	**1-3 APPRECIATION DE LA PROGRESSION DE L'APPRECIE**	Comparaison des appréciations des années N – 2 (si possible) et N – 1 sur les 3 critères d'appréciation : - Appréciation des Résultats - Appréciation des Compétences - Appréciation du Comportement Professionnel Ce n'est pas parce qu'il y a progression dans les 3 domaines qu'il y a nécessairement franchissement d'un seuil de professionnalisme. Ce franchissement est assujetti au renseignement positif de ces critères sur une durée minimale de deux appréciations.	Le hiérarchique porte sur les 3 critères son appréciation en terme de progression : - Constatée : + ☐ - Inexistante : - ☐ - Maintenue : = ☐
	1-4 COMMENTAIRES DU BILAN DE L'ANNEE ECOULEE	- Résumé des principaux points forts et points faibles de l'apprécié durant l'année écoulée. - Bilan sur la mise en œuvre du Plan d'Action de Professionnalisation de l'année N-1.	L'appréciateur et l'apprécié ont la possibilité de commenter le bilan global (1ère partie), L'appréciateur et l'apprécié formalisent les principaux acquis et manques par rapport aux actions de professionnalisation réalisées, L'appréciateur et l'apprécié mentionnent les actions de professionnalisation non réalisées.

PARTIE	CONTENU	COMMENTAIRE	UTILISATION
2ème Partie DÉFINITION DES OBJECTIFS DE L'ANNÉE A VENIR	- Les objectifs peuvent être individuels et / ou contributifs. - Les missions complémentaires.	S'ils sont individuels, il font l'objet d'un contrat individuel S'ils sont contributifs, il font l'objet d'un contrat de groupe	- L'appréciateur formalise a minima 5 objectifs individuels et / ou 5 objectifs contributifs. - S'il y a lieu, il formalise au maximum 3 missions complémentaires.
3 ème Partie **PROJET D'ACTIONS DE PROFESSIONNA-LISATION DE L'AGENT**	- La Formation - L'Immersion - Le Coaching - Une ou des Mission(s) complémentaire(s) Professionnalisante(s). - Le Tutorat	Cinq moyens principaux peuvent permettre de renforcer le professionnalisme de l'Agent : _La Formation_ : est un des moyens de développer le professionnalisme de l'Agent. Ce n'est pas le seul. _L'Immersion_ : mise en situation réelle de l'agent dans un contexte professionnel différent du sien. _Le Coaching_ : accompagnement du managé par le manager dans la pratique au quotidien. _Les Missions complémentaires professionnali-santes_ : responsabilisation de l'Agent sur des missions de courtes durées, différentes de la sienne, lui permettant de développer des compétences spécifiques. _Le Tutorat_ : accompagnement permanent de l'Agent en situation de formation formelle ou informelle.	Le hiérarchique élabore et formalise le Projet d'Action de Professionnalisation à partir : - de l'appréciation qu'il porte sur l'agent (bilan N-1 et objectifs assignés à l'agent à N+1) - des propositions et souhaits de l'agent. Par la suite, le hiérarchique formalisera un Plan d'Action de Professionnalisation au travers de la démarche suivante : - Quoi ? - Pourquoi ? - Qui ? - Comment ? - Quand/Echéancier - Durée ? - Où ? - Dispositif du contrôle associé.
4 ème Partie PROPOSITION D'ÉVOLUTION DE LA RÉMUNÉRATION	L'évolution de la rémunération se réalise à partir d'une augmentation de GF ou de NR	Pour proposer une évolution de la rémunération de l'agent, il faut impérativement une qualité de travail dans la durée (minimum 2 apprécia-tions).	Suite à la proposition de l'appréciateur, un arbitrage sera effectué au niveau du SR par le chef de SR qui fera remonter les proposi-tions d'avancement au chef du SRH. Les avancements se feront avec l'accord du SRH.

© Éditions d'Organisation

© Éditions d'Organisation

PARTIE	CONTENU	COMMENTAIRE	UTILISATION
ORIENTATIONS PROFESSIONNELLES	**Mobilité fonctionnelle**	L'agent s'exprime sur ses souhaits en terme de mobilité fonctionnelle : - dans son domaine d'activité actuel (même métier et/ou même type d'emploi). - dans d'autres domaines d'activités.	La hiérarchie recense les souhaits de l'Agent, les formalise et les commente.
	Mobilité géographique	Cette partie n'est à renseigner que par les agents mobiles géographiquement. L'agent exprime ses souhaits et contraintes en terme de mobilité géographique.	POUR QUE L'ORIENTATION PROFESSIONNELLE DE L'AGENT SOIT OPTIMALE L'Appréciateur retourne impérativement ce feuillet au SRH, Mme DELEUIL : 51-91 - Conseil en orientation professionnelle - Conseil et gestion en mobilité fonctionnelle et géographique.

PÉTRO

PREPARATION A L'ENTRETIEN D'APPRECIATION
A REMPLIR PAR L'APPRECIE(E)

SUIVI D'ACTIVITES
ne pas remettre au R.H.

NOM :	PRENOM :
DATE DE L'APPRECIATION :	DEPT. / SERVICE :
TITRE DE LA FONCTION :	DATE :
ANCIENNETE SOCIETE :	COEFFICIENT :

1. PRINCIPALES RESPONSABILITES / REALISATIONS PENDANT L'ANNEE ECOULEE :
    (Tenir compte du bilan objectifs fixés à la dernière appréciation)

2. REALISATIONS PROPOSEES POUR L'ANNEE A VENIR :
    (Indiquer vos objectifs pour l'année à venir)

3. SUJETS QUE VOUS SOUHAITEZ EVOQUER AU COURS DE L'ENTRETIEN :

    - Travail effectué

    - Formation

    - Orientation

    - Autres sujets

    ☐ Je souhaite avoir un pré-entretien avant finalisation de ma feuille d'appréciation

© Éditions d'Organisation

PREPARATION A L'ENTRETIEN D'APPRECIATION

A REMPLIR PAR L'APPRECIATEUR

SUIVI D'ACTIVITES

ne pas remettre au R.H.

NOM :	PRENOM :
DATE DE L'APPRECIATION :	DEPT. / SERVICE :
TITRE DE LA FONCTION :	DATE :
ANCIENNETE SOCIETE :	COEFFICIENT :

1. PRINCIPALES RESPONSABILITES / REALISATIONS PENDANT L'ANNEE ECOULEE :
   (Tenir compte du bilan objectifs fixés à la dernière appréciation)

2. REALISATIONS PROPOSEES POUR L'ANNEE A VENIR :
   (Indiquer vos objectifs pour l'année à venir)

3. SUJETS QUE VOUS SOUHAITEZ EVOQUER AU COURS DE L'ENTRETIEN :

   - Travail effectué

   - Formation

   - Orientation

   - Autres sujets

© Éditions d'Organisation

APPRECIATION DU PERSONNEL

PERSONNEL	NOM :	DIRECTION :
	PRENOM :	ETABLISSEMENT :
ANNEE 19	NE(E) LE :	DEPT. / SCE :
	DATE DE L'ENTRETIEN :	FONCTION :
CONTRIBUTION PAR RAPPORT AUX BESOINS DU POSTE +, ≥, =, −	DATE DU PRECEDENT ENTRETIEN :	COEFFICIENT :

COMMENTAIRES DE LA HIERARCHIE LORS DE L'ENTRETIEN

- ☐ Qualité du travail
- ☐ Quantité de travail
- ☐ Autonomie
- ☐ Communication
- ☐ Ouverture vers client (interne et externe)
- ☐ Comportement sécurité/environnement
- ☐ aptitude au travail en groupe
- ☐ Initiative créativité
- ☐ Adaptation au changement / Capacité à apprendre
- ☐ Dégré d'implication
- ☐ Jugement/Sens de la décision
- ☐ Professionnalisme /Fiabilité
- ☐ Autres (à spécifier) - *Mettre en évidence les points forts, les points à améliorer par des exemples factuels :*

CONTRIBUTION GENERALE PAR RAPPORT AUX BESOINS DU POSTE	Cocher la case retenue			
	☐ Besoins dépassés	☐ Besoins largement atteints	☐ Besoins atteints	☐ Besoins non-atteints

SIGNATURES

Appréciateur de l'Intéressé(e)	L'Intéressé(e)	Superviseur de L'Appréciateur

Original R.H. - 1 copie à l'intéressé(e) - 1 copie à l'appréciateur

© Éditions d'Organisation

SUPPORT A L'ENTRETIEN D'APPRECIATION

L'appréciation annuelle consiste à dresser un bilan des 12 mois écoulés, à fixer les objectifs de l'année à venir et à définir les domaines de progrès à réaliser. Elle comporte également une réflexion sur les besoins de formation et sur les perspectives d'évolution professionnelle.
L'appréciation suppose un travail préparatoire de part et d'autre et nécessite l'instauration d'un véritable dialogue.

CONTRIBUTION

La contribution s'évalue par rapport au poste et aux objectifs fixés.
En regard de chacune des rubriques, indiquer le niveau de réalisation :

+ Besoins dépassés
≥ Besoins largement atteints
= Besoins atteints
− Besoins non-atteints

avec commentaires de la hiérarchie - page 4. Recto
et compte-rendu d'entretien de l'intéressé(e) - page 4. Verso.
Les besoins sont considérés atteints quand :

- **QUALITE DU TRAVAIL :**
  L'intéressé(e) fait un travail conforme aux exigences (coût, délai...). Le travail n'a pas à être repris. Il est correctement effectué.
- **QUANTITE DE TRAVAIL :**
  L'intéressé(e) fait tout le travail demandé. Il(elle) va au devant du travail et ne perd pas de temps.
- **AUTONOMIE :**
  L'intéressé(e) n'a pas besoin d'être guidé pas à pas.
- **COMMUNICATION :**
  L'intéressé(e) fait remonter l'information et sait rendre compte.
- **OUVERTURE CLIENT :**
  L'intéressé(e) satisfait les clients (internes ou externes). Il(elle) a le sens du service rendu.
- **COMPORTEMENT SECURITE / ENVIRONNEMENT :**
  L'intéressé(e) a une approche positive et prend en charge la sécurité pour lui(elle) et ses collègues.
- **APTITUDE AU TRAVAIL EN GROUPE :**
  L'intéressé(e) comprend et prend en compte le problème des autres (clients internes et/ou externes). Il(elle) adhère aux objectifs du groupe. Il(elle) est prêt(e) à aider les autres et a la volonté de s'intégrer à un groupe.
- **INITIATIVE / CREATIVITE :**
  L'intéressé(e) est capable de faire face à des situations imprévues. Il(elle) propose des solutions nouvelles et améliore les procédures existantes.
- **ADAPTATION AU CHANGEMENT / CAPACITE A APPRENDRE :**
  L'intéressé(e) est capable de travailler dans un environnement changeant. Il(elle) sait remettre en cause ses méthodes de travail et apprend rapidement.
- **DEGRE D'IMPLICATION :**
  L'intéressé(e) gère son travail comme si c'était sa propre affaire et se sent pleinement responsable de son domaine d'activité.
- **JUGEMENT / SENS DE LA DECISION :**
  L'intéressé(e) a du jugement. Il(elle) sait prendre des décisions opportunes.
- **PROFESSIONNALISME / FIABILITE :**
  L'intéressé(e) connaît et maîtrise les différents aspects de son métier (méthodes, contraintes techniques). Il(elle) est capable d'effectuer un diagnostique et sait résoudre les problèmes liés à son métier.

L'INTERESSE(E) PAR RAPPORT A SON POSTE

- Si la hiérarchie pense que L'intéressé(e) n'est pas bien dans son poste, en préciser les raisons (à indiquer au verso de l'imprimé Appréciation du Personnel).
- Si l'apprécié(e) ne se sent pas bien dans son poste, il(elle) doit préciser dans quels domaines d'activité ses compétences pourraient être mieux utilisées.

OBJECTIFS A REALISER :

Il est recommandé de se limiter à 1 ou 2 objectifs concrets (à indiquer au verso de l'imprimé Appréciation du Personnel).
Préciser :

- les résultats attendus
- les moyens mis à disposition : matériels, humains, formation...
- les éléments d'appréciation
- la méthode de suivi / mesure.

Commentaires - date et signature de l'appréciateur.

L'ENTRETIEN

Remettre plusieurs jours à l'avance une feuille de préparation à l'entretien et préciser le jour et l'heure du rendez-vous. A l'issue de l'entretien et après revue par le niveau n + 1, la feuille est signée par l'appréciateur et l'apprécié(e). L'original est envoyé aux Ressources Humaines. Une copie est remise à l'apprécié(e).

© Éditions d'Organisation

ORIENTATION ET POTENTIEL

Confidentiel

A ne pas remettre à l'intéressé(e)

NOM :   PRENOM :

FONCTION :   DATE :

DIRECTION :   DEPARTEMENT :

RAPPEL DE LA PERFORMANCE :

CARACTERISTIQUES LIEES AU POTENTIEL

+	=	−	
			CAPACITE A APPRENDRE DES CHOSES NOUVELLES
			MAITRISE DE SOI
			ESPRIT D'INITIATIVE
			CAPACITE A FAIRE FACE A UNE SURCHARGE TEMPORAIRE
			CREATIVITE
			ADAPTABILITE AU CHANGEMENT
			VA AU DEVANT DES RESPONSABILITES
			ENTRAINE L'ADHESION
			ENTRETIEN UN CLIMAT DE COMMUNICATION FACILE
			SAIT RENDRE COMPTE
			APTE A PROMOUVOIR LA SECURITE
			DESIR D'ACCEDER A UN POSTE SUPERIEUR
			MOBILITE PROFESSIONNELLE / GEOGRAPHIQUE

COMMENTAIRES :

L'INTERESSE(E) EST-IL SUSCEPTIBLE D'ASSURER DES RESPONSABILITES PLUS IMPORTANTES ?

Immédiatement   ☐ OUI   ☐ NON

Dans 2 ou 3 ans   ☐ OUI   ☐ NON

TYPE DE CARRIERE

Hiérarchie	
Filière	
Les deux	

DANS QUEL POSTE, PAR EXEMPLE :

PROPOSITIONS D'ORIENTATION ET DE PROMOTION :

APPRECIATEUR DE L'INTERESSE(E)	SUPERVISEUR DE L'APPRECIATEUR
NOM :	NOM :
FONCTION :	FONCTION :
DATE et SIGNATURE :	DATE et SIGNATURE :

Original R.H.

© Éditions d'Organisation

COMPTE RENDU D'ENTRETIEN

COMMENTAIRES DE L'INTERESSE(E)

- Sur son activité / Ses responsabilités

- Sur son appréciation / Son niveau de contribution

- Sur ses souhaits d'orientation (mutation, régime de travail)

- Action recommandée pour améliorer la contribution

- Objectifs retenus en commun pour l'année à venir

- Autres commentaires

DATES / SIGNATURES

Appréciateur de l'Intéressé(e)	L'Intéressé(e)	Superviseur de L'Appréciateur

© Éditions d'Organisation

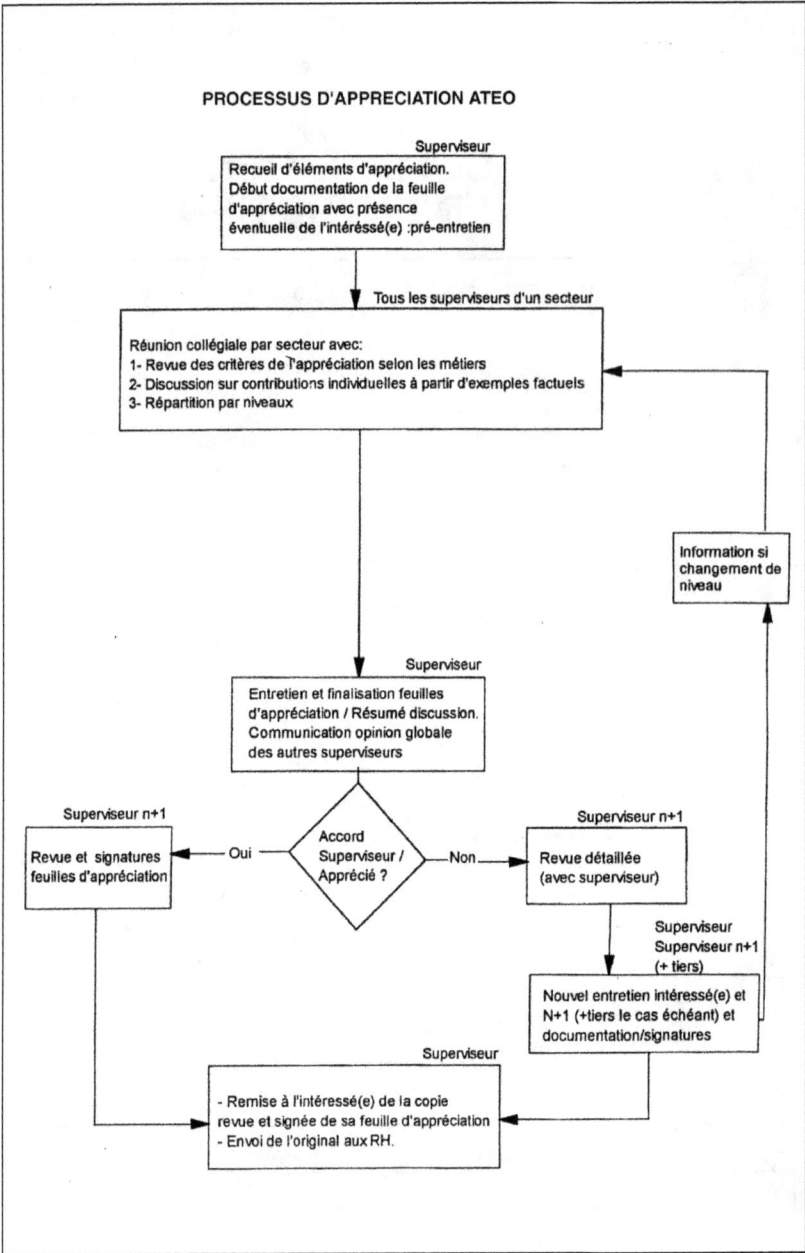

PROCESSUS D'APPRECIATION ATEO

Superviseur
Recueil d'éléments d'appréciation.
Début documentation de la feuille
d'appréciation avec présence
éventuelle de l'intéréssé(e) :pré-entretien

Tous les superviseurs d'un secteur
Réunion collégiale par secteur avec:
1- Revue des critères de l'appréciation selon les métiers
2- Discussion sur contributions individuelles à partir d'exemples factuels
3- Répartition par niveaux

Information si
changement de
niveau

Superviseur
Entretien et finalisation feuilles
d'appréciation / Résumé discussion.
Communication opinion globale
des autres superviseurs

Superviseur n+1
Revue et signatures
feuilles d'appréciation

Accord
Superviseur /
Apprécié ?

Oui

Non

Superviseur n+1
Revue détaillée
(avec superviseur)

Superviseur
Superviseur n+1
(+ tiers)
Nouvel entretien intéressé(e) et
N+1 (+tiers le cas échéant) et
documentation/signatures

Superviseur
- Remise à l'intéressé(e) de la copie
revue et signée de sa feuille d'appréciation
- Envoi de l'original aux RH.

© Éditions d'Organisation

Annexe 3

Exemple de référentiel de compétences :

A. Référentiel-emploi
B. Référentiel-liste

A. Référentiel-emploi

ACTIVITES [8]	COMPETENCES [8] • Actes observables conformes	Critère de niveau	MESURES INDICATEURS [8]
• **"L'Emploi informe le client sur les usages de l'Electricité et du Gaz, et les modalités d'accès à l'énergie"**	**Contact, Expression orale ou écrite** *(compétence essentielle)* 1. L'agent a une tenue, une attitude et une conduite correctes, se présente, s'identifie oralement comme par écrit, 2. est attentif au client, tient compte de son ressenti (vulnérabilité, détresse, appréhension, confusion...) 3. reste aimable, poli et respectueux en toutes circonstances, 4. gère l'attente éventuelle du client, le prend en charge jusqu'à la satisfaction de sa demande (ou jusqu'aux limites de ses possibilités d'action qu'il aura clairement énoncées au préalable au client), 5. reconnaît sans réticence le bien fondé des griefs éventuels, sans mettre en cause ses collègues, ni se réfugier derrière la règle, la procédure, la hiérarchie, ou l'ordinateur 6. s'exprime oralement comme par écrit dans des termes clairs et communs, bannit les termes techniques, le jargon interne, reprend le vocabulaire du client, respecte les règles de la correspondance commerciale écrite, de la grammaire, de l'orthographe	**PRO :** 4 ou 5 actes toujours observés	• Examen des résultats du Contrat d'objectifs individuels (s'il existe) • Analyse conjointe d'un nombre significatif d'entretiens téléphoniques réalisés en parallèle ou enregistrés • Analyse conjointe de courriers personnalisés rédigés par l'emploi • Suivi des réclamations écrites
• **"Il détecte les besoins du client et lui propose une solution tarifaire, un service, ou un produit adapté".**	**Conduite d'Entretien** *(compétence essentielle)* 1. L'agent laisse le client s'exprimer jusqu'au bout, découvre ce qu'il sait 2. identifie par son questionnement chacune des attentes du client, même non exprimée spontanément, 3. reformule ces attentes, rassure le client quant à leur satisfaction, 4. pour chacune d'entre elles, il expose en une phrase la finalité du service le plus approprié, 5. argumente en lui faisant valoir son bénéfice, lui fait exprimer son choix 6. reformule les solutions retenues, lui fait exprimer sa satisfaction 7. maîtrise le silence en phase de conclusion, prend congé de façon courtoise et personnalisée 8. sait construire et utiliser un argumentaire de démarchage téléphonique (appels "sortants") 9. prodigue au client les conseils de sécurité spécifiques aux situations à risque (odeur de gaz, environnement d'ouvrages électriques)	**PRO :** 6 ou 7 actes toujours observés **EXCEL :** *Tous toujours observés*	• Requêtes B.O. sur le volume de services prescrits • Analyse de dossiers clients et examen de l'écart entre le potentiel de souscription et les services proposés • Auto-diagnostic, simulations, contrôle de connaissance
• **"Il démarche la clientèle par téléphone (prospects pour les services, relevés de consommations, relance des impayés)"**	**Connaissance des Tarifs, Produits et Services** *(compétence essentielle)* 1. L'agent cite les seuils d'opportunité conventionnels des tarifs GDF et EDF, effectue un Conseil Tarifaire Simplifié 2. explicite les procédures en vigueur (l'emménage, M.E.S. personnalisée, Sécurité Gaz, QDS, dispositif PP, surendettement, etc...) 3. explicite les étapes, formalités, modalités de facturation d'une alimentation nouvelle, Elec. ou Gaz, 4. décrit les gammes Climalliance GDF et Viveleo EDF, l'Offre Rénovation EDF, le diagnostic Sécurité Gaz, les labels, 5. cite les principaux réseaux de partenaires et explicite leur rôle commercial (PGN, Qualigaz, Promotelec, PCGN...) 6. propose des améliorations des modes de travail de son groupe, conformes à la stratégie de promotion locale des services	**PRO :** 4 actes observés **EXCEL :** *Tous observés*	• Nombre, pertinence et degré de finalisation des suggestions d'amélioration des procédures de promotion des services

Nota Bene : une même compétence pouvant être mobilisée dans l'exercice de plusieurs activités, il n'y a pas de relation unique entre une compétence et une activité données ; dans cet exemple, les trois compétences citées sont mobilisées dans l'exercice de chacune des activités. De même, une "mesure" (définie comme une "circonstance propice à l'observation des actes observables conformes") peut permettre d'observer des actes caractéristiques de plusieurs compétences différentes.

© Éditions d'Organisation

© Éditions d'Organisation

B. Référentiel-liste

Nom : ....

BILAN DE L'ANNÉE .... | | | |

			ÉCHELON 1			AXE INSTRUMENTATION	
CONNAISSANCES	**OK**	**SAVOIR-FAIRE**	**OK**	**ANALYSE**	**OK**	**PROGRES CONTINU**	**OK**
Connaître les dangers liés aux unités pétrochimiques où il intervient		Etalonner un matériel standard d'instrumentation (transmetteur, …)		Faire un diagnostic pour échange de pièces standards		Sensibiliser sa hiérarchie aux problèmes récurrents	
Connaître les dangers liés à l'électricité (C 18510)		Dépanner et tester une boucle de régulation simple (vanne / transmetteur)		Faire appel aux spécialistes si nécessaire			
Lire et expliquer un schéma de boucle		Coordonner son activité avec le process		Rendre compte sur l'état des équipements existants ou neufs			
Lire une notice constructeur		Faire un compte rendu écrit ou oral de son activité à son supérieur					
Connaître les différents matériels d'instrumentation standards (débimètres, vannes de régulation…)		Réaliser correctement des travaux dirigés et préparés					
		Comprendre les principes d'un PID					
		Mettre à jour un schéma de boucle					
Domaine validé		**Domaine validé**		**Domaine validé**		**Domaine validé**	

Remarques sur les compétences validées/non validées :
Ce bilan témoigne des engagements et des objectifs concrets, précis et documentés pris par les deux parties :

Les compétences de l'échelon 1 de l'axe INSTRUMENTATION sont   validées [ ]   non validées [ ]

Date et signature du technicien :   Date et signature du superviseur :

Annexe 4

Exemple de déclinaison des objectifs de groupe en objectifs contributifs individuels

DÉCLINAISON DES OBJECTIFS DE GROUPE EN OBJECTIFS CONTRIBUTIFS INDIVIDUELS

MISSION	OBJECTIF	RÉSULTAT ATTENDU	INDICATEURS		ACTION	RÉSULTAT ATTENDU	SOURCE	EMPLOIS CONCERNÉS	REPÈRES
			NATURE	NIVEAU					
S A T I S F A I R E L A C L I E N T È L E	Améliorer l'accueil téléphonique	X % à définir /GR à partir de l'enquête de satisfaction Item accueil	item accueil de l'enquête de satisfaction	/GR	Décrocher ≤ 3 sonneries	a minima 90 %	GENI GREET	- Chargé de clientèle - TGC - Animateur	- pas de travail supplémentaire en base - gestion des retraits - tâches interruptibles en débordement - gestion des flux - activité téléphonique /1/2 journée
					Répondre aux clients	0 Abandon			
	Améliorer l'I.C.	X % à définir /GR à partir de l'enquête de satisfaction Item IC	item IC de l'enquête de satisfaction	/GR	Proposer le CTS à tous les clients nouveaux	CTS clients nouveaux ≥ 80 %	BO	- conseiller clientèle - appui - chargé de clientèle - animateur - TGC	- scénarii
	Améliorer RFR	X % à définir /GR à partir de l'enquête de satisfaction Item RFR	item RFR de l'enquête de satisfaction	/GR	• Collecter des index fiables • Diminuer le taux d'absence à la relève • Relever les compteurs inaccessibles en respectant le RDV choisi par le client • Produire des factures fiables • Promouvoir les différents modes de paiement et services (relevé confiance, annonce et information sur le passage du releveur).	• Taux d'erreur relève ≤ 0,3 % • Taux de facture sur relève proche de 100 % • Diminuer de X % le nombre de Redressements de motif "erreur de relève" • Taux de clients prélevés, mens.	• SE 530 + Q4 Enquête ménage • SE 530 • Tableau RAF • Requête SURF SE530	- TIC - Intervenant clientèle - Animateur technique et clientèle - Organisateur des tournées - animateur technique - TGC - Chargé de clientèle	- homogénéisation des paramètres de gestion relève - accessibilité des index (téléreport) - chargé de clientèle (qualité de la stat. pour la collecte du motif de redressement) - Fiabilité des moyens informatiques

© Éditions d'Organisation

BIBLIOGRAPHIE

ALTER N., *La gestion du désordre en entreprise*, Paris, L'Harmattan, 1990.

AUBRET J., GILBERT P., PIGEYRE F., *Savoir et pouvoir : les compétences en question*, Paris, PUF, 1993.

BAREL Y., Le *paradoxe et le système*, Presses Universitaires de Grenoble, réed., 1989.

BATESON G., *Vers une écologie de l'esprit*, Paris, Le Seuil, 1980.

BEER M., « Performance appraisal : dilemmas and possibilities », *Organizational Dynamics*, Winter 1981, p. 24-36.

BHOTE K.R., « Boss performance appraisal : a metric whose time has gone », *Employment Relations Today* , Spring 1994, p. 1-9.

BIES R.J., SHAPIRO D.L. and CUMMINGS L.L., « Causal accounts and managing organizational conflict : is it enough to say it's not my fault ? » in *Communication Research, 15, 1988, p. 381-399.*

BINNING J.F., BARRET G.V., « Validity and utility of alternate predictors of job performance », *Journal of applied Psychology*, 1989, p. 72-98.

BOLTANSKI L., THEVENOT L., *De la justification, les économies de la grandeur*, Paris, Gallimard, 1991.

BONEU F., VIENNEY J., *Réussir un entretien d'appréciation*, Paris, Nathan, 1992.

BOUDON R., *L'art de se persuader des idées douteuses, fragiles et fausses*, Paris, Fayard, 1990.

BOURDIEU P. « Espace social et genèse des classes », in *Actes de la Recherche en Sciences Sociales*, n° 52-53, Juin 1984.

BOWLES M., COATES G., « Image and substance : the management of performance as rhetoric or reality ? » *Personnel Review*, vol. 22, n° 2, 1993, p. 3-21.

BUTLER R.J., YORKS L., « A New Appraisal System as Organizational Change : GE's Task Force Approach », *Personnel*, 1984, p. 31-42.

CARDY R.L., DOBBINS G.H., *Performance appraisal : alternative perspectives*, Southwestern Publishing Co., Cincinnati, Ohio, 1994.

CAROLL S.J. et SCHEIER C.E., *Performance appraisal and review systems : the identification measurement, and development of performance in organizations*, Glenvier, Scott Forestman, 1982.

CASCIO W.F., *Applied Psychology in Personnel Management*, Englewood Cliffs, Prentice Hall, 1991.

DEJOURS C., *Travail : usure mentale*, Paris, Bayard, 1993.

DEJOURS C., *Souffrance en France. La banalisation de l'injustice sociale*, Paris, Le Seuil, 1998.

DE NISI A.S., CAFFERTY T.P., MEGLINO B.M., « A cognitive view of the performance appraisal process : model and research propositions », *Organizational Behavior and Human Performance*, vol. 33, 1984 , p. 360-396.

ENRIQUEZ, *L'organisation en analyse,* Paris, PUF, 1992.

FELDMAN J.M., « Beyond attribution theory : cognitive processes in performance appraisal », *Journal of applied Psychology*, vol. 66, n° 2, 1981, p. 127-148.

FLETCHER C., « Appraisal : An Idea Whose Time Has Gone ? », *Personnel Management*, 1993, p. 34-37.

FOURGOUS J.M., LAMBERT H.P., *Évaluer les hommes*, Paris, Éditions Liaisons, 1991.

FOX W., « Improving Performance Appraisal Systems » in *National Productivity Review*, 1987-1988.

FRANCFORT I., OSTY F., SAINSAULIEU R., ULHADE M., *Les mondes sociaux de l'entreprise,* coll. « Sociologie Économique », Paris, Desclée de Brouwer, 1995.

GABRIS G.T., MITCHELL K., « The impact of merit raise scores on employee attitudes : the Matthew effect of performance appraisal », *Public Personnel Management*, vol. 17, n° 4, Winter 1988, p. 369-386.

GALAMBAUD B., *Des hommes à gérer,* Paris, EME, *1983.*

HANDY L., DEVINE M., HEATH L., *Le 360 °, un outil pour développer les managers*, Paris, Insep Éditions, 1999.

© Éditions d'Organisation

HEDGE J.W., KANAVAGH P., « Improving the accuracy of Performance Evaluations : Comparison of Three Methods of Performance Appraiser Training », *Journal of Applied Psychology*, vol. 73, n° 1, 1988, p. 68-73.

JOSSERAND E., PERRET V., « Valeur conceptuelle et valeur d'usage du paradoxe en management stratégique », *Cahier de recherche DMSP*, Université Paris IX – Dauphine, 1998.

KANE J., FREEMAN K., « MBO and Performance appraisal : a mixture that's not a solution », *Personnel*, 1986, p. 26-36.

KOENIG G., *Management stratégique : paradoxes, interactions et apprentissages, Paris,* Nathan, 1996.

LABOREY J.M., *L'entretien annuel d'appréciation et de carrière*, Paris, ESF, 1993.

LANDY F., « Preface », in LANDY F., ZEDECK S. et CLEVELAND J., *Performance measurement and theory*, Hillsdale, NJ, Laurence Eribaum, 1983.

LANDY F.J., FARR J.L., « Performance ratings », *Psychological Bulletin*, n° 87, 1980, p. 72-107.

LATHAM G.P., WESLEY K.N., *Increasing productivity through performance appraisal*, Reading, MA : Addison-Wesley, 1981.

LAVENTHAL G. S., KARUZA J., & FRY W.R., « Beyond fairness : a theory of allocation preferences », *Justice and social interaction,* New York : Springer-Verlag, 1980, p. 167-218.

LAWLER E., MORHMAN A.M., RESNICK S., « Performance appraisal revisited », *Organizational Dynamics*, 1984.

LEE C., « Performance Appraisal. Can We Manage away the Curse ? », *Training*, May 1996, p. 44-59.

LEMAITRE P., *L'appréciation du personnel et entretien de bilan*, Paris, Éditions d'Organisation, 1983.

LEMOIGNE J.L., *La modélisation des systèmes complexes,* Paris, Dunod, 1990.

LEVINSON H., « Appraisal of what performance ? », *Harvard Business Review*, July-August 1976, p. 30-46.

LEVY-LEBOYER C., *La crise des motivations*, Paris, PUF, 2ᵉ édition, 1994.

© Éditions d'Organisation

LINHART D., *La modernisation des entreprises*, coll. « Repères », Paris, La Découverte, 1994.

LONGENECKER C., GINNIS D.R., « Appraising technical people : pitfalls and solutions », *Journal of Systems Management*, December 1992, p. 12-16.

LONGENECKER C., GOO S., « Performance Appraisal Effectiveness : A matter of Perspective », *Sam Advanced Management Journal,* Spring 1992, p. 17-23.

LOUART P., « Pragmatique de la communication : l'au-delà de la raison, la confiance et l'authenticité », *Cahier de recherche 90/10*, IAE Lille, 1990.

LOUART P., « Les champs de tension en gestion des ressources humaines » *in* Brabet J., *Repenser la gestion des ressources humaines*, Paris, Economica, 1993, p. 165-212.

MARCH J.G., *Décisions et organisation*, Paris, Éditions d'Organisation, 1991.

Mc GREGOR D., *La dimension humaine de l'entreprise*, Paris, Gauthier-Villars, 1971. (1re édition américaine : 1960, *The human side of enterprise.*)

MEYER H., KAY E., FRENCH. R.P., « Slit roles in performance appraisal », *Harvard Business Review*, vol. 43, n°1 ; January-February 1965, p. 123-129.

MILKOVICH G.T., BOUDREAU J.W., *Human resource management*, 6th edition, Homewood (Ill), Irwin, 1991.

MINET F., PARLER M., WITTE (de) S., *La compétence : Mythe, construction ou réalité ?* Paris, L'Harmattan, 1994.

MORGAN G., *Images de l'organisation,* Paris, Eska, 1990.

MORHMAN A.M., MORHMAN S.A., LAWLER E.E., « The performance management of teams » in *Performance, Measurement, Evaluation and Incentives*, Boston, Jossey-Bass, 1992.

MORHMAN A.M., RESNICK-WEST S.M., LAWLER E.E., *Designing performance appraisal systems*, Jossey-Bass, San Francisco, 1989.

MURPHY K.R., CLEVELAND J. N., *Performance appraisal : an organization perspective*, Allyn and Bacon, Boston, 1991.

© Éditions d'Organisation

OIRY E., *De la gestion par les qualifications à la gestion par les compétences : une analyse par les outils de gestion*, Thèse en Science de Gestion, Aix-Marseille II, Janvier 2001.

PARLIER M., « La compétence au service d'objectifs de gestion », in MINET F., PARLER M., WITTE (de) S., *La compétence : Mythe, construction ou réalité ?* Paris, L'Harmattan, 1994.

PENSO-LATOUCHE A., « Identifier et décrire les compétences professionnelles », Cahier n° 4 des *Journées Internationales de la formation de Deauville*, Paris, Éditions du CNPF, 1999.

PIVETEAU J., *L'entretien d'appréciation du personnel*, Toulouse, Eres, 1981.

PRINCE B.J., LAWLER E.E., « Does salary discussion hurt the developmental performance appraisal ? », *Organizational Behavior and human decision processes*, n° 37, 1986, p. 357-373.

REYNAUD J.D., *Les règles du jeu : l'action collective et la régulation sociale*, Paris, Armand Colin, 1989.

ROBERT G.E., « Developmental Performance Appraisal in Municipal Governement », *Public Personnel Administration*, n° 36, 1995, p. 17-43.

ROETHLISBERGER F.J., DICKSON W.J., *Management and the worker*, Cambridge, Harvard University Press, 1939.

ROGER A., « Le suivi et l'appréciation du personnel dans les PME de services », IAE, Aix-en-Provence, Avril 1990.

SAINSAULIEU R., *L'identité au travail*, Paris, Presses de la fondation nationale de sciences politiques, 1977.

SCHOLTES P.R., « Total quality or performance appraisal : choose one », *National Productivity Review*, Summer 1993, p. 349-363.

SCHONBERG R., « HRM : lessons from a decade of total quality management and re-engineering », *California Management Review*, Summer 1994.

SEGAL L., *Le rêve de la réalité*, Paris, Le Seuil, 1990.

TAYLOR F.W., *La direction scientifique des entreprises*, Paris, Dunod, 1957.

THEVENET M., « L'appréciation du personnel », *Encyclopédie du management*, Paris, Vuibert, t. I, 1992.

THIERRY D., SAURET C., *La gestion prévisionnelle et préventive des emplois et des compétences*, Paris, L'Harmattan, 1993.

© Éditions d'Organisation

THORTON G.C., « Psychometric properties of self-appraisals of job performance », *Personnel Psychology*, vol. 33, n° 2, 1980, p. 263-271.

TRÉPO G., « Modes de management et évolution des entreprises », in *Enjeu Humain,* CEPP, 1988 ; « Introduction and diffusion of management tools : the example of quality circle and total quality control », *European Management Journal*, vol. 5, n° 4, Winter 1987.

TREPO G., DELATTRE V., FERRARY M., « La gestion des compétences : vers la concordance entre stratégie et G.R.H. », *Cahiers de Recherche HEC,* n° 621, 1997, 51 p.

VELAND J., *Performance measurement and theory*, Hillsdale, NJ, Lawrence Eribaum, 1983.

WATLING B., *The appraisal checklist*, London, Pitman, 1995.

WATZLAWICK P., BEAVIN H., JACKSON D., *Une logique de la communication*, Paris, Le Seuil, 1972.

WEBSTER B., « Beyond the mecanics of HRD », *Personnel Management*, March 1990.

WITTE (de) S., « La compétence professionnelle, enjeu stratégique », Cahier n° 1 des *Journées Internationales de la formation de Deauville*, Paris, Éditions du CNPF, 1999.

ZADNY J., GERARD H.B., « Attributed intentions and informational selectivity », *Journal of Experimental Social Psychology*, vol. 10, 1974, p. 34-52.

ZARIFIAN Ph., *La logique compétence*, Paris, Éditions Liaisons, 1999.

ZEDECK S., TZINER A., MIDDLESTART S.E., « Interviewer valididy and reliability : an individual analysis approach », *Personnel Psychology*, n° 36, 1983, p. 335-370.

© Éditions d'Organisation

Index

© Éditions d'Organisation

www.ingramcontent.com/pod-product-compliance
Lightning Source LLC
Chambersburg PA
CBHW061237220326
41599CB00028B/5459